마오쩌둥은 제자백가를 어떻게 보았나?

마오쩌둥은 제자백가를 어떻게 보았나?

디옌성(邸延生) 지음 / 김승일 · 이택산 옮김

머리말

마오쩌둥이라는 이름에 대해서는 누구나 다 들어본 적이 있을 것이다. 그러나 그가 왜 유명한지, 왜 중국인들은 그를 신격화하는지, 왜 중국인들은 신 중국 이후 그가 주도해 나갔던 대약진운동, 인민공사, 문화대혁명 등 일련의 잘못된 정책으로 말미암아 수많은 사람들에게 피해를 입히고, 희생당하게 했으며, 중국이 개혁개방 이전까지 은둔의 나라로써 국제사회에 나서지 못한 것 등 실로 중국의 현대화 발걸음에 덫을 놓아 중국인을 굴곡에 빠뜨렸던 인물임에도, 여전히 그를 칭송, 찬양하며, 천안문광장 옆에 있는 마오쩌둥기념관에 안치된 그의 시신에 참배하고자 매년 수많은 중국인들이 때도 없이 줄을 서는 것을 보면 괴이하다는 느낌이 들 정도로 중국인에게 있어서는 잊혀질 수 없는 인물로 남아 있다. 그렇다면 그러한 이유는 무엇일까? 그것은 한마디로 그의 해박한 지식을 바탕으로 한 전략의 귀재, 오로지 중국을 구하려 전 가족을 희생시킨 인물, 모든 정치적 풍파를 헤치고 나온 전설적 인물, 그러면서도 검소하고 인정 많은 어버이 같은 자화상을 가진 인물이었기 때문이라고 평가되고 있다.

그를 신격화하는 일화는 수없이 많다. "신 중국을 선포하는 날도 무릎이 헤어진 옷을 입고 단상에 올랐던 일", "인간의 입은 하나이나 손은 두 개이므로 아무리 많이 낳아도 먹고 사는 일은 충분하다고 주장한 양수론", "신 중국 설립 후에도 물자가 부족하자 치약 하나라도 아끼기 위해 끝까지 치분 사용을 고집했던 검소함", "주변 인물들의 가정사까지 일일이 챙겨주던 자상함", "누구에게나 책 읽기를 권유했던 스승 같은 면모", "사망하기 몇 시간 전까지도 보고서를 손에서 놓지 않고 읽었던 집념" 등 그에 대한 일화는 셀 수 없을 정도다.

이러한 모든 행동양식과 사상은 말할 것도 없이 그의 독서에서 비롯되었다. 이 책은 바로 그가 얼마나 많은 책을 읽었고, 또 같은 책을 한 번만 읽은 것이 아니라 몇 번이고 반복해서 읽은 데다, 중요한 부분에는 표시를 하거나 방점을 찍으면서 읽음으로써 그 책의 내용을 정확히 머리속에 저장해 둘 수 있었다는 사실을 확인할 수 있는 것이다. 그리고 그의 책 읽는 독특한 방법과 독서력을 활용하는 지혜를 또한 느낄 수 있는데, 즉 등장인물 하나하나에 대한 자기 나름대로의 관점에 따른 분석과 해석, 그리고 적절한 시기에 맞춰 자신의 관점을 드러내어 좌중들이 자신의 의도를 잘 이해할 수 있도록 유도해 내는 점, 나아가 주변에서 일어나는 여러 가지 형상과 변화에 대해 적절하게 대처하는 수법으로서 자신이 읽었던 책의 내용을 동원해 상대방을 설파하는 능력 등이 바로 중국인들이 그를 신격화하게 되는 근본 원인이라는 점을 파악할 수 있다는 것이다.

　이 책에서 소개하고 있는 마오쩌둥이 제가백가에 대해 평술한 내용들은, 그가 읽었던 수많은 역사서에 대한 독후감 같은 독서일기, 우인들과 담화할 때 말했던 개인적인 시각, 회의에서 발표한 내용, 친구나 우인에게 보낸 편지 속에서 말한 것 등의 내용이 포함되어 있다. 따라서 이 책을 읽다보면 자연히 마오쩌둥이라는 사람의 생활 면면에 대해서 이해할 수 있는 계기가 될 것이라고 확신한다.

　오늘날 중국은 많은 문제점을 내포하고 있으면서도 세계적인 중심 국가로 성장하고 있는데, 그 가운데에는 여전히 마오쩌둥의 사상과 실천 방법이 주축이 되어 있어 중국이 나아가는 방향을 제시해 주고 있는데, 바로 이에 대한 이해를 해결해 줄 수 있는 바로미터가 이 책 속에 담겨져 있다고 해도 과언이 아닐 것이다. 아무쪼록 많은 독자들이 이 책을 통해서 중국의 과거와 현재를 재조명할 수 있는 기회가 가져 질 수 있기를 바라고, 또한 미래 중국이 나아갈 방향 등에 대해 점쳐볼 수 있는 계기가 되었으면 하는 바람이다.

옮긴이

2016년 3월 1일

차례

제2편

제3편

제1편

1. 시기별로 평가를 달리했던 '공자'

　공자의 이름은 구(丘)이고 자(字)는 중니(仲尼)이며, 기원전 551
년에 태어나 기원전 479년에 세상을 떠났다. 춘추말기 노나라 추
읍(陬邑) 사람으로, 공자의 선조는 송나라의 귀족이었으나 송나라
에 내란이 발생하여 노나라로 도망쳐왔다. 공자는 어린 시절 부친
을 잃어 생활이 빈곤했으나, 공부하는 것을 매우 좋아하여 드디어
는 박학다재한 사람이 되었다. 그리고 그가 배운 지식을 사회 각
계층 사람들에게 전수했는데, 그의 제자는 3천 명이나 되었고, 72
명의 현자(賢者)를 배양했다. 그는 춘추말기에 개인이 학문을 전
수하는 대규모 사숙(私塾)의 창시자였던 것이다. 만년에는 고전
저작을 정리하고 전파하는 일에 힘을 기울여『시(詩)』『서(書)』『예
(禮)』『역(易)』 등 고대문헌을 정리했고, 중국의 편년체 역사서인
『춘추(春秋)』를 편찬했다. 공자는 중국 고대의 성인으로 중국 내외
에 큰 영향을 미친 위대한 사상가로, 그의 공헌은 여러 방면에 걸
쳐 나타났지만, 특히 철학사상, 정치사상, 교육사상에서 특출한

공적을 남겼다. 이러한 공자였기에 마오쩌둥은 입을 열 때마다 공자에 대해서 말하곤 하였다.

마오쩌둥은 어린 시절 고향의 사숙에서 공자의 유가교육을 공부하였다. 마오쩌둥이 공부한 고향의 남안사숙(南岸私塾)은 방안에다 "대성지성문선왕선사공자지위(大成至聖文宣王先師孔子之位)"라고 하는 신감(神龕)을 모셔두고 있었다. 마오쩌둥이 당시 읽었던 서적은 거의가 공자가 저술한 것으로서 『시경』『논어』『춘추』등이었다.

마오쩌둥은 청년시기 장사시(長沙市)에 있던 호남제일사범학교에서 공부했는데, 여기서 공부할 때도 여러 차례 공자에 대해 말한 적이 있었다. 더불어서 공자가 한 말을 인용하여 자신의 견해를 말하곤 했는데, 1915년 9월 6일 마오쩌둥이 소자승(蕭子升)에게 편지에 이렇게 쓰여 있었다.

"우리들이 가장 급히 생각해 보아야 할 것은 국학을 잘 알아야 한다는 것이다. 옛 사람이 말한 것 가운데 하나의 경을 통하게 되면 여러 경을 일찌감치 통할 수 있다고 했으니, 지금 국학에 통하게 되면 일찌감치 국학에 잘 통하게 될 것이다. ……

나는 『중용』을 읽고서 많은 것을 알게 되었다. 주자가 『대학』을 보주하면서 말하기를, '무릇 천하의 모든 것들은 그 알고 있는 이치로 인하여 더욱 궁구해져서 그 극에 이름을 구하지 않음을 없게 한다'고 했다. 공자는 이에 더 해서 '글에서 많은 것을 알게 된다'고 했고, 맹자는 '널리 배우고 자세히 말하는 것은 천지의 대의(天經地義)를 깊이 생각하게 하는데, 배우는 자라면 이를 잘 따라야 한다'고 했다. "[1]

1930년 5월 마오쩌둥은 중국공농홍군 제4군을 인솔하고 복건, 광동, 강서 변계에서 병사를 나누어 유격전을 하는 기간에 지방에 대한 조사를 실시했는데, 이는 마오쩌둥이 처음으로 도시에 대해 진행한 전면적이고 대규모적인 조사였다. 이후 마오쩌둥은 『심조 조사보고(尋鳥鳥照査報告)』를 썼고, 후에는 이 보고를 『반대본본 주의(反對本本主義)』라고 고쳤다. 이 보고서에는 다음과 같이 썼다.

"너의 양 다리를 최대한 넓게 벌려 너의 업무 범위의 각 부분, 각 지방으로 가서 걸으면서, 공자가 말한 '매사를 물어보아라(每事問)'고 한 뜻을 배우도록 하라. 그러면 아무리 재능이 적더라도 그것에 의하여 능히 문제를 해결할 수가 있다. 왜냐하면 네가 문을 나가지 않았을 때 너의 머리는 텅 비어 있기 때문인데, 돌아올 때 머리는 이미 비어 있지 않을 것이다. 즉 이미 문제를 해결할 수 있는 각종 필요한 재료를 가지고 올 것이기 때문이다. 문제는 바로 이런 식으로 해결하는 것이다. "[2]

1936년 7월 16일 마오쩌둥이 섭북(陝北) 보안현(保安縣)의 동굴 속에서 미국 기자인 에드가 스노우를 접견하면서 또한 다음과 같이 말했다.

---

1) 중앙문헌연구실편, 『마오쩌둥조기문고』, 호남인민출판사, 1995, 21쪽.
2) 『마오쩌둥선집』제1권, 인민출판사, 1991, 110쪽.

"나는 8세 때에 고향에서 한 작은 학당에서 글을 배웠는데, 13
살까지 계속해서 배웠다. 낮에 나는 공자의『논어』와『사서』를 읽
었다. 나에게 국문을 가르쳐준 선생님은 엄격하게 학생을 대해야
한다고 주장했다."[3]

1938년 10월 14일 마오쩌둥은 당의 제6차 6중전회에서 보고했
는데, 이때 전 당은 이론을 학습하는 시합을 해야 한다고 호소했
다. 더불어서 특히 중국의 역사문화 유산에 대해 "이들 유산은 너
무나 진귀한 것이다"라고 특별히 강조하였다.

"공자부터 손문에 이르기까지 우리는 마땅히 모든 것을 종합하
여 이들 진귀한 유산을 계승해야 한다. 이는 지도를 해야 하는 우리
의 현재 입장에서 위대한 운동이고, 중요한 도움이 되는 일이다."[4]

당시 중공 중앙 선전부에서 일하던 진백달(陳伯達)은 이러한 호
소에 응하여 계속해서『노자의 철학사상』,『공자의 철학사상』,『묵
자의 철학사상』등의 중국사상사를 연구한 문장을 계속해서 썼다.
이러한 저술들은 당시 중공 중앙의 서기처 서기, 중공 중앙 선전부
부장 장문천(張聞天)의 지지를 받았고, 그중 여러 문장이 마오쩌
둥에게 전해지자, 이를 열독하게 되었다.

1939년 2월 20일 음력 초이틀 날에 마오쩌둥은 연안(延安)의 양

---

3)『마오쩌둥독서필기』, 광동인민출판사, 1996, 1쪽.
4)『마오쩌둥선집』제2권, 인민출판사, 1991, 534쪽.

가령(楊家嶺)에서 장문천에게 긴 편지를 써서 보냈다. 그 속에 진백달이 쓴 『공자의 철학사상』에 대해 자신의 견해를 썼다. 그 내용은 장장 2,700여 자에 이르렀는데, 당시 마오쩌둥이 그의 저술에 대한 평가는 다음과 같다.

　"백달 동지의 『공자철학』은 내가 이미 한 번 읽었습니다(자세히 보지는 않았음). 내용이 아주 좋다고 느껴집니다. 지금은 당신 부탁 때문에 한번 훑어본 것이기에 명확한 답을 주기는 어렵지만, 대체적으로는 좋다고 보입니다. 다만 몇 군데 아래와 같이 상의할 곳이 있습니다. 참작하셨다가 백달 동지와 다시 한 번 상의하고 싶습니다. 나는 공자에 대해서는 조금도 연구한 것이 없으나, 감히 정확한 의견이라고 하기에는 자신할 수 없지만, 백달 동지의 문장을 본 저의 몇 가지 의견입니다.[5] …… 내 생각에 공자의 도덕 범주는 반드시 역사 유물론 입장에서 비판해야 할 것이고, 그런 후에 적당한 위치에 놓아야 할 것입니다. 백달 동지가 어느 정도 비판을 하기는 했지만, 아직은 비판이 좀 엄숙하지 않다고 봅니다.[6] ……『중용』 문제에 대해서는 백달 동지의 해석이 맞습니다. 그러나 아직 부족합니다. '지나침은 미치지 못함보다 못하다(過猶不及)'라는 말은 두 개 전선의 투쟁방법으로서 중요 사상 방법의 하나입니다. 일체의 철학, 일체의 사상, 일체의 일상생활은 모두가 두 개 전선의 투쟁으로서 사물과 개념의 상대적 안정의 질

---

5) 중앙문헌연구실등편, 『마오쩌둥서신선집』, 호남인민출판사, 2008, 144, 148쪽.
6) 위의 책.

을 긍정하는 것이고……."

같은 해 2월 22일 마오쩌둥은 진백달이 쓴 『공자의 철학사상』에 대해 재차 자신의 견해를 써서 장문천에게 보냈다.

"백달의 이 문장은 노자와 묵자 철학의 모든 문장을 인용한 것으로 장(학성), 양(계초), 풍(우란) 등이 이미 여러 차례 말한 것입니다. 나는 그들의 말을 인용한 것에 대해서는 반대하지 않습니다. 그러나 몇몇 곳은 비판을 해야 할 것입니다. 그들이 중국 학술상에서 공로가 있음은 설명해야 하나, 그들의 사상과 우리들의 사상에는 기본적인 면에서 구별이 있는데, 양(계초)은 기본적으로 관념론과 형이상학적이고 …… 이처럼 간단한 설명 같은 것이 없는데 …… 이 편에서는 이러한 설명이 없습니다. 이전에 써서 보낸 두 편 및 이후 발표하는 모든 글에서도 이들의 말을 인용하게 되면, 모두 이들 문제에 대해서 위에서 설명한 것처럼 해야 맞을 것입니다. 그리고 그들의 말이 대체적으로 맞는지 하는 문제와 그들의 모든 사상계통 상에서 잘못된 문제에 대해서 비판하는 것은 또 다른 문제이므로, 이에 대해서는 다른 시간을 내서 해야 할 것입니다."

1944년 3월 22일 마오쩌둥은 섬감녕(陝甘寧) 변구 문화교육사업 좌담회에서 다음과 같이 말했다.

"교육하는 방법상에서 교원들은 학생들의 상황에 근거해서 수업을 해야 합니다. 교원은 학생들이 무엇을 배우기를 요구하는지에 근거하지 않고, 모두 자신의 의견에 맞춰 가르치는 이러한 방법은 안 됩니다. 교원들도 학생을 따라서 배워야 합니다. 그저 무턱대고 학생을 가르치기만 해서는 안 됩니다. …… 이러한 방법은 아주 새로운 방법처럼 들리겠지만, 실은 아주 일찍부터 있었던 것인데, 공자가 바로 이런 식으로 가르쳤던 것입니다. 같은 문제에 대해서 자로(子路)가 답을 하면 그에 따라 새로운 차원에서의 다른 답을 해주곤 했는데, 그것은 자로가 성격이 급한 자였기에 그가 답할 때 그가 천천히 생각해서 답하도록 했던 것입니다."[7]

이후에도 여러 다른 장소에서 마오쩌둥은 여러 차례에 걸쳐 공자에 대해서 말했다.

"나라는 사람은 비교적 편향적인 점이 있는데, 공자에 대해서는 그다지 좋게 생각하지 않습니다. …… 공자의 장점에 대해서는 응당 말해야겠지만, 공자가 혁명당에 속하는 사람입니까? 그가 어디로 갔고, 어디서 반정(反政)을 일으켰었나요? 그저 공자가 가르치는 학습방법만 우리는 채용해야 합니다."[8]

1964년 2월 13일은 중국의 음력정월 초하루였다. 이날 마오쩌둥은 북경 중남해(中南海)의 회인당(懷仁堂)에서 교육공작회의를

---

7) 『마오쩌둥문집』제3권, 인민출판사, 1993, 116쪽.
8) 『마오쩌둥평점24사인물정선』, 시사출판사, 1997, 329쪽.

열고 자신의 견해를 발표했는데, 국가교육의 방침노선은 정확한 것으로 생각한다고 하면서, 그렇지만 여러 가지 방법으로 바꿔야 한다고 했다. 즉 학제를 단축시켜야 하고, 인재를 배양하지 못하는 교육을 해서는 안 된다고 했다. 그러면서 그는 또한 고대중국의 공자, 이시진(李時珍) 등이 스스로 공부하여 실천하는 중에 재능이 쌓이게 되었다고 하는 사례를 열거하면서, 인간을 계발시키는 교육개혁에 대한 인식을 말했다.

공자에 대해 말할 때 마오쩌둥은 "공자의 출신은 빈농이었기에, 양을 길렀고, 대학에도 다니지 못했으며, 나팔수로서 사람이 죽으면 그는 장사가 난 집에 가서 나팔을 불곤 하였다. 그는 거문고를 탈 줄 알았고, 활을 쏠 줄 알았으며, 마차를 몰 줄 알았다. 그러다 보니 많은 군중들의 상황을 잘 이해하게 되었다. 더불어서 작은 관리를 하면서 양식을 관리하고 소와 양 등 가축을 관리하면서 보살폈다. 그러나 후에 그가 노(魯)나라에서 고관으로 지낼 때는 군중들의 일에 대해서 들을 수가 없게 되었다. 그러자 관직을 그만 두고 사숙을 경영하면서 학생들이 노동에 종사하는 것을 반대했다.

같은 해 6월 24일 마오쩌둥은 손님을 접견하면서 다음과 같이 말했다.

"공자는 여러 면에서 좋은 점이 많았습니다. 그렇다고 아주 좋은 사람은 아닙니다. 진시황이 공자보다 훨씬 더 위대합니다. 공자는 쓸데없는 말을 많이 했지만, 진시황은 처음으로 중국을 통일한 인물입니다. 비록 정치적으로만 중국을 통일시킨 것이 아니라, 또한 중국의 문자, 각종 제도, 도량형 등도 통일시켰고, 이들 제도들은 이후에도 계속 전해져 사용되어져 왔습니다. 중국의 과거 봉건군주 중에서 진시황을 능가하는 제2의 인물은 없었습니다.[9]

같은 해 8월 18일 북대하(北戴河)에서 철학분야에서 일하는 사람들과 대화할 때 다음과 같이 말했다.

"나는 과거에 공자의 책을 읽었었다. 그때 『四書』『五經』을 6년 동안이나 읽었는데, 당시 외우기는 했으나 이해하지는 못했다.

1968년 10월 31일 당의 제8회 12중전 확대회의 상에서 마오쩌둥은 말하는 도중 다시 한번 공자에 대해서 말했다.

"공자를 옹호하는 자로 우리가 앉아 있는 이곳에 곽(말약), 범(문란) 친구가 있는데, 이들은 기본상 어느 정도는 공자를 숭배하고 있는 것 같습니다. 왜냐하면 저 사람들 책상에는 공자상이 모셔져 있기 때문입니다. 특히 풍우란은 공자를 옹호하고 있습니다. 나라는 사람은 좀 편향적인 면이 있습니다. 즉 나는 공자를 그리 좋게 생각하지 않는데, 내가 보기에 공자는 대표적인 노예지주인 구 귀족이기 때문입니다. 내가 편향적이라는 것은 바로 이 점입니다. 하지만 공자가 당시 신흥지주계급을 대표하는 인물로 보는 것에는 찬성하지 않습니다. 이 점에서 나는 곽(말약) 친구와 좀 맞지 않다고 봅니다. 곽(말약) 친구는 자신이 쓴 『십비판서(十批判書)』

---

9) 『마오쩌둥평점24사인물정선』, 위의 책, 330쪽.

에서 유가는 숭상하고 법가는 비판했습니다. 이점에서도 나는 찬
성하지 않습니다. 그러나 범(문란) 친구가 쓴 책에서는 법가에 대
해 나름대로의 지위를 주었습니다. 바로 한비자 일파를 해하지 않
았기 때문입니다. 거기에 상앙(商鞅), 이사(李斯)가 그를 전승했
다고 했습니다."

1973년 5월 강청(江靑)이 마오쩌둥이 거주하는 곳에서 살았는
데, 책상 위에 곽말약이 쓴『십비판서(十批判書)』몇 권이 놓여져
있는 것을 보고 있자, 마오쩌둥이 그 중의 한 권을 들어서 강청에
게 주면서 "나의 목적은 비판을 위한 것이다"라고 말했다. 그러면
서 한 수의 시를 읊어댔다.

"곽(말약) 친구는 유(종원)에게서 멀어졌다지만, 유종원에게는
못 미쳤고, 명색이 공산당이라며, 공자를 숭배한다네."[10]

동년 9월 23일 마오쩌둥은 이집트 부통령 사피스(沙菲時)를 접
견하면서 또한 다음과 같이 말했다.

"나는 진시황은 찬성하나 공자는 찬성하지 않는다……."[11]

이러한 마오쩌둥의 공자에 대한 평가를 보면 유년 시절 및 혁명

---

10)『마오쩌둥평점24사인물정선』, 위의 책, 333쪽.
11) 위의 책, 334쪽.

기간 동안에는 공자의 생활태도, 대인관계, 교육방법 등에 대해서는 인정하였으나, 혁명이 성공적으로 가까워지면서 자신의 혁명노선을 명확히 해나는 과정에서 비혁명적인 봉건주의 색채를 지워나가기 위해 유물론적 시각에서 견해를 달리했던 공자에 대해 점차 비평수위를 높여갔음을 알 수 있다. 그러나 마오쩌둥은 중국문화에 대해 자긍심을 갖고 있었고, 궁극적으로 이를 제고시키려는 마음을 가지고 있었으므로, 중국문화 속에 담겨 있는 유가사상, 특히 이 사상의 중심인물인 공자를 맹목적적으로 비판만 하지는 않았음을 또한 엿볼 수 있는 것이다.

2. 훗날 마오쩌둥 실천의 모범이 된『맹자』7편

　맹자의 이름은 가(軻)이고, 자는 자여(子輿)이며, 노(魯)나라와 인접해 있던 작은 나라 추(鄒)의 사람이다. 기원전 372년에 태어나 기원전 289년에 세상을 떠났다. 그의 저서로는『맹자』7편이 있다. 이는 공자의 손자인 자사(子思)가 그의 제자들에게 다시 전해주어 유가학파의 계승자로서의 지위를 가지게 하였고, 공자의 학설을 수정 발전시킨 인물로 평가되게 하였다.

　맹자는 '성선설(性善說)'을 제시하였는데, 그는 인간은 모두가 본래부터 선량한 본성을 지녔고, 인의예지(仁義禮智) 4가지 면의 '인(善仁)'을 갖추었다고 했다. 그는 이들 '선인'을 널리 알려 정치적으로는 '인정(仁政)'을 베풀도록 강조하였다. 맹자는 '인정'이 권력을 가진 자들에게 기탁되어져 이들이 백성들에 대하여 '착한마음(善心)'이 발할 수 있기를 원했다. 즉 소위 '어진 마음(仁心)'이란 바로 '측은지심(惻隱之心)'을 말하는 것으로 이러한 마음이 있으면 '인정'을 실현할 수 있다고 하였던 것이다.

맹자의 '인정'의 중심은 "백성이 가장 귀하고, 사직은 그 다음이며, 군이 가장 가볍다(民爲貴, 社稷次之, 君爲輕)"라는 점에 있다고 할 수 있는데, 이는 바로 백성이 사회에서 가지는 중요성을 강조한 것이라 할 수 있다. 맹자는 '인정'을 행하지 않는 것은 폭군이 마음대로 정치를 농단하는 것을 말하는 것이며, 나아가 살해하는 일조차도 서슴지 않게 할 수 있다고 경계했다. 또한 맹자는 봉건사회의 군신관계에서 상대적인 의무관점을 제시하였다. "맹자가 제(齊)의 선왕에게 고하여 말하기를, 임금이 신하 보기를 자기의 손과 발같이 하면, 신하는 임금 대하기를 자기의 심복(심장, 배)같이 하고, 임금이 신하 보기를 개와 말 같이 하면, 신하는 임금 대하기를 길 가는 낯선 사람처럼 여기고, 임금이 신하 보기를 흙이나 쓰레기같이 여긴다면, 신하는 임금 대하기를 원수같이 하게 된다(孟子告齊宣王曰 君之視臣, 如手足, 則臣視君, 如腹心, 君之視臣, 如犬馬, 則臣視君, 如國人, 君之視臣, 如土芥, 則臣視君, 如寇讐.)"고 했다. 이러한 관점들은 통치계급의 근본적인 이익에서 비롯된 것이나, 그러나 역사상에서 후세에 진보하는 사상가들 주장의 귀중한 근거가 되었으며, 또한 중국사상사 상 민주사상의 맹아였다고 말할 수 있는 것이었다.

맹자가 말한 '인정'의 구체적인 내용과 조치는 시의(時宜)에 부합해야 하는 것이라고 말할 수 있다. 그러나 그중에서도 백성을 동정하고 폭정을 반대하는 그의 민주사상이야말로 그중에서도 빛나는 부분이라고 할 수 있다.

이러한 『맹자』는 기백이 웅자하고 문장 하나하나가 예리하기 그지없다. 마치 장강의 큰물이 일사천리로 호호탕탕(浩浩蕩蕩, 물이

한없이 넓게 흐르는 모양을 표현)하게 흘러가 그 앞을 감히 막을 수 없는 것처럼 그 세가 엄청나다고 하겠다. 이러한 것이 맹자 논변의 예술적 기초이고, 또한 그의 이러한 데에 예술적 가치가 있는 것이다. 예를 들면 맹자는 『양혜왕(梁惠王) 상』에서 "왕의 부엌에 살찐 고기가 있고 마구간에 살찐 말이 있는데, 백성들은 굶주린 기색이 있고 들판에 굶어죽은 시체가 있다면, 이것은 짐승을 이끌고 가서 그 시체를 뜯어먹게 하는 것과 다를 바 없다(庖有肥肉, 廏有肥馬, 民有飢色, 野有餓莩, 此率獸而食人也.)"고 분노를 폭발시키고 있는 것처럼, 인도주의 사상을 섬광처럼 밝히고 있는 것이다. 두보가 읊은 유명한 글귀인 "붉은 대문 안에는 술과 고기가 냄새를 피우는데 길가에는 얼어 죽은 사람의 시체가 뒹구는구나(朱門酒肉臭, 路有凍死骨)"와 같은 레벨의 높은 예술적 가치를 지니고 있는 것이다.

이러한 『맹자』의 기술방법은 근세에 이르러서도 채용하여 사용되었는데, 이는 상대방의 이론적 모순이 어디에 있는가를 찾아내는데 아주 적합한 방식이었다. 다시 말해서 상대방으로 하여금 부지불식간에 말려들게 하여 그 기세와 역량에 저항할 수 없게 만들어 상대방이 반박할 수 없는 여지를 만들어 버리게 하였던 것이다. 마오쩌둥은 그가 쓴 많은 문장 속에서 이와 같은 『맹자』의 기술방법으로부터 많은 영향을 받았다는 것을 알 수 있는 부분이 쉽게 눈에 띄고 있는 것이다.

마오쩌둥은 맹자의 학설에 대해서 공자의 학설에 대해서처럼 비판을 하고는 있지만, 또한 그들의 정신을 계승하고 있음을 엿볼 수 있다. 즉 비판적 기초 위에서 맹자사상의 진보, 합리, 적극성들을 긍정하였던 것이다.

1903년 10살이던 마오쩌둥은 고향의 남안사숙(南岸私塾)에서 공부할 때 아주 수구적인 고대 문인 같았던 추춘배(鄒春培) 선생이 공맹지도(孔孟之道)를 너무 숭상하여 학생들에게 공자와 맹자의 문장을 전부 읽도록 하였다. 예를 들면 『사서』『오경』 같은 것이었다.

그러던 여름 어느 날 추 선생이 외출을 하게 되자 학생들에게 복습하라는 숙제를 내주었다. 그러나 선생이 없게 되자 그 틈을 노리고 있던 마오쩌둥과 몇 명의 학생들은 사숙을 떠나 연못가로 가서 헤엄치며 놀았다. 추 선생이 돌아와서 하라는 숙제는 안 하고 몇 명이 없어진 것을 보자 화가 나서는 사숙으로 돌아온 마오쩌둥에게 큰 소리로 "나는 너희들을 더 이상 가르칠 수가 없구나" 하고 엄포를 놓으면서 동시에 마오쩌둥에게 내가 말하는 구절에 대해 대구(對句)를 지어보라는 처벌을 내렸다. 추춘배 선생이 '탁족(濯足)'을 말하면서 이에 대한 대구를 말해보라고 하였다. 그러자 마오쩌둥은 곧바로 '수신(修身)'이라는 대구로 응답했다. 그러자 추춘배는 그의 대구가 매우 정확한 것에 놀라 움찔하면서 더 이상 뭐라 추궁할 수가 없었다. 탁족(濯足)이란 전통적으로 선비들의 피서법일 뿐만 아니라, 정신 수양의 방법이기도 한데, 선비들이 산간 계곡에서 탁족을 함으로써 마음을 깨끗하게 씻는 해위이기도 하였다. 탁족이라는 용어는 『맹자 · 이류(離流) 상』 편의 "창랑의 물이 맑음이여 나의 갓끈을 씻으리라. 창랑의 물이 흐림이여 나의 발을 씻으리라(滄浪之水淸兮 可以濯吾纓 滄浪之水濁兮 可以濯吾足.)"라는 구절에서 취한 것이다. 굴원(屈原)의 고사에서 유래한

이 구절은 물의 맑음과 흐림이 그러하듯 인간의 행복과 불행은 스스로의 처신 방법과 인격 수양에 달려 있다는 의미였다. 이러한 고사를 알고 있던 마오쩌둥이 곧바로 한 술 더 떠서『예기 · 대학』편에 나오는 '수신'을 들어 대구로써 답하였기에 추 선생은 말문이 막혔던 것이다.

1927년 3월 마오쩌둥은 그가 쓴『호남농민운동고찰보고』에서『맹자』에 나오는 "군자는 활을 당기되 쏘지 않고 쏘려는 듯이만 한다(君子引而不發躍如也.)"라는 구절을 이용하여 공산당의 정책을 천명하였다.

1935년 12월 27일 마오쩌둥은 섬북의 와요보(瓦窯堡)에서 당의 활동분자 회의 상에서『일본제국주의에 반대하는 책략을 논하다』라는 보고에서 다음과 같이 말했다.

"수많은 민중을 조직하여 호호탕탕한 혁명군으로 화합시켜 움직이게 하는 것이 오늘 혁명이 반혁명을 공격하는데 필요하다. 이러한 역량이 있어야만 일본제국주의와 한간 매국행위자들을 분쇄할 수 있는 것이니, 이것이 바로 모두가 인지하는 진리이다. 따라서 통일전선의 책략이야말로 마르크스 레닌주의의 책략인 것이다. 관문주의(關門主義) 책략은 바로 고독한 자의 책략이다. 관문주의의 "물고기를 깊은 못에 몰아넣고, 참새를 숲속으로 몰다(爲淵驅魚, 爲從驅雀)"라는 것을 "천천만만(千千萬萬, 매우 많다는 의미)"과 "호호탕탕"으로써 모든 적들을 한 쪽으로 몰아넣어야 한다……."

여기에 나오는 "물고기를 깊은 못에 몰아넣고, 참새를 숲속으로 몰다"라는 말은 『맹자 · 이류 상』편에 나오는 말이다.

1944년 연안 정풍운동(整風運動) 기간에 마오쩌둥은 맹자가 말한 "마음의 기능은 생각하는 것이다(心之官則思)"라는 구절을 인용하여 사람들에게 선한 사고를 갖도록 요구하여 선하게 머리를 쓸 수 있게 양성해야 한다고 했고, 진지하게 사색하여 문제를 잘 분석하는 좋은 습관을 가져야 한다고 권고했던 것이다.

1957년 11월 마오쩌둥은 어린 시절 같이 공부했던 마오위신(毛裕新)이 북경으로 와 마오쩌둥을 만나게 되었을 때 두 사람은 자연히 어린 시절 이야기를 회고하였다. 마오위신이 추춘배 선생이 화가 나서 "탁족(濯足)"에 대해 대구를 말해보라며 대답 못하면 더 이상 가르치지 않겠다고 엄포를 놓던 일을 상기시키자 마오쩌둥은 크게 고무되어 당시를 회상하며 왜 그렇게 답했는지에 대해서 말했다. "선생께서 '탁족'이라는 말로 공부하는 자들의 자세를 가지고 우리가 물가에 가서 노는 것을 꾸짖으려 하셨기에 나는 '수신'이라는 대구로써 신체를 단련하고 수양을 높이게 할 수 있는 것이 바로 수영하는 일이라고 둘러댄 것이지, 그러자 선생께서는 할 말을 잃고 우리를 더 이상 꾸짖으시지 않으셨던 것이지, 그렇지 않았으면 우리들 정말 큰 경을 칠 뻔했지 않았던가!" 하고 둘은 박장대소하며 웃어댔던 것이다.

마오쩌둥이 사서오경을 읽었던 것은 어린 시절 사숙에서였다. 이러한 마오쩌둥의 어린 시절 독서생활은 아래와 같은 몇 가지 점으로 귀결할 수가 있다.

첫째, 독서를 많이 함으로서 학문에 눈을 뜨게 되는 기점이 앞당

겨졌다는 점이다. 처음 독서를 할 때는 『백가성(百家姓)』『증광현문(增廣賢文)』 등 소위 '속서(俗書)'에서부터 『삼자경(三子經)』을 비롯해 사서오경, 그리고 그 후에는 『시경』『춘추공양전(春秋公羊傳)』『춘추좌씨전(春秋左氏傳)』 등을 사숙에서 전부 읽었다. 그리고 최후에 그는 사숙에서 『강감이지록(綱監易知錄)』과 고문 등을 읽었던 것이다.

둘째, 마오쩌둥은 천성적으로 영특함이 뛰어났다는 점이다. 그의 기억력은 특별히 뛰어나서 그가 읽은 책들은 거의 암송하였고, 일찍부터 『강희자전(康熙字典)』 등을 활용할 줄을 알았다. 이러한 것은 그가 독서벽을 갖게 하는 원인을 제공했던 것인데, 알려진 것처럼 그는 아무리 바쁜 중에도 틈만 나면 책을 읽었던 것이다.

셋째, 실질적으로 그는 경서(經書) 읽는 일을 그다지 좋아하지 않았다. 또한 지나가버린 낡은 관념이나 무미건조한 내용의 책들도한 좋아하지를 않았다. 그가 진정으로 좋아했던 책은 선생들이 읽지 못하게 했던 "잡서(雜書)"들이었는데, 언제나 선생들 눈을 피해 몰래 읽어나갔던 것이다.

넷째, 마오쩌둥은 제목 없이 글쓰기를 좋아했다. 그리고 사상은 매우 민첩했으며, 글 쓰는 속도 또한 매우 빨랐다. 그리하여 언제나 곧바로 하나의 문장을 왕성했던 것인데, 그렇지만 그의 곁에는 항상 그의 문장을 정리해주는 조력자가 있어야 했다. 당시에는 이미 과거제가 폐지되고 없었기에 마오쩌둥이 배운 사숙 등 거의 모든 학교에서는 제목을 파하는 경향이 대부분이었다. 당시 제목을 붙이지 않았던 것은 팔고문(八股文)의 형식을 벗어나고자 하던 수단이었는데, 팔고문의 의미는 몇 가지 글자로써 문장의 대의를 말하고자 했던 글 쓰는 형식이었다. 이러한 요인으로 인해 공맹의 철학사상과 교육방법은 마오쩌둥의 머릿속에 매우 커다란 영향을 주었다. 나이가 들어감에 따라 그의 이해력 또한 성장해 갔는데, 마오쩌둥은 어린 시절 읽었던 이들 책 가운데 나오는 명언경구, 훌륭한 문장 등은 그가 실제적으로 상대방의 말에 응수하거나 설득해야 할 때 언제나 마음대로 표현되어 나타났다. 마오쩌둥의 수많은 저작 중에서 사서오경을 이용하여 발휘한 문장은 매우 자연스럽게 나타났고 수없이 표현되었다. 이는 그의 주장과 설명이 근거를 갖고 설득력을 발휘하는데 매우 중요한 작용을 하게 했던 것이다.

3. 문제 하나를 둘로 나누어 본
'노자(老子)'의 변증법에 대한 평

　노자는 성이 이(李) 씨이고, 자는 빙(聘)이다. 춘추시기 초(楚)나라 고현(苦縣, 지금의 하남성 鹿邑 동쪽) 사람으로 춘추시기 사상가 중 한 사람이었다. 주(周)나라 때 사관(史官)을 담당했다가 은퇴한 후『노자』를 저술했는데, 상하 두 편으로 나누어 총 81장으로 되어 있다. 노자는 인류사회의 "반박귀진(返璞歸眞 : 인성이 순박했던 대로 되돌아가서 참된 것을 회복하는 것)"을 제창했는데, 중국 도가학파의 창시자라고 할 수 있는 인물이다.

　1914년 마오쩌둥이 호남성립제일사범학교에서 공부할 때 기록한 강당록(講堂錄)이 있는데, 그 속에는 이런 내용이 들어 있다.

　　"무릇 선이란 쌓여서 이루어지는 것이다. 그렇기 때문에 만리 (萬里)를 가는 것도 한 발자국씩 쌓아올려야 하고, 천 자(尺)나 되는 비단도 실 한 올 한 올이 쌓여져서 만들어지는 것이다. 즉 한 발자국이라도 떼지 않으면 만리는 갈 수가 없는 것이고(萬里之程, 一步所積), 실 한 오라기가 빠지면 천 자(尺)가 될 수 없는 것이다 (千尺之帛, 一絲所積). 주자는 학문을 조금씩 축적해야 이를 얻을 수 있고, 실로 쌓지 않으면 종신토록 얻을 수 없다(銖積寸累, 苟爲 不蓄, 則終身不得矣.)고 했다" 그리고 "『노자』: 천하에 물보다 더 부드럽고 말랑말랑한 것은 없으므로(天下莫柔弱於水), 딱딱하고 뻣뻣한 것을 치는데 물보다 나은 것은 없다(而攻堅强者莫之能勝)"[12]

이중에서 "만리지정, 일보소적, 천척지백, 일사소적(萬里之程, 一步所積, 千尺之帛, 一絲所積)"은 노자의 철학사상이 담겨 있음을 알게 해준다.

1936년 12월 마오쩌둥은『중국 혁명전쟁의 전략문제』라는 글 속에서 전략적 퇴각에 대해 말할 때 다음과 같이 말했다.

"토지를 상실하는 문제에 대해서 언제나 이러한 상황은 있는 것이다. 바로 잃어버리는 것이 있어야 다시 잃어버리지 않게 되는 것이다. 이는 '원하는 것을 취하려면 먼저 그 원하는 것을 상대에게 줄 필요가 있다(將欲取之必先與之.)'고 할 때의 원칙과 같다. 만일 우리가 토지를 잃었다면 적들에게 승리하여 신속하게 토지를 회복해야 하고, 나아가서는 토지를 더욱 확대시킬 수 있는 것이니, 이것이 바로 돈을 버는 장사와 같은 것이다."

---

12) 중앙문헌연구실등편, 『마오쩌둥조기문고(毛澤東早期文稿)』, 호남인민출판사, 1995,

이 속에서 마오쩌둥은 노자의 "장차 그를 취하려면 반드시 먼저 그에게 줘라(將欲取之必先與之)"라는 책략을 이용하였던 것이다.

노자『도덕경(道德經)』의 원문에는 "오므리려면 일단 펴야 하고 (將欲斂之), 약해지려고 하면 반드시 강하게 해야 하고(將欲弱之, 必固强之), 폐하게 하려면 일단 흥하게 해야 하며(將固廢之, 必固興亡), 빼앗으려고 하면 일단 먼저 줘야 한다(將欲取之, 必固與之) 고 하면서 이것을 일러 "미묘한 밝음(是謂微明)"이라고 했다.

1945년 공산당 제7차 대표대회에서 마오쩌둥은 종합보고를 하면서 공산당이 면하고 있는 어려움과 이에 대해 취할 대책과 방침에 대해 다음과 같이 말했다.

"나는 이전에 국민당의 연락참모에게 말한 적이 있다. 우리들의 원칙은 세 가지가 있는데 첫째는 싸우지 않는다는 것이다. 둘째는 노자가 말하길 "남을 먼저 때리지 않는다(不爲天下先)"고 했는데, 이처럼 우리도 먼저 도발해서 다른 사람을 제압하지는 않겠지만, 다른 사람이 도발해 오면 그 후에는 그들을 제압할 것이다"

1949년 8월 마오쩌둥은『당 의회의 공작 방법을 논하다』라는 글 속에서

"서로 정보를 통하게 해야 한다. 그것은 바로 당위 각 위원들 간에는 피차 아는 상황을 서로 통보해 주면서 서로가 교류하기를 바란다. 그런데 어떤 사람은 이런 식으로 일을 하지 않고 있는데, 이는 마치 노자가 '닭 울고 개 짖는 소리가 들릴 정도로 가까이 살건

만 늙어 죽을 때까지 한 번도 왕래하지 않는다(鷄犬之聲相聞, 老
死不相往來)'고 한 것처럼 하는 것이다. 마오쩌둥은 결과적으로
피차간에 같은 말이 아닌 불협화음적인 말다."

마오쩌둥은 당위 위원들이 피차간에 서로 교통하며 지내야지 불
협화음을 내서는 안 되다는 것을 노자를 비유하며 경고했던 것이
다. 즉 지구(地區)·부문·간부 사이에는 반드시 교류를 통해 당
의 통일적인 지도를 관철시킬 것을 강조했던 것이다.

1949년 3월 마오쩌둥은 그가 쓴『존 레이턴 스튜어트(John Leighton
Stuart)여 잘 가게(別了, 司徒雷登)』라는 글 속에서

"다소 곤란한 점이 있다고 하더라도 무엇이 두려운가 말입니다.
이를 막도록 힘씁시다. 10년이고 8년이고 막다보면 중국의 모든
문제는 잘 해결될 것입니다. 중국인은 죽는 것을 두려워하지 않습
니다. 그런데 곤란한 것을 두려워하겠습니까? 노자는 '정의를 위
하여 죽음을 두려워하지 않는 백성은 위협할 수가 없다(民不畏死,
奈何以死愼之)'고 말했습니다. 지난 3년 동안 죽임을 당한 중국인
은 100만 명이나 됩니다. 현재 이런 상황은 이미 거의 끝나가고
있습니다. 그들은 우리에게 지고 말 것입니다. 그들은 우리를 죽
이러 온 곳이 아니라, 우리가 죽으러 간 것입니다. 그들은 이제 곧
모든 것을 잃고 말 것입니다. 우리에게 어느 정도 곤란한 점을 남
겨주기는 하겠지만, 그러나 지난 3년 동안의 일과 비교하면 이는
아주 가벼운 것입니다. 지난 3년 동안 우리는 모든 관문을 넘었습
니다. 그런 우리가 설마 현재 이 정도의 곤란함을 극복하지 못하

겠습니까?"

신 중국(1949년)이 성립된 후 마오쩌둥은 여러 차례 북경을 벗어나 외지로 나가 시찰해 전념했었다. 북경을 떠날 때는 언제나 수행원들에게 많은 책을 가지고 가게 했는데, 그중에는 항상 『노자』가 포함되어 있었다. 이를 보면 마오쩌둥이 『노자』를 얼마나 중시했는지를 알 수 있는 것이다.

『노자』라는 책은 모두 5,000자로 쓰여졌지만, 이 책 속에는 극히 풍부한 내용이 담겨져 있는 심오한 저작물이다. 그러한 내용 중에 엿볼 수 있는 소박한 변증법사상이 있는데, 즉 통일과 모순의 대립이 전화(轉化)해 나가는 논리를 일관되게 체현해 내고 있는 것이다. 바로 이러한 점을 알고 있던 마오쩌둥이었기에 『노자』를 중시했던 것이다.

『노자』속에서 노자는 크고 작음, 높음과 낮음, 있는 것과 없는 것, 이김과 짐, 삶과 죽음, 가벼움과 무거움, 어려움과 쉬움, 짧음과 김, 앞과 뒤, 강함과 약함, 아름다움과 추함, 손해와 이익, 단단함과 부드러움, 영광스러움과 치욕스러움, 지혜로움과 우둔함, 기묘함과 졸렬함, 공격과 수비, 나아감과 후퇴, 정숙함과 초조함, 굽음과 곧음 등이 대립하기는 하지만 통일되어 있는 것이라고 하는 개념을 제시하였는데, 이를 본 마오쩌둥은 세상의 일체 모든 사물은 대립과 통일로 이루어져 있다고 보고, 이는 하나가 둘로 나누어지고 만다는 인식을 가졌던 것이다.

1957년 마오쩌둥은 『인민 내부의 모순을 정확히 처리하는 것에 관하여(關于正確處理人民內部矛盾)』라는 글 속에서 다음과 같이 말했다.

"우리는 반드시 전면적으로 문제를 보는 것을 배워야 한다. 그
리고 또한 그것의 반대 면을 볼 수 있어야 한다. 일정한 조건 하
에서 나쁜 것은 좋은 결과를 가져올 수 있고, 좋은 것은 또한 나
쁜 결과를 가져올 수 있다. 노자는 2천년 전에 '화속에 복이 들어
있고, 복 안에 화가 숨어 있다(禍兮福所倚, 福兮禍所伏)고 말했
다(화복은 서로 의존하는 것이며, 바뀌어 달라질 수도 있다는 의
미). 일본이 중국을 공격해 놓고는 일본인들은 승리했다고 떠들고
있다. 중국의 방대한 토지가 그들에게 점령되자 중국인은 실패했
다고 비관하고 있다. 그러나 중국이 실패한 이면에는 승리한다는
의미가 포함되어 있는 것이고, 일본의 승리한 이면에는 실패의 의
미가 들어 있는 것이다. 이는 역사가 증명하고 있는 것이다."

1964년 8월 마오쩌둥은 담화하는 가운데 다음과 같이 말했다.

"내가 보기에 노자는 비교적 성실 정직한 편이다. 그는 '원하는
것을 취하려면 먼저 그 원하는 것을 상대에게 줄 필요가 있다(將
欲取之必先與之)'고 말했는데, 이는 상대를 쳐서 이기려면 먼저
상대를 일으켜 세운 다음 음모를 생각해 내야 한다는 것이다. 그
렇기 때문에 당연히 음모도 지혜라고 할 수 있는 것이다."[13]

노자의 저서인 『도덕경』은 세상 사람들이 간결하면서도 잘 정리
된 풍도 있는 이론적 문장이라고 평하고 있다. 노자는 "성스러운

---

13) 陳普主 편, 『마오쩌둥 독서 필기 해석』, 광동인민출판사, 1996, 620쪽.

체하는 것을 그만두고 아는 체하는 것을 버려야 하며, 개인감정일
랑은 잊고 욕심을 부리지 않는다면, 다스림이 없는 것 같은 다스림
이 된다(無爲而治)고 주장했다. 즉 일체의 사물 중에는 모순이 모
두 존재하고 있고, 일정한 조건 하에서 모순은 서로에게 전화(轉
化)된다고 인식했던 것이다. 또 "화속에 복이 깃들어 있고, 복 안
에 화가 숨어 있다"는 것은 극히 소박한 변증법적 관점이었던 것이
다. 그러나 그의 정치 이상은 "작은 나라 적은 백성"이었던 것처럼
유토피아(이상향)를 지향하는데 지나지 않았던 소인이었다고 마
오쩌둥은 평했던 것이다.

4. 마오쩌둥의 가슴 속에 항상 간직되어 있던
'장자'의 "소요유(逍遙游)"

　장자(庄子, 369~286)의 이름은 주(周)이고, 전국시기 송(宋)나라 몽(蒙, 지금의 하남성 商丘시 동북지역)지역 사람이다. 그는 초(楚)나라 위(威)왕의 초빙을 받기도 했으나 이를 거절했던 몰락한 귀족계층의 지식인으로, 맹자와는 동시대의 인물이었으나 맹자보다는 약간 늦게 태어났던 시대적 이단아였다. 장자의 일생은 매우 곤궁했으나 부귀영화를 사모하지는 않았다. 그의 철학사상은 기본적으로 노자의 사상을 계승 발전시켰다고는 할 수 있지만, 극히 소극적이었다고 할 수 있을 것이다. 한편 장자는 전국시대의 한 철학자로서 도사학파를 대표하는 인물로서 이 시기의 걸출한 산문가라고도 할 수 있다.

　정치사상 상에서 장자는 노자가 사회에 대해 호소했던 것을 진일보하게 발전시켜 인류생활을 부정적으로 보았다. 그러나 투쟁을 진행하지는 않았고, 일종의 비관주의적인 태도를 지니고 있었기에, 절망 섞인 감정만을 유발시키는 투정쟁이처럼 보여졌으나,

자신 나름으로는 이를 해결하기 위해 주관적으로 정신적인 해탈을 추구했던 인물이었다. 그렇게 함으로써 스스로를 편안케 하고자 했다. 철학사상 면에서는 노자가 말했던 만물생성의 정신적 근원인 '도(道)'에 대해서, 대립 통일되는 사상 중에 나타나는 상대주의가 끝없이 발휘된다는 점을 주장하여 사물의 상이에 따라 존재하는 객관적 차이를 부정하였다. 장자가 보기에 크고 작은 것, 좋고 나쁜 것, 죽고 사는 것, 이기고 지는 것 모두가 인간의 주관적인 편견이라고 보고, 일체의 모든 것은 상대적이기는 하나 객관적인 표준을 가지고 평가할 수 있는 것은 없으며, 소위 말하는 옳고 그름이나 진리라는 것은 없다고 주장하였다. 궁극적으로는 일체를 초탈할 것을 주장하였는데, 이처럼 궁극적인 초탈을 해야 만이 절대적인 자유를 비로소 얻을 수 있다고 했던 것이다.

사람이 소위 '진인(眞人)'이 되고자 한다면 일체를 잊어야 하고, 자기를 잊어야 한다고 했다. 이러한 생각은 극도로 비관적인 생각이라 할 수 있는데, 결국은 몰락한 귀족으로서 모든 것을 잃은, 곧 자신의 정서까지 잃어버린 허탈한 심정을 반영한 것이라고 할 수 있다. 그렇지만 장자의 사상에는 또한 정확한 일면도 있는 것이다. 그는 권력과 부귀를 멸시하였고, 예법을 부정하고 대담하게 현실을 풍자하면서 반 권위, 반 전통을 강조하였다. 그러나 그는 인간의 주관적이며 능동적인 작용을 보지 못했고, 오로지 자연에 모든 것을 맡기려 하였다는 점에서 이단아로 평가받고 있는 것이다.

1913년 10월에서 12월까지 마오쩌둥은 장사(長沙) 호남성립제일사범학교에서 공부했는데, 이때 기록한 노트(講堂錄)에는 이러한 내용이 쓰여 있다.

"무릇 작고 큰 것에는 다름이 있으나, 스스로 얻는 바가 있는 것에서는 자유로우니, 즉 사물이 그 본성에 맡기고, 일은 그 할 수 있음에 걸맞으며, 각기 그 본분에 맞아야 하는 것이다(夫小大雖殊, 而放於自得之場, 則物任其性, 事稱其能.) 무릇 큰 새는 한 번 떠나면 반 년이 걸리고, 천지에 이르러서야 쉰다. 작은 새는 한 번 날면 반나절 걸리고, 느릅나무, 박달나무에 이르러 머문다. 이것은 할 수 있는 바에 비유하면 차이가 있는 것이지만, 그것은 적성에서는 매한가지인 것이다(夫大鳥一去半歲, 至天池而息; 小鳥一飛半朝, 搶楡枋而止. 此比所能則有閒矣, 其於適性一也.) 붕새는 거리의 원근을 모르고, 자기를 감당할 수 있어서 달려간다(言鵬不知道里之遠近, 趣足以自勝而逝.) 하늘이 파란 것은 그 본래의 빛일까? 그것이 멀어서 끝이 없기 때문일까? 그곳에서 아래를 내려다보아도 역시 이와 같을 따름일 것이다(天之蒼蒼, 其正色邪? 其遠而無所至極邪? 其視下也. 亦若是則已矣.) 그런데 물이 깊지 못하면 큰 배를 띄울 힘이 없다. 한 잔의 물을 땅에 부었다면 작은 풀잎 배는 뜨겠지만 술잔 크기의 배는 가라앉는다. 물은 얕고 배가 크기 때문이다(且夫水之積也不厚, 則負大舟也無力. 覆杯水於坳堂之上, 則芥爲之舟, 置杯焉則膠, 水淺而舟大也.) 맹자가 말하기를, 흐르는 물은 웅덩이를 채우지 않고는 앞으로 나아가지 않는 법이다(孟子曰 : 流水之爲物也, 不盈科不行)

마오쩌둥의 강의노트 속에서 볼 수 있듯이 그는 물과 배의 관계를 통해서 인생의 철학 논리를 끌어내어 자신의 인식을 펼쳤던 것이다. 한 개인의 능력에는 크고 작은 것이 있기 때문에 반드시 그가 담당하고 있는 직무에 대한 임무와 적응력, 그의 공적이 두터운 가, 발휘한 바가 얕은가를 봐야 하는 것이지, 그 사람의 역량을 가늠해서는 안 되며, 스스로 간신히 임무에 임하게 되면 그 맡은 바 임무를 완수할 수 없는 것이다. 그렇게 되면 장차 그가 미칠 사업에 큰 위해를 가져올 것이며, 스스로도 치욕감을 느끼게 될 것이라고 그는 간주했던 것이다.

이는 마오쩌둥이 장자의 "소요유(逍遙游)"를 자주 이용했다는 점에서 알 수 있는데, 이 "소요유"의 원문에서 중요한 부분만을 소개하면 다음과 같다.

"아득히 펼쳐지는 검푸른 물결, 일렁이는 북녘 바다에 한 물고기가 살고 있었다. 그 이름을 곤(鯤)이라 한다. 곤은 하도 커서 그 크기가 몇천 리나 되는지 알 수가 없다. 그런데 어느 때인지 홀연히 변하여 새가 되었는데, 그 거대한 새의 이름이 붕(鵬)이다. 붕도 역시 하도 커서 등의 넓이가 몇천 리나 되는지 알 수가 없다. 이 터무니없이 큰 붕새가 한 번 온 몸의 힘을 떨쳐 공중을 향하여 날면 그 날개가 하늘의 한쪽을 덮은 구름과 같았다. 이 새는 바다가 움직여 물결이 요동치면 그 큰 바람을 타고 다시 남쪽 바다로 날아가는데, 남쪽 바다란 예로부터 '하늘 못(天池)'이라고 했다. 제해(齊諧)는 괴이한 일을 잘 아는 사람이다. 제해가 이렇게 말했다. '대붕(大鵬)이 남쪽 바다로 날아갈 때는 파도가 일어 3천 리까지 퍼진다. 대붕이 회오리바람을 일으키면서 구만 리 상공으로 올라가면 여섯 달 동안을 쉬지 않고 날았다'라고. 아래 땅 위에는 아지랑이가 피어오르고 티끌 먼지가 날고 있는데, 아지랑이나 티끌 먼지는 모든 생물들이 숨결로써 뿜어낸 것이다. 그런데 하늘이 푸르고 푸른 것은 하늘 그 자체 본래의 빛깔일까? 아니면 멀고 끝이 없기 때문에 푸르게 보이는 것일까? 붕새가 9만 리 높이 하늘에서 이 지상을 내려다 볼 때에도 이처럼 까마득하고 푸르게 보일 것이다. 그런데 고인 물이 충분하지 않으면 큰 배를 띄울 힘이 없다. 가령 마당 우묵한 곳에 한 잔의 물을 부으면 그 위에 띄울 수 있는 배는 겨자씨로 아주 작게 만들어야 한다. 거기에 잔을 놓으면 뜨지 못하고 바닥에 붙어 버린다. 물이 얕으면 배가 뜨지 못하기 때문이다. 마찬가지로 바람의 부피가 충분히 크지 않으면 대붕도 커다란 양 날개를 띄울 수가 없다. 그러므로 구만 리 바람이 그 날개 아래에 모여 있어 불어 주어야만 그 바람을 탈 수가 있다. 푸른 하늘을 등에 지고 앞에 명료한 시야를 얻어야만 남쪽을 향해 날아갈 수가 있는 것이다(北冥有魚, 其名爲鯤. 鯤之大, 不知其幾千里也. 化而爲鳥, 其名爲鵬. 鵬之背, 不知其幾千里也; 怒而飛, 其翼若垂天之雲. 是鳥也, 海運則將徙於南冥. 南冥者, 天池也. 齊諧者, 志怪者也. 諧之言曰:「鵬之徙於南冥也, 水擊三千里?, 扶搖而上者九萬里, 去以六月息者也.」野馬也, 塵埃也, 生物之以息相吹也. 天之蒼蒼, 其正色邪? 其遠而無所至極邪? 其視下也, 亦若是則已矣. 且夫水之積也不厚, 則其負大舟也無力. 覆杯水於?堂之上, 則芥爲之舟; 置杯焉則膠, 水淺而舟大也. 風之積也不厚, 則其負大翼也無力. 故九萬里, 則風斯在下矣, 而後乃今? 風; 背負?天而莫之夭閼者, 而後乃今將圖南.) 매미와 작은 비둘기가 그것을 보고 비웃으며 말했다. '우리는 날아서 느릅나무나 박달나무 가지에 간신히 오르는데, 어떤 때는 그곳에도 못 오르고 땅에 떨어지는 경우도 있다. 무엇 때문에 9만 리나 높이 올라 남쪽 바다로 가는가?' 가까운 교외에 가는 사람은 세 끼 밥만 먹고 갔다 와도 배는 여전히 부를 것이다. 백 리 길을 가는 사람은 전날 밤에 양식을 찧어 준비한다. 천 리 길을 가는 사람은 석 달 동안 양식을 모아 준비한다. 이 두 짐승이 무엇을 알겠는가?(蜩與學鳩笑之日, '我決起而飛, 搶楡枋而止, 時則不至而控於地而已矣. 奚以之九萬里而南爲?' 適莽蒼者, 三湌而反, 腹猶果然, 適百里者, 宿春糧, 適千里者, 三月聚糧, 之二蟲又何知?) 작은 지혜는 큰 지혜에 미치지 못하고, 짧게 사는 것은 오래 사는 것에 미치지 못한다. 어떻게 그것을 알 수 있는가? 하루살이 버섯은 그믐과 초하루를 알지 못하고, 쓰르라미는 봄과 가을을 알지 못한다. 이것들은 짧은 기간 동안 사는 것들이다. 초나라 남쪽에 명령이란 나무가 있었는데, 오백 년을 봄으로 삼고 오백 년을 가을로 삼았다 한다. 태고에 대춘이란 나무가 있었는데, 8천 년을 봄으로 삼고 8천 년을 가을로 삼았다 한다. 이것들이 오래 사는 것들이다. 팽조는 지금까지도 오래 산 사람으로 유명하다. 보통 사람들이 그에게 자기 목숨을 비교하려 한다면 슬픈 일이 아니겠는가?(小知不及大知, 小年不及大年, 奚以知其然也. 朝菌不知晦朔, 蟪蛄不知春秋, 此小年也. 楚之南有冥靈者, 以五百歲爲春, 五百歲爲秋, 上古有大椿者, 以八千歲爲春, 八千歲爲秋, 此大年也. 而彭祖乃今以九特聞, 衆人匹之, 不亦悲乎?)"

1943년 항전의 형세가 명백하게 호전되어 가는 가운데 장제스(蔣介石)가 마침 일본에 비적극적으로 싸우는데다가 마침 공산당이 영도하는 소비에트 변구에서의 항일 무장 투쟁을 궤멸시키겠다고 기도해 오자 마오쩌둥은 「국민당에게 묻는다」라는 문장을 발표했는데, 이 글 중에서 다음과 같이 말했다.

"만일 여러분들도 일본인의 '몽한약(蒙汗藥, 마취약)' '정신법(定身法, 몸을 꼼짝 못하게 하는 술법)'에 대해서 어떤 대응도 하지 못한다면, 또한 일본과 묵계를 정하지 못한다면 나는 정식으로 여러분께 말하겠습니다. '너희들은 소비에트 변구를 공격해서는 안 된다. 또 변구를 공격할 수도 없다.' '황새와 조개가 싸우다가 둘 다 어부에게 잡힌다(鷸蚌相爭 漁翁得利).' '버마재비(사마귀)가 매미를 잡으려고 노리고 있는데, 그 뒤에서 참새가 버마재미를 잡아먹으려고 노리고 있다(螳螂捕蟬 黃雀在後)'고 하는 일리 있는 이 두 이야기를 잘 생각해야 할 것이다."

여기서 말한 "버마재비(사마귀)가 매미를 잡으려고 노리고 있는데, 그 뒤에서 참새가 버마재미를 잡아먹으려고 노리고 있다(螳螂捕蟬 黃雀在後)"는 말은 『장자·산목(山木)』편에서 인용한 말이다. 즉 『장자·산목』편을 보면 "문득 보니 매미 한 마리가 시원한 그늘 아래서 제 몸을 잊은 듯이 울고 있었다. 이때 사마귀가 매미를 잡으려고 정신이 팔려 또한 스스로의 몸을 잊고 있었다. 까치 또한 사마귀를 노리면서 정신이 팔려 제 몸을 잊고 있었다(覩一蟬, 方得美蔭而忘其身, 螳螂執而搏之, 見得而忘其形, 見利而忘其眞, 覩一蟬, 方得美蔭而忘其身.)"고 하는 말에서 나온 것을 인용했던 것이다.

공산당 제7차 대표대회 예비회의에서 마오쩌둥은 장자의 말을 인용하면서 연설하였다.

　"우리 중국의 『장자』에는 다음과 같은 말이 있습니다. '일을 시작할 때는 간단하였지만, 일이 끝나갈 때에는 반드시 거창해지기 시작한다(其作始也簡 其將畢也必巨)'고 했듯이 현재 우리는 아직 끝나지 않았는데도 이미 아주 커져버렸습니다."

　그 의미는 중국공산당이 창립됐을 초기에는 모든 것이 아주 간단했는데, 현재는 규모가 이미 아주 커져버렸다는 것이었다.
　1945년 4월 24일 마오쩌둥은 당의 제7차 대표대회 상에서 정치보고를 했는데, 호방하게 다음과 같이 말했다.

　"분산된 유격대가 드디어 정규 운동전으로 점차 전환되고 있습니다. 유격전으로부터 정규적인 운동전으로 점차 변하고 있다는 것입니다. 항천 초기 …… 참새 전에 의거해서 싸웠다가 유격전으로 싸웠습니다. 참새가 하늘을 가득 차게 날았지만 어디 먹을 것이 있어야지요 그래서 어디론가 날아가야 했습니다. …… 객관적인 사실이 이를 완전히 증명하고 있습니다. 우리의 이러한 참새 떼와 다른 참새 떼와는 다릅니다. 우리는 자라서 커다란 봉황으로 변했습니다. 종전 중국의 신화 중에는 어떤 커다란 붕새가 있어 북방의 넓은 바다로부터 남방의 큰 바다로 날아왔습니다. 날개를 한 번 펴서 중국 전체를 쓸라치면 중국 전체를 쓸어낼 듯했습니다. 우리들도 그렇게 준비해야 합니다. 우리는 3백만, 5백만으로 발전해 가야 합니다. 이러한 과정 속에서 참새 떼가 큰 참새 떼로 변하게 되는 것이고, 한번 날개를 펴면 전 중국을 쓸어내릴 수 있는 큰 붕새로 변해야 하는 것입니다."

1963년 1월 4일 마오쩌둥은 항저우(杭州)에서 작은 딸인 리나 (李訥)가 보내온 편지에 다음과 답장했다.

"너의 편지를 받고 기쁘기 그지없었단다. 네가 힘들어 하고 큰 상처를 받은 것은 매우 좋은 일이다. 이로부터 너는 희망을 갖게 될 것이다. 이러한 모든 일은 네가 심각하게 일에 대해 생각하게 할 것이고, 네가 할 일에 대해 고취하는 힘을 갖게 할 것이기 때문 이다. 반드시 이렇게 생활하면 너는 주동적으로 일을 할 수 있게 될 것이고, 모든 일이 너희 손 안에 쥐어지게 될 것이다. 그러면 어느 누구도 너의 일에 관여할 일이 없을 것이고, 네 스스로가 너 에게 의지해서 네 자신을 관리하게 될 것이다. 그렇게 되는 것이 바로 바람직한 일이다. 이것이 바로 대학이 중학교보다 좋은 점이 다. 중학에는 두 가지 유형의 사람이 있다. 사회 경험이 있는 아이 와 소위 간부 자식들처럼 보살핌 속에서 자란 아이들이 그들이다. 현재 너는 아주 좋은 경험을 하면서 지내고 있다. 고통이 오게 되 면 태도 또한 변하게 될 것이다. 그렇게 되는 것이 바로 좋다는 말 이다. 「추수편(秋水篇)」을 다 읽었다는 것은 아주 좋은 일이다. 너 는 절대로 두 번 다시 하백(河伯, 전설 상 황하의 신)과 같은 일을 저지르지 않을 것이니, 너를 위해서는 축하할 일이다.

마오쩌둥이 편지 속에서 말한 「추수편」은 곧 『장자 · 추수』 편을 가리키는 것이다. 『장자 · 추수』 중에 황하의 신 하백은 모든 강물 이 자신에게로 올 것이라고 생각하여 매우 자부심을 가지고 있었 으며, 자신과 함께 동쪽으로 흘러갈 것이라고 생각했다. 그러나

끝없는 대해를 발견하고서야 비로소 자신이 보잘것없다는 것을 알
았다는 내용이다.

1965년 마오쩌둥은 어떤 담화 중에서 장자의 논리를 인용하여
다음과 같이 말했다.

"사람은 왜 죽는가? 이는 자연의 규율이다. 삼림의 수명은 비교
적 길으나 죽지 않는다는 것은 있을 수 없는 일이다. 나는 장자의
생각에 찬성한다. 처자가 죽자 그는 그릇을 두드리며 노래를 불렀
다. 사람이 죽는 것을 경사스런 일로 본 것이다. 즉 변증법적으로
축하했던 것이다. 변증법의 생명은 끊임없이 그 반대쪽을 향해 걸
어가기 때문입니다.

같은 해 9월 중공중앙위원, 전국인민대표대회 상무위원회 위원,
전국부녀연맹 부주석인 주은래의 부인 덩잉차오(鄧潁超)가 두 번
에 걸쳐서 마오쩌둥에게 한두 편의 시나 사(詞)를 지어 보내달라고
요청하면서 "이를 읽으면서 학습하겠다"고 했다. 그러자 그녀에게
성의를 보이고자 한 마오쩌둥은 저녁 시간을 이용해서 한 편의 긴
사를 지어 덩잉차오에게 보내고자 준비했다.

이 장문의 사 중에서 마오쩌둥은 두 번이나 장자의"소요유"에 나
오는 의미를 운용하여 생동감 있는 비유를 하였는데, 그 통속적인
필체는 유머스럽고 첨예하면서도 신랄한 풍자를 통해 소련의 수정
주의 집단을 통렬히 질책하였던 것이다.

"곤과 붕(鯤鵬)이 큰 날개를 펴면 9만 리나 되고 날개를 퍼덕거

리면 지상에 있는 양의 뿔까지도 요동을 치게 하네. 푸른 하늘을 등 뒤에 진 채 아래를 내려다보면 모두가 인간이 사는 성곽들일세. 포화가 하늘에 가득하고 탄약 냄새가 온 땅에 널리 깔려 있으니, 봉우리 사이를 날아다니던 참새가 놀라서 떨어질 지경이니, 어찌 나 또한 날다가 떨어져 내릴 것 같으이? 당신은 어느 방향으로 날아가려오? 참새가 답하기를 신선이 사는 산에 지은 옥으로 된 전각이 있다는데……."

이는 후루시초프가 당시 자신이 벌이고 있던 '대약진운동'과 '인민공사' 등에 대해 비판을 가해오자 이에 대해 자신의 불쾌한 심정을 은유적으로 표현하면서도 자신이 하고 있는 일이 공산주의 사회복지운동의 일환이라는 점을 자화자찬 하며 쓴 사였던 것이다.

1966년 마오쩌둥은 뻬이다이허(北戴河)에서 열린 철학공작 좌담회 상에서『장자 · 천하(天下)』편에 나오는 "한 자 길이의 채찍을 매일 반씩 잘라 버리더라도 영원히 다 자를 수 없다(一尺之捶, 日取其半, 萬世不竭)"[14]라는 어구를 인용하여 세상 물질의 무한성과 세상 본신의 무한성을 설명하였다.

"레닌이 말했듯이 모든 일은 나눌 수가 있습니다. 원자를 예로

---

14) 시간과 공간을 분리하여 인식의 상대성을 강조한 점에서 기원전 5세기 경 그리스 철학자 제논(Zenon of Elea)의 '역설(逆說)' 가운데 아킬레스는 먼저 출발한 거북이를 결코 따라잡을 수 없다고 한 '아킬레스와 거북이의 역설(Achilles and the tortoise paradox)'이나, 날아가는 화살은 찰나의 순간 특정한 지점에 멈춰 있는 것이라고 한 '화살의 역설(Arrow paradox)'과 매우 유사한 설법이다.

들면 원자도 나눌 수가 있고, 전자도 나눌 수가 있습니다. 그러나 종전에는 원자는 나눌 수 없다고 생각했습니다. 원자핵의 분열이 과학적으로 밝혀진 것은 아주 최근의 일입니다. 최근 몇십 년 동안 과학자들이 원자핵을 분해해 낸 것입니다. 그 속에는 양자, 반(反)양자, 중성자, 반(反)중성자, 분자, 반(反)분자가 있고, 무거운 것, 가벼운 것이 있습니다. 이는 원자핵을 분리할 수 있게 됨으로서 발견하게 된 것입니다. …… '한 자 길이의 채찍을 매일 반씩 잘라 버리더라도 영원히 다 자를 수 없다(一尺之捶, 日取其半, 萬世不竭).'라는 이 말은 진리입니다. 믿지 못하겠으면 한 번 시험해 보십시오, 만일 자를 수 있다면 과학은 없는 것입니다. 세계는 무한합니다. 시간 공간도 무한합니다. 공간 방면에는 '거시적으로 보는 것' '미시적으로 보는 것' 등 무한합니다. 물질은 무한대로 나눌 수 있습니다. 그래서 과학자들은 일할 수 있는 것입니다. 백만 년 이후에도 일할 수 있는 것입니다."

이상에서 본 것처럼 마오쩌둥의 품속에는 언제나 장자의 변증법적인 논리적 사고가 잠재되어 있었던 것이다. 아마도 혁명의 힘든 여정 속에서 마오쩌둥은 장자의 '소요유"처럼 거침없이 여유를 가지고 노닐고자 하는 마음을 동경하고 있었던 것이 아닐까 한다. 그 때문에 그의 각종 연설과 대화, 편지나 시사(詩詞) 등의 글 속에서 장자의 논리가 줄곧 인용되어져 왔던 것이 아닌가 하는 그의 또 다른 일면을 엿볼 수 있는 것이다.

5. 융합하여 관철시켰던 『손자병법』 13편

　손자(孫子)의 이름은 무(武)이고, 춘추시기 제나라 사람이다. 본래의 성은 전(田) 씨인데, 그 조부 전서벌영(田書伐營)이 공을 세워 손 씨 성을 하사받았기 때문이다. 제(齊)나라에서 내란이 발행한 후 손무는 오(吳)나라에 투항하여 병법 13편을 헌납하고 오왕 합려(闔閭)에게 거두어 달라고 요청한 후, 서쪽에서는 강한 초(楚)나라를 격파했고, 북으로는 진(晉)나라를 놀라게 하여 제후에게 이름을 들어내 보였다. 병서 13권을 저술하여 이름을 『손자병법(孫子兵法)』이라 하였으니, 중국 고대 병가(兵家)의 시조가 되었다.

　마오쩌둥은 『손자병법』을 숙독하였는데, 청년시기 마오쩌둥은 『손자병법』과 관계 있는 방면의 책들을 열독했다. 후에 장정 중에 섬북(陝北)에 도착하여 8년 동안 일본에 항전하는 기간 중 마오쩌둥은 더욱 공을 들여 중국 전쟁 역사상 "제일의 병서"로 알려진 이 책을 열독했다. 해방전쟁 중에는 연안을 떠나 섬북 지역을 전전하면서 3대 전역, 도강(渡江)전역, 초비(剿匪)전역을 진행하여 전 중국을 해방시킬 때까지 이들 책은 마오쩌둥의 손에서 떠나질 않았었다.

　마오쩌둥의 군사사상은 바로 마르크스 레닌주의의 혁명전쟁이론을 중국 혁명전쟁의 실제상황에 결합시킨 결정체였다고 말할 수 있다. 또한 중국 고대의 찬란한 군사문화 유산에 대해, 그것은 『손자병법』에 대한 계승이며 명확하게 운용하고 창조적으로 발전시킨 결과였다고 말할 수 있는 것이다. 이 중국 고대 "제일의 병서" 속에서 마오쩌둥은 풍부한 군사이론 지식을 흡수했을 뿐만 아니라, 동시에 혁명전쟁을 실천하는 중에 지극히 풍부한 변증법 철학사상의 실천 경험을 얻어냈던 것이다. 이를 통해 혁명전쟁을 지도하는 중에 중국의 혁명전쟁으로 하여금 서서히 한발자국 씩 승리를 향해 나아가게 했던 것이다.

　학창시절 마오쩌둥은 『손자병법』에 대해 어느 정도는 이해하고 있었다. 그가 기술한 강당록의 기록 중 이러한 내용을 볼 수 있다.

　　"손무는 타지에서 말단 신하로서 오랫동안 지내느라, 그의 말을 행동으로 옮길 수가 없었는데, 그 때문에 공을 세워 관직을 얻지 못했다. 은혜로움은 해침에서 나오고 해침은 은혜로움에서 나오는 것이니…… 세상의 모든 강국이 다른 나라를 멸망시키는데, 이 멸망한 나라는 곧 해침을 받은 것이다. 그러나 강자는 멸망한 나라를 자신이 나라로 삼고, 그 백성들을 번성케 하니 이 나라에게는 은혜로운 것이므로, 해침은 은혜로움에서 나온 것이다. 손무자(孫武子)는 군사로써 부득이하게 오랜 싸움을 하며 많은 사람을 죽였고 비리를 많이 저질렀으니, 그의 혁혁한 공은 부끄러운 일이라 할 수 있으므로, 어찌 병가의 비조라고 하겠는가!"[15]

1935년 1월 중앙 홍군이 장정하는 중 준의(遵義)에 도착했다. 중앙 홍군은 중국 소비에트구 및 이전 단계에서 행군 도중 실패했던 교훈을 종합하기 위해 중공 중앙은 정치국 1차 확대회의를 열기로 결정했다.

이 아주 중대한 회의 상에서 카이펑(凱豊)이 "마오쩌둥이 『손자병법』을 맹종한다"는 것을 의제로 올려 마오쩌둥의 군사 지휘 능력을 깍아 내리고자 했다. 그는 큰 소리로 창피하지도 않다는 듯이 마오쩌둥을 향해 질문했다.

"당신은 마르크스-레닌주의가 무엇인지 알고 있소? 당신은 틈만 나면 『손자병법』을 보는데, 당신의 군사전략은 모두가 『손자병법』 상에서 배운 것이 아니오? 그것은 현재 아무런 쓸모가 없는 것 아닌가요!"그러자 마오쩌둥이 곧바로 카이펑에게 반문했다. "당신은 『손자병법』을 읽었고 안 읽었소? 당신은 『손자병법』이 모두 몇 장으로 되어 있는지 아시오? 당신이 안 읽었다면 내가 『손자병법』에 의거해서 전쟁을 하고 있다는 걸 어떻게 알았소?"

카이펑은 마오쩌둥의 질문에 대해 벙어리처럼 아무 말도 못했다.[16]
1936년 10월 22일 마오쩌둥은 예졘잉(葉劍英)과 류딩(劉鼎)에

---

15) 중앙문헌연구실등편, 『마오쩌둥 조기 문헌』, 호남, 호남인민출판사, 1995, 595쪽.

16) 『당의 문헌(黨的文獻)』, 1993, 제9기.

게 편지를 보내면서 그들에게 책 한 보따리를 사다줄 것을 부탁했다. 그러면서 특별히 『손자병법』 한 부를 사다 달라"고 부탁했다.

 "사온 군사 책은 대부분 사용하는데 적합하지 않습니다. 대부분은 전술의 기술문제에 관한 것인데, 우리가 원하는 것은 전쟁을 지휘하는 것과 전략 방면의 책이라오. 이러한 기준에 따라 먼저 조금만 사서 보내주시고, 특히 『손자병법』을 한 부 사다 주시길 바랍니다."[17]

 같은 해 12월 마오쩌둥은 『중국 혁명전쟁의 전략문제』를 썼을 때, 손자의 군사이론을 인용해서 중국혁명의 전쟁경험을 종합했다고 했다. 예를 들면, 문장 중의 "쉬면서 힘을 비축했다가 피로한 적군을 맞아 싸우다(以逸待勞)" "배부름으로 배고픔을 기다린다(以飽待飢)" "예리한 기세를 가진 적병을 피하고, 타락하고 돌아갈 일만 생각하는 적군을 공격한다(避其銳氣, 擊其墮歸)" "상대가 준비하지 않으면 공격하고, 상대가 예상치 못한 곳으로 나아간다(攻其不備, 出其不意)" "자기를 알고 남을 알면 백번 싸워도 위태롭지 않다(知己知彼, 百戰不殆)"는 등의 구절을 사용하였다는 데서 알 수 있다.
 『중국 혁명전쟁의 전략문제』 중에서 마오쩌둥은 다음과 같이 말했다.

---

17) 중앙문헌연구실편, 『마오쩌둥 서신 선집』, 인민출판사, 1984, 81쪽.

"만일 적이 숫자적으로 강도(强度)적으로 우리 군사력보다 월등한 적을 공격할 때, 우리는 강약을 비교해서 변화가 생기기를 바라고, 적들이 우리 근거지로 깊이 들어왔을 때를 기다려, 근거지에서 고초를 겪게 되면 국민당의 3차 '토벌전(포위공격)' 때와 마찬가지로 장제스의 모 여단 참모장이 말한 '살찐 것을 마르도록 하고, 말라서 죽음에 이르게 해야 한다'고 했듯이 해야 하며, 또한 토벌군의 서로(西路) 총 사령관 천밍쉬(陳銘樞)가 '국군은 곳곳마다 어둡고, 홍군은 곳곳이 밝다'고 했을 때에야 우리는 비로소 목적에 도달할 수 있었다. 이럴 때, 적군이 비록 강하나 또한 크게 약해지는 것이다. 병력이 피로하면 사기를 잃어 많은 약점이 모두 폭로되게 된다. 홍군이 비록 약하나 오히려 정예병으로 양성되어 있으므로 '쉬면서 힘을 비축했다가 피로한 적군을 맞아 싸우면 되는 것'이다. 이 때 쌍방을 대비하면, 종종 모종의 정도에서 균형에 도달하게 되거나, 혹은 적군의 절대적인 우세가 상대적 우세로 변하게 되고, 우리 군의 절대 열세는 상대적 열세로 변하게 된다. 심지어 적군이 아군보다 열세에 이를 수도 있다. 우리군은 반대로 적군의 정세보다 유리해 지는 것이다. …… 이것이 손자가 말한 '예리한 기세를 가진 적병을 피하고, 타락하고 돌아가기만을 생각하는 적군을 공격한다'는 것이다."

혁명전쟁에서 마오쩌둥은 적과의 투쟁 중 "자기를 알고 상대를 알면, 백번을 싸워도 위태롭지 않다"고 하는 것을 가장 중시했다. 그는『중국 혁명전쟁의 전략문제』중에서 다음과 같이 말했다.

　　"어떤 자는 자기를 잘 아는데 상대를 잘 모르는 자가 있고, 어떤
자는 상대는 잘 아는데 자기는 잘 모르는 자가 있다. 그들은 모두
전쟁 규율을 학습하는 것과 사용하는 법을 몰라 문제를 해결할 수
가 없다. 중국의 고대 군사학가인 손무자는 "자기를 알고 상대를
알면 백번 싸워도 위태롭지 않다"고 했는데, 이 말은 두 개의 단계
를 학습하고 사용하는 것을 포함해서 말한 것이다. 즉 객관적 실
제 상황 속에서의 발전 규율을 인식한 것에 따라 자기의 행동을
결정하여 눈앞에 있는 적을 극복해야 한다. 우리들은 이 말을 가
볍게 보아서는 안 된다.[18]

　　마오쩌둥의 유명한 말인 "무릇 일이란 '예측을 하면 일어날 수
있고, 예측을 하지 못하면 쓰러지고 만다'는 것에 맞춰 해야 한다.
사전에 계획을 세우지 않고, 준비하지 않으면, 전쟁에서 승리할
수 없는 것이다"라고 했다.
　　일찍이 홍군시기 마오쩌둥은 "전쟁 초기에는 신중해야 한다"는
군사 지도사상을 제시했다. 조건이 성숙되지 않았을 때는 차라리
시기를 기다려야 하고, "싸우지 않으면 그 뿐이지만, 일단 싸우면
승리해야 한다"고 했다. 항일전쟁시기 대적 작전 중 마오쩌둥은
"반드시 유리한 상황에서 결전해야지, 유리하지 않은 상황에서의
결전은 피해야 한다"고 강조했다. 이러한 군사원칙을 "10대 군사
원칙"의 하나로 지정해 놓고, "준비하지 않은 전쟁은 하지 말아야
하고, 파악이 안 된 전쟁도 하지 않아야 하며, 모든 전투는 준비에

---

18) 『마오쩌둥 선집』 제1권, 인민출판사, 1991, 208쪽.

온 힘을 기울여야 하고, 적과 우리의 조건을 비교해서 승리할 수 있는지를 파악하는데 힘을 쏟아야 한다"고 제시했던 것이다.

마오쩌둥의 이러한 군사지도사상은 『손자병법』 중 「형편(形篇)」의 내용인 "승리하는 군대는 먼저 승리를 확보한 후에 전쟁에 임한다(勝兵先勝, 而後求戰)"는 말이 그 원류였던 것이다.

『손자병법』 중 「형편」은 "적군을 움직이는 장수는 태세를 나타내면 적군이 반드시 이에 따르고, 이를 주면 적군이 이를 취하려 하니, 이익으로써 적을 움직이고, 병사로써 대기하게 한다"고 했고, 「세편(勢篇)」 중에는 "전쟁은 속이는 게임이다. 고로, 능력이 있으면서 능력이 없는 것처럼 보이고, 사용하면서 사용하지 않는 것처럼 보인다. 가까운 곳을 노리면서 먼 곳을 지향하는 것처럼 보이고, 먼 곳을 노리면서 가까운 곳을 지향하는 것처럼 꾸민다"라고 했다. 그 의미는 즉 "상대가 준비하지 않으면 공격하고, 상대가 예상치 못한 곳으로 나아간다"는 것이다.

홍군이 장정하는 중에, 마오쩌둥은 『손자병법』 중의 이러한 지도사상을 운용하여 네 번이나 적수(赤水)를 건너야 했을 때 거짓 상황을 만들어, 동쪽에서 소리를 지르게 하고 서쪽을 공격하였던 것이니, 이는 "형세를 보여주고 적을 움직이게 했다"는 『손자병법』 「형편」의 내용을 응용했던 것으로, 중국 혁명전쟁사 중에서 가장 훌륭한 전쟁이었다고 기록되고 있는 것이다.

손자의 이러한 군사지도사상을 종합하여 마오쩌둥은 "우리들의 전략은 '일당 십'이고, 이것은 우리가 적을 제압하는 근본적인 법칙의 하나다"라고 했다. 동시에 "우리는 적은 것으로 많은 것을 이겼다─우리는 모든 중국의 통치자들을 향해 이렇게 말할 수 있다.

우리는 또한 많은 것으로 적은 것을 이겼다.─우리는 전장에 있던 각 지역 각 소속의 적들에게 또한 이렇게 말할 수 있다"고 지적했다. 이러한 지적 속에서 마오쩌둥이 "군사를 집중시켜 우세한 병력을 가지고 각 지역, 각 소속의 적군을 전멸시킨 전술지도사상"을 체현해 냈음을 알 수가 있다.

1960년 5월 27일 마오쩌둥은 무한(武漢)의 동호(東湖)빈관에서 중국을 방문한 영국 육군원수인 몽고리아와 처음으로 장시간 동안 대화를 했는데, 이 담화 중에 몽고리아는 "나는 징기스칸에게 배웠다"[19]고 하면서 그의 기동성을 강조했다.

그러자 마오쩌둥은 "당신은 2천 년 전에 쓰여진 우리나라의『손자병법』을 안 본 것 같소이다. 이 책 속에는 정말로 좋은 것들이 아주 많은데 말이오"라고 말해주었다.

이에 몽고리아가 "아주 많은 군사원칙을 제시하고 있나요?"라고 묻자, 마오쩌둥은 "아주 많은 원칙이 있지요. 모두 13편이나 됩니다"라고 답해주었다.

1960년 12월 25일 마오쩌둥은 친척들과 신변에서 자신을 도와주는 수행원들과 하는 담화 중에 다음과 같이 말했다.

"사실대로 말하면, 나는 산에서 9년 동안을 싸웠기에 그들보다는 더 많이 산에서의 전투경험이 많았다. 그들은 내가 우경기회주의, 협애경험주의, 무력주의 등으로 일관한다고 말했다. 그때 나는 아무 일이 없어서 할 일도 없었고, 길을 걷다가 당카 위에 앉

─────────────

19)『마오쩌둥 외교 문선』, 중앙문헌출판사, 1994, 425쪽.

아서 무엇을 했는가 하고 묻는다면, 나는 책을 본다고 했다. 그들은 그들의 당카를 들었지만, 나는 나의 책을 읽었던 것이다. 그들은 내가『삼국연의』와『손자병법』에 의거해서 전쟁을 했다고 비평했다. 사실 그 때 나는『손자병법』은 그다지 많이 보지는 않았다. 이에 비해『삼국연의』는 사실 여러 번 봤다. 그러나 작전을 지휘할 때는『삼국연의』의 어떤 것을 기억이 나지를 않았다. 모두 잃어버리고 기억하고 있는 것이 없었기 때문이었다. 그래서 나는 그들에게 당신들은 도대체 내가『손자병법』에 의거해서 작전을 지휘했다고 말하는데, 당신들은 분명히『손자병법』에 대해 아주 잘 알고 있을 것으로 보이니『손자병법』은 전체 몇 장으로 되어 있고, 제1장에서 시작하는 내용은 무엇인지를 말해보라고 반문했다. 그러나 그들은 벙어리처럼 아무 말도 못했다. 원래 그들은 근본적으로 읽지 않았기 때문이었다. 후에 섬북에 와서 나는 8권의 책을 읽었는데, 그때서야『손자병법』을 읽었고, 일본인이 쓴 군사조전(軍事操典)[20] 등의 책을 읽었다. 그 때 이들 책을 본 것은 혁명전쟁의 전략문제를 쓰기 위해서였고, 혁명전쟁의 경험을 종합하기 위해서였다."

이처럼 혁명기간 중『손자병법』은 마오쩌둥의 군사사상에 큰 영향을 준 책이었다.

---

20) 군사조전 : 군사훈련 이론을 체계적으로 정리한 책.

6. 노동을 숭상했던 '묵자(墨子)'

– 중류 지주(砥柱)[21]로 일컬어지는 노반(魯班)[22]

묵자(BC 468년~BC 376년)의 이름은 명적(名翟)이고, 전국시기 노(魯)나라 사람이다. 송(宋)나라에서 대부(大夫)를 역임했고, 당시 유명한 정치가, 사상가, 과학가, 기술자였으며, 묵가학파를 창시한 사람이다.

정치가와 사상가로서 묵자는 당시 각 제후국 사이에서 '겸애(兼愛)'와 '비공(非攻)'을 주장하며, 각종 형식의 정벌 전쟁을 반대했다. 동시에 그는 낭비하는 것을 반대했고, 절약할 것을 주장했으며, 생산을 위한 노동을 중시했다. 묵자의 이러한 정치사상은 당시 사상계에 깊은 영향을 미쳤다.

---

21) 중류지주 : 일지록(日知錄)에 나오는 말로 황하의 중류에 있으면서도 조금도 움직이지 않는 기둥같은 돌산을 말하는데, 난세에도 절조를 지킨 인물을 비유하는 말

22) 노반(魯班) : 중국의 레오나르도 다빈치로 불린다. 본래 성은 공수(公輸), 이름은 반(盤)이다. 춘추(春秋)시대 노(魯)나라 장인(匠人) 집안에서 태어났다. 중국 토목산업의 시조이자 최고의 발명가로 추앙받는 인물이다.

묵자의 이러한 사상은『묵자 · 비공(非攻) 상』편 속에 비교적 잘 나타나 있다.

"지금 여기 한 사람이 남의 과수원에 들어가서 복숭아를 훔쳤다고 하자. 사람들은 그를 비난할 것이고 위정자는 그를 잡아 벌할 것이다. 왜냐하면, 남을 해치고 자기를 이롭게 하였기 때문이다. 남의 개, 돼지, 닭을 훔친 사람은 그 불의함이 복숭아를 훔친 사람보다 더 심하다. 왜냐하면, 남을 해친 정도가 더 심하기 때문이다. 남을 더욱 많이 해치면 그 '불인(不仁)'도 그만큼 심하게 되고, 죄도 더 무거워지는 것이다. 남의 마구간에 들어가 말이나 소를 훔친 자는 그 불의함이 개 돼지나 닭을 훔친 자보다 더욱 심하다. 남을 해친 정도가 더욱 심하기 때문이다. 남을 해치는 정도가 크면 클수록 '불인'도 그만큼 심하게 되고 죄도 무거워지는 것이다. 무고한 사람을 죽이고 옷을 뺏거나 창이나 칼을 뺏는 자는 그 불의함이 말이나 소를 훔친 자보다 더 심하다. 이러한 것에 대해서는 천하의 군자들이 모두 그것의 옳지 못함을 알고 그것을 비난하고 그것을 불의라고 부른다. 그런데 한 사람을 죽이면 불의라고 말하고, 반드시 죽을죄를 저질렀다고 말한다. 만약 이런 논리대로 말한다면, 열 사람을 죽이면 열배 무거운 불의이니, 반드시 열 번의 죽을죄를 물어야 하고, 백 사람을 죽이면 백배 무거운 불의이니, 백번의 죽을죄를 물어야 할 것이다. 그러나 크게 나라를 침공하여 수천수만을 죽이는 불의에 대해서는 그 잘못을 알지 못하고, 도리어 예찬하고 의롭다고들 말한다. 이것은 진정 불의를 알지 못하는 것이다. 지금 여기에 어떤 사람이 검은 것을 조금 보고는 검다고 말하고, 검은 것을 많이 보고는 희다고 말한다면, 분명히 이 사람은 흑백의 분별을 모른다고 해야 할 것이다. 또한 쓴 것을 조금 맛보고는 쓰다고 말하고, 쓴 것을 많이 먹고는 달다고 말한다면, 분명히 이 사람은 쓴맛 단맛을 분별하지 못한다고 해야 할 것이다. 오늘날 군자들은 조금 나쁜 짓을 하면 그것을 알고 비난하지만, 크게 나쁜 짓을 하여 전쟁을 하면 나쁜 줄 모르고, 도리어 그것을 추종하며 칭찬하고 의롭다고 한다. 이들에게 과연 의와 불의를 분별할 줄 안다고 말할 수 있겠는가? 나는 이로써 오늘날 천하의 군자들이 '의'와 '불의'를 분별함에 미혹되어 있음을 알 수 있다."

과학자이고 기술 전문가인 묵자는 과학기술 방면에서 비할 수 없는 성취와 공헌을 이루었다. 수학방면에서도 그는 고도의 개괄적이고 엄밀한 수학개념, 명제와 정의를 만들어 냈고, 십진법에 대해서도 종합적인 논술을 행했다. 물리학 방면에서도 정확하게 '힘(力)', '움직임(動)', '멈춤(止)'에 대한 정의를 창출해 냈다. 우주론 방면에서도 그는 시간이론을 건립하여 우주 속 물체의 운동이 시간적으로 차이가 있고, 공간에서의 위치이동 이론 등을 제시했다. 그는 또한 기계 제조면에도 정통하여 그가 제조한 나무 새가 공중에서 비행을 했고, 그가 제조한 차량이 빠른 속도로 에네르기를 절약하면서 오래도록 운행할 수 있게 하였다. 이러한 그의 저술은 모두 『묵자』라는 책 속에 들어 있다.

『묵자』는 원래 71편이 있었는데 현재는 53편만이 15권에 나뉘어져 남아 있다. 이는 묵자 자신과 그의 제자 후학들이 기술하여 완성한 것이다. 『묵자』속의 중요한 내용은 묵자가 강학한 것을 기록

해 놓은 것인데, 이는 간략한 문장으로 이루어진 것이 아니라 장편의 논단으로 구성되었다. 비록 이들 글이 어록형식으로 남아 있기는 하지만, 실제상으로는 논문이라고 할 수 있다. 『묵자』속의 문장은 질박하고 명확하기 때문에 미사여구를 찾아볼 수 없고 논리가 매우 엄밀함을 알 수 있다. 특히 구체적 사례를 들어 이치를 설명하였기에 논리적 형식이 매우 철저함을 알 수 있다. 구체적 문제에 대해 논증하면서도 어려운 주제를 개괄하여 설명함으로서 그 설명하는 문리는 논리적인 점에서 일대 진전을 이루었다고 평가되고 있다. 예를 들어, 「비공(非攻)」편을 보면, 계속적으로 말을 이어가면서 설명하고 있는데, 즉 작은 것에서 큰 것으로, 이것에서 저것으로, 큰 원을 그리다가 단추구멍만하게 줄어들었다가 다시 큰 원으로 확대하여 설명함으로서 듣는 사람으로 하여금 감격케 하고 있다.

이러한 묵자에 대해서 마오쩌둥은 그의 논리를 감상하듯 읽었다.

항일 전쟁 기간 옌안(延安)에서 중국인민항일군사정치대학 생산운동을 종합평가하는 대회에서 마오쩌둥은 다음과 같이 말했다.

"역사상의 우왕(禹王)은 관리였으면서도, 농사를 지었다. 묵자는 노동자이지 관리는 아니었으나 그는 공자보다도 더 고명한 성인이었다. 공자는 농사를 짓지 않았지만, 묵자는 스스로 탁자와 의자를 만들었다. …… 마르크스주의는 천 조목 만 조목이나 되는 내용이 있지만, 그 중심이 되는 한 조항은 '노동하지 않으면 밥을 먹지 말아야 한다'는 것이다."[23]

---

23) 『마오쩌둥평점24사인물정선』, 영인본, 시사출판사, 1997, 382쪽.

1939년 2월 1일 마오쩌둥은 진백달(陳伯達)이 쓴『묵자의 철학사상(墨子的哲學思想)』을 치하하는 편지글[24]에서 다음과 같이 쓰고 있다.

> "『묵자의 철학사상』을 보았습니다. 이는 당신의 위대한 공로라 할 수 있어, 중국의 헤라클레이토스(赫拉克利特, Heraclitus : 前 544~484년, 소크라테스 이전이 철학자)라고 할 수 있습니다. 아래와 같이 몇 가지 다른 의견이 있으니 참고해 주시기 바랍니다. 그러나 이는 연구하지 않은 제가 근거도 없이 망문생의(望文生意, 글자만 보고 제멋대로 풀이한 해독의 여파가 자못 크다는 뜻)적 감상일 뿐입니다. 삼가 존경을 표하는 바입니다.
>
> 마오쩌둥, 2월2일 밤.

  (1) 제목 : "고대 변증유물론의 대가 – 묵자의 철학사상(古代辨證唯物論大家 – 墨子的哲學思想) 혹은 묵자의 유물철학(墨子的唯物哲學)"으로 고치는 것이 비교적 좋을 것 같습니다.

  (2) 사물의 속성은 실제로 멈추지 않고, 또한 그 근본적인 질(質)을 가지고 있는데, '질'과 '속성'은 나누어질 수 없지만, 그래도 구별이 있고, 하나의 사물 속의 실질적인 속성을 제거해 버릴 수도 있습니다. 그리고 그 물질은 변하지 않고, 이 때문에 그 물질의 질은 항상 존재하게 되는 것입니다. "'지기(志氣)'의 '지(志)'는 사물의 질로서 변하지 않는 것(한 물질의 범위 내에서)을 가리키는

---

24) 중앙문헌연구실편,『마오쩌둥서신선집』, 중앙문한출판사, 2003, 140~142쪽.

것이고, '기(氣)'는 질 및 속성, 즉 변동하는 것을 가리킵니다."

(3) "군자는 행위 중에서 어떤 것이 '인(仁)'이고, 어떤 것이 '불인(不仁)'인지를 나누어서 나타낼 수가 없다"고 했는데, 이 말의 뜻은 반드시 "군자는 알면서도 '불인'을 저지르는 일을 할 수가 있고, 알지 못한 채 '인'을 행할 수도 있다"는 식으로 쓴다면, 그 의미가 더욱 명확해 질 것입니다.

(4) 인과성(因果性) 문제 : 인과성을 말한 부분은 마치 필연성과 우연성의 관계를 동시에 말한 것 같습니다. "사물이 그러한 까닭(物之所以然)"은 필연성으로, 이 필연성의 표현형태는 곧 우연성입니다. 필연성의 모든 표현형태는 모두가 우연성이고, 모든 것이 우연성을 통해 표현되는 것입니다. 따라서 "원인이 없다는 것은, 예를 들면 10월 10일에 반드시 무창기의(武昌起義)가 있을 수 없었다"라는 정의는 맞는 말이라는 것입니다. 그러나 신해혁명(辛亥革命)의 필연성(큰 원인)은 반드시 다른 우연성(작은 이유) 때문에 폭발했던 것이고, 더불어 무수한 우연성(작은 이유)을 지나면서 완성된 것이라 할 수 있으므로, 아마도 10월 11일에 한양(漢陽)기의가 일어나게 되었거나, 혹은 모월 모일의 모처에서의 기의가 일어나게 했을 수 있는 것입니다. 다시 말해서 "가장 합당한 시기에 폭발한 것이 아니라 곧 일정하지 않은 요원의 불길에 의해서 이루어진 것이다"라고 하는 것이 맞는 것인데, 그러나 또한 가장 적합한 시기에 일어남으로 해서 요원의 불길이 되었다고도 할 수 있는 것입니다.

(5) 중용(中庸)문제 : 묵가의 "올바른 권리를 행하면 이롭고, 올바른 권리를 악용하면 해롭다" "양쪽 모두는 치우침이 없다" "올

바름은 흔들리지 않는다"라는 주장과 유가의 "양측을 모두 행하려면 중용을 이용하라" "중용을 택하고 그 가르침을 가슴에 새기고 잃어버리지 말라" "중립에 서서 편향되지 마라" "죽음에 이르러서도 변하지 말라"는 말 등은 모두 같은 사상이고, 모두 질의 안정성을 긍정하는 말입니다. 이러한 질의 안정성을 위하여 두 개 전선에서의 투쟁을 하도록 하여 과유불급(過猶不及, 정도를 지나침은 미치지 못함과 같다)에 반대해야 합니다. 여기에 몇 가지 의견이 있습니다. 첫째, 두 전선의 투쟁을 전개함에 있어서 두 전선의 투쟁 방법을 통해 상대의 질을 규정해야 하고, 둘째, 유묵(儒墨) 양가의 말은 서로 다르나, 의미는 같으므로, 그런 점에서 묵가는 특별히 발전한 곳이 없다고 할 수 있습니다. 셋째, '정(正)'은 질의 관념으로 유가의 '중(中, 한쪽으로 치우치지 않는 중간)'과 같습니다. '권(權)'은 질의 관념이 아니라 이 질이 다른 질과를 구별하는 방법을 규정하는 것입니다. 넷째, "양쪽 모두는 한 쪽으로 편향되어서는 안 된다"는 것은 타협하지 않아야 한다는 것으로서 이는 묵자의 설을 절충론이 되게 했습니다. 하나의 질에는 양 방면이 있는데, 한 과정 중에서의 질은 한 방면은 중요하며, 상대적으로 안정되어 있으나, 반드시 편향되는 점을 가지고 있다는 것입니다. 소위 일정한 질이라고 하는 것은 이러한 방면을 가리키는 것입니다. 이것을 바로 질이라고 하는 것인데, 그렇지 않으면 질을 부정하게 되는 것입니다. 따라서 묵자의 "치우치지 않아야 한다는 것"은 우측을 향한 우측의 이질 적인 편향을 반대하는 것이지, 한 질의 양 방면의 한 방면을 향하는 것을 반대하는 것이 아닙니다(사실 이는 편향된 것이 아니라 합당한 '정(正)'이라 할 수 있

지요). 만일 묵가가 유물변증론자라고 한다면, 이러한 견해와 같
이 만들어야만 합니다.

여기서 볼 수 있는 것은, 마오쩌둥이 묵자의 철학사상에 대한 연
구를 매우 중시했다는 점이다. 묵자가 2천 년이 넘는 이전에 제시
한 우주 속의 시간 및 공간 모두가 대립과 통일이라는 관계에서 존
재한다고 하는 이 이론에 대한 인식은 마오쩌둥에게도 충분한 긍
정적인 인식을 심어주었다는 것이다. 그래서 마오쩌둥은 편지 속
에서 묵자를 "고대 변증유물론의 대가"라고 칭할 것을 건의했던
것이다.

1930년 12월 말 "장제스(蔣介石), 펑위샹(馮玉祥), 옌시산(閻
錫山) 대전"이 막 끝나자 장제스는 급하게 10만의 군사를 불러 모
아 강서(江西)성 주석 루디핑(魯滌平)을 총사령관으로 임명하고,
18사단 사단장 장훼이잔(張輝瓚)을 전선 총 지휘관으로 임명하여
"여러 갈래로 나누어 총 공격"하는 전법으로 북쪽에서 남쪽을 향
해 기세등등하게 중국공산당 중앙혁명근거지를 맹공격하여 일거
에 홍군의 군사 주력을 롱강(龍岡) 경내에서 궤멸시키려고 도모하
였다.
그러자 1930년 12월 30일에서 1931년 1월 3일 마오쩌둥은 친히
전선으로 내려와 주더(朱德)와 함께 홍군을 지휘하며 홍군 주력부
대를 움직여 국민당군을 롱강의 산 지역으로 유인하고, 유리한 지
형을 이용하여 맹 반격을 가한 끝에 일거에 적 9,000명을 괴멸시
켰고, 국민당 전선 총 지휘관인 장훼이잔을 사로잡았다. 계속하여

홍군은 승전기회를 타고 유격전술로 도주하는 국민당군을 추격하여 국민당군의 절반을 붕괴시켰다. 두 차례의 전역은 단 5일 만에 끝났고, 몰살당한 국민당군은 총 15,000명이었다. 장제스의 제1차 포위작전을 이렇게 해서 철저히 분쇄해 되었던 것이다.

마오쩌둥은 이 전역을 통해 동소(東韶)에서 15와트(W)의 무선전신국을 획득하였다. 그리하여 이를 운영할 무선전신국 대대를 창설하고, 이를 운영할 대원을 양성하기 위해 전신훈련반을 창립했는데, 1931년 1월 10일 주덕과 함께 전신훈련반 개학식에 참석하여 축하 연설을 하였다.

"어떤 일을 하더라도 모두 그것의 중요성을 반드시 알아야 합니다. 여러분들은 혁명의 '천리안(千里眼)' '소식통(順風耳)'입니다. 홍군은 전신국이 없습니다. 마치 노반석(魯班石)이 없는 것과 같습니다. 노반(魯班)은 중국 고대의 아주 유명한 전문 기술자이고, 노반석은 옛날 전설적인 돌입니다. 노반석에 대한 이야기는 다음과 같습니다. 아주 오랜옛날에 강 위에 있는 다리(돌로 쌓아 만든 아치형 다리)를 놓아야 했는데, 많은 기술자들을 초청하여 밤새도록 산에서 돌을 가져와 매일 밤낮으로 여러 날 동안 다리를 건립했습니다. 그러자 다리 형체가 거의 다 이루어졌습니다. 그런데 다리를 완성하려면 둥그런 다리 중간 끝 부분 딱 합치되는 곳에 끼워 넣어야 할 단단하고 알맞은 돌 하나가 부족했습니다. 이 돌은 아주 중요한데 찾을 수가 없었습니다. 그러자 다리를 완성할 수가 없었던 장인들은 이 돌을 찾으려고 안 다닌 곳이 없을 정도로 사방을 샅샅이 뒤지고 다녔습니다. 그러나 결국 찾지를 못했습니다. 그들이 얼마나 많은 산을 뒤지고 다녔고, 얼마나 많은 하천을 건넜는지를 모를 정도였습니다. 그러던 어느 날 한 장인이 짚신을 삼는 노인 집에 들려 잠시 쉬고 있는데, 볏짚을 눌러 놓은 돌하나가 눈에 띄는 것이었습니다. 그래서 그것을 얻어다가 마지막부분에 끼워 넣으니 크지도 작지도 않은 것이 아주 딱 들어맞는것이었습니다. 그래서 다리를 최종적으로 완공할 수 있게 되었습니다. 원래 이 돌은 노반이 남겨놓았던 것입니다. 어느 날 노반이다리 위를 지나가면서 다리의 크기를 쟀고, 또한 준비해둔 석 재료를 보았더니 돌 하나가 부족하다는 것을 알았습니다. 그리하여그는 돌 수치를 가늠한 다음 이 돌을 깎아서 짚신을 삼는 노인에게 던져주고 아무렇지도 않은 듯 가버렸던 것입니다. 이로부터 사람들은 이 돌에다 '노반석'이라는 이름을 지어 불렀던 것입니다.

홍군은 금후 크게 발전할 것이며, 이곳에 혁명의 불을 지피고, 저곳에 혁명을 알리는 불을 지펴, 이를 한 곳 한 곳 나누어서 모두근거지로 만들 것입니다. 어떻습니까? 여러분들이 공중에 이러한다리를 걸쳐놓아 준다면, 홍군은 이 다리에 의지해서 다리와 다리사이를 연결시킬 것입니다. 여러분들 생각해보십시오. 여러분들이 바로 이 공중에 놓은 다리의 "노반석"이 아닙니까?"[25]

마오쩌둥은 여러 병사들에게 '노반석'을 만들어 내어 군중과의연계를 밀접하게 함으로써, 혁명의 불꽃이 더욱 활발히 타오를 수있도록 하여 부패로 인해 몰락한 구 중국을 불태워 버리고 찬란한

25)『마오쩌둥평점24사』(상권), 시사출판사, 1997, 382~383쪽.

번영을 구가할 새로운 중국을 건립하자고 호소했던 것이다.

  이처럼 묵자의 사상은 언제나 마오쩌둥의 생각에서 떠나지 않았던 것이다.

7. 오랫동안 전해지고 있는 "우공이산"의 『열자(列子)』

전하는 바에 의하면 열자는 전국시기 사람으로, 그의 생몰연대는 고증되지 않고 있다. 그렇지만 그는 대략 장자보다는 조금 이른 세대에 태어났던 사람으로 추정되고 있다. 왜냐하면 『장자(庄子)』의 저술 중에 다음과 같이 "열자는 한 편의 『열경구(列卿寇)』를 저술했다"고 말해지고 있기 때문이다. 그 후에 나타난 『한서 · 예문지(藝文志)』에는 『열자』 8편이 있다고 서술하였다. 지금의 『열자』 8편은 아마도 진(晉)나라 사람이 저술했을 가능성이 크다. 그 내용에는 「황제(皇帝)」「천서(天瑞)」「주목왕(周穆王)」「중니(仲尼)」「탕문(湯問)」「역명(力命)」「설부(說符)」「양주(揚朱)」등 모두 134칙(則)이 있는데, 대부분이 민간 고사(故事, 이야기)나 우언(寓言), 그리고 신화 전설로 되어 있다.

중국에서 「우공이산(愚公移山)」의 이야기에 대해서는 누구나 다 알고 있다고 할 수 있다. 그 원인에는 대체로 세 가지가 있다.

첫째, 「우공이산」의 이야기는 통속적이어서 쉽게 이해할 수 있

어, 사람들의 투지를 불러일으키고, 사람들로 하여금 깊이 성찰할
수 있도록 하는 발심을 일으키게 한다.

둘째, 신 중국의 성립 이래 「우공이산」 이야기는 초등학교, 중학
교의 교육 내용 중에 포함되게 되어 있어, 많은 학생들이 필수적으
로 이 과목을 듣고 있기 때문이다.

셋째, 1945년 6월 11일 중국공산당 제7차 전국대표대회 폐막식
에서 마오쩌둥이 폐막사를 하면서 「우공이산」의 이야기를 그 폐막
사 내용 속에 포함시켰기 때문이었다.

해방 후 마오쩌둥의 「인민을 위한 복무(爲人民服務)」, 「백구은을
기념하다(紀念白求恩)」[26], 「우공이산」 등 3편의 저술은 전국의 수
억 군민이 칭했던 혁명의 『노삼편(老三便)』이라고 회자되면서 널
리 학습의 대상이 되었다. 특히 「우공이산」의 이야기는 널리 퍼져
서 "우공정신"을 발양케 하였다.

『열자·탕문』 중의 한 편인 「우공이산」의 원문 내용은 다음과 같다.

    "태항(太行)과 왕옥(王屋) 두 산은 사방 7백 리이고, 높이가 1만
    길(仞)이다. 원래는 기주(冀州)의 남쪽, 하양(河陽) 북쪽에 있었
    다. 북산(北山)의 우공은 나이가 90인데 산 속에서 살고 있었다.
    그는 출입의 편리를 위해 가로막고 서 있는 산을 옮기려는 계획을
    세웠다. 그는 온 집안사람들을 모아놓고 이에 대해 상의하자, 모

---

26) 백구은'(白求恩, White Seek Grace)으로 불렸던 노먼 베순(1890~1939).
   캐나다 출신으로 국제적 명성을 얻은 흉부외과 의사, 공중보건제도의 확립에
   앞장섰던 의료운동가이다. 1937~1939년 중국으로 와서 팔로군을 따라 다니
   며 치료했다.

두가 그러한 계획에 동의했다. 마침내 그는 자기 자손들과 짐꾼 셋을 데리고 일을 시작했다. 이때 이웃에 과부가 하나 살았는데, 그녀의 유복자가 겨우 이를 갈기 시작한 나이였음에도 뛰어가 이 일을 도왔다. 파낸 흙을 발해만(渤海灣)까지 나르고 돌아오는데, 겨울과 여름이 바뀌는 동안 꼬박 1년이나 걸렸다. 이를 보고 지수 (智叟)란 이가 비웃자 그가 이렇게 대답했다. "그대의 마음은 고루하여 거두어 드릴 수가 없는 것이니, 과부의 어린 아이만도 못하구려. 비록 내가 죽는다하여도 자손은 남아 있소. 자식이 손자를 낳고, 그 손자는 또 자식을 나을 것이며, 또 그 자식이 자식을 낳고, 또 손자를 낳을 것이오. 이렇게 자자손손 영원히 다하는 일이 없을 것이오. 하지만 산은 더 늘어나지 않을 것이니, 어찌 평평해지지 않으리라 걱정을 하십니까?" 그러자 지수는 할 말이 없었다. 조사신(操蛇神)이 그 이야기를 듣고는 그가 그만 둘 것을 염려하여 하늘에 고하였다. 천제는 그 정성에 감복하여 과아(夸蛾)씨 두 아들에게 명하여, 두 산을 업어다가 하나는 삭동(朔東), 하나는 옹남(雍南)에 놓게 하였다. 이로부터 기주의 남쪽과 한수의 남쪽이 막혀 끊어지지 않게 되었다."

항전시기 마오쩌둥은 연안(延安)에 있을 때 언제나 "항일군정대학"과 섬북공학(陝北公學) 등 학교에 가서 학생들과 교원들에게 강의하곤 하였는데, 그는 강의하는 도중에 여러 차례 '우공이산'의 이야기를 하곤 했다. 이를 통해 우공이 매일 같이 "산의 흙을 파서 날랐던 정신"을 그들에게 발양시켰는데, 이러한 강의는 전국적으로 혁명이 성공할 때까지 계속되었다.

1939년 1월 28일 마오쩌둥은 연안의 청량산(淸凉山)에 있는 "항일군정대학" 제5기 개학식에서 다음과 같은 연설을 하였다.

"우리들은 장기적으로 항전을 하고 있다. 현재 동지들에게는 길게 수염을 기른 자가 없고, 길게 수염이 자라도록 기다리는 사람도 없다. 항전이 아직 승리에 이르지 못하였기에, 우리는 아이들에게 총을 건네주어야 하고, 아이가 수염이 나게 되면 또 그의 아이에게 총을 건네주는 식으로 이렇게 계속하게 되면, 어찌 항전에서 승리하지 않을 수 있겠습니까? 이러한 이치는 옛날 한 노인이 만들어낸 이야기입니다. 우리가 일본을 무찌르는 것도 이러한 이치로 해야 합니다."

중국공산당 제7차 전국대표대회의 폐회식 상에서는 다음과 같이 말했다.

"대회 폐막 이후 많은 동지들은 자신의 부서나 맡고 있는 각 전장으로 돌아가 업무에 임할 것입니다. 동지들은 여러 곳으로 가서 이 대회의 노선에 대해 선전하게 될 것이고, 더불어 전 당의 동지들은 인민을 향해 널리 해석해 줄 것입니다. 우리들이 선전하는 대회 노선은 바로 전 당과 전국의 인민이 '혁명은 반드시 승리해야 한다'는 믿음을 건립하도록 해야 한다는 것입니다. 먼저 선봉대는 결심을 내리고 희생을 두려워하지 말아야 하며, 수많은 난관을 배제하면서 승리를 쟁취토록 해야 할 것입니다. 그러나 아직 부족한 것이 있습니다. 그것은 바로 전국 인민 군중들로 하여금 우리들과 함께 분투하여 승리를 쟁취해야 한다는 각오를 새기고, 스스로 그렇게 할 것을 청원토록 해야 하는 과제가 있기 때문입니다. 전국 인민으로 하여금 갖게 해야 할 이러한 믿음은 곧 중국은 중국인민의 것이지 반동파의 것이 아니라는 믿음을 말합니다. 중국 고대에 '우공이산'이라는 우언이 있었습니다. 이 이야기는 고대의 한 노인이 화북 지역에 살고 있었는데, 이름은 북산의 우공이라 했습니다. 그의 가족들은 남쪽에 두 개의 큰 산이 자신들 집의 출로를 막고 있었는데, 하나는 태항산(太行山)이라 했고, 다른 하나는 왕옥산(王屋山)이라 했습니다. 우공은 결심을 내리고 그의 가족들과 함께 이 두 산을 파내서 평평하게 하기로 했습니다. 이를 보고 지수(智叟)라고 하는 한 늙은이가 파안대소를 하면서 "자네들이 하는 짓은 매우 어리석은 짓일세. 자네들 부자가 이 두 개의 산을 다 파낸다는 것은 완전히 불가능한 일이니까 말이네"라고 했다. 그러자 우공이 웃으면서 대답하기를 "내가 죽은 다음에 나의 아들이 있고, 나의 아들이 죽은 다음에는 손자가 있을 테고, 그 손자에게는 손자의 아들이 있을 테니, 이렇게 대대손손 이어지는 것은 무궁무진할 것이오. 그러나 이 두 산은 비록 높고 크기는 하지만 다시는 더 이상 높아지지 않을 것이니, 조금 파더라도 파는 만큼 적어질 것이므로 어찌 다 파헤칠 수 없다는 것이오?" 이렇게 우공은 바로 지수의 잘못된 사상을 비평하면서 반박했던 것입니다. 우공은 조금도 동요하지 않고 매일처럼 산을 파나가기를 그치지 않았습니다. 이러한 그에게 감동한 하느님이 두 명의 신선을 파견하여 이 두 산을 치우도록 했습니다. 현재도 이 두 산은 중국 인민의 머리 속에 커다란 산으로 남아 있습니다. 그 하나는 바로 제국주의이고, 다른 하나는 봉건주의입니다. 중국공산당은 일찍이 이 두 산을 파헤치기로 결심을 했습니다. 우리는 반드시 이러한 결심을 견지하여 반드시 끊임없이 일을 하게 되면 하느님께서 반드시 감동할 것입니다. 우리의 하느님은 다른 분이 아닌 바로 전 중국의 인민대중입니다. 전국의 인민대중이 함께 일어나 우리들과 함께 이 두 개의 산을 파헤친다면 어찌 평평하게 하지 못할 수가 있겠습니까? ……" [27]

1962년 4월 어느 날 마오쩌둥은 그의 신변에서 일하는 사람에게 이렇게 말했다.

"군중으로부터 벗어나서는 안 됩니다. 어떤 일을 하던 간에 성적을 내야 합니다. 일이 크고 작고는 관계없이 모두 잘 끝내도록 해야 합니다. 내 신변에 있는 사람들은 이러한 정신을 가지고 있어야 하며, 중간에 그만 두는 일은 해서는 안 되며, 한 번에 모든 일을 마칠 수 있어야 합니다."

마오쩌둥은 자신의 신변에 있는 사람들에게 모두 이러한 정신을 가질 것을 요구했다. 이러한 정신이란 바로 "우공정신"을 말하는 것이다.

1964년 3월 24일 마오쩌둥은 푸이보어(溥一波)와의 담화 중에 다시 한 번 말했다. "우공이산"은 아주 설득력 있는 이야기로 1백

---

27) 『마오쩌둥선집』 제3권, 인민출나사, 1991, 1101쪽.

만 년 혹은 몇백만 년 후에는 산이 평탄해질 것입니다. 우공이 말
이 맞는다는 거지요. 그가 죽은 후에는 그의 자식들이, 손자가, 또
그 아래 손자가 계속해서 발전해 나갈 것이고, 그렇게 한다면 결국
언젠가는 평탄해지게 될 것입니다.

당의 제7차 전국대표대회 폐막식 상에서 마오쩌둥은 전국대표
대회에 참가한 대중을 '하느님'이라고 간주하면서, 우공은 매일 같
이 "산을 파내는 일을 그치지 않았다"고 하는 실제 행동은 하느님
을 감동시켜 혜아씨(兮訝氏)의 두 아들을 파견하여 우공 집 앞에
있는 두 개의 거대한 산을 옮겨주었다고 말했다. 그러면서 이 하나
님은 다른 사람이 아니고 바로 중국의 인민대중을 가리킨다고 했
고, 따라서 중국 공산당인은 인민을 위해 일해야 한다고 했던 것이
다. 이처럼 "인민이 바로 하느님"이라는 믿음이 마오쩌둥의 마음
속에는 깊이 새겨져 있었던 것이다.

1975년 10월 8일 마오쩌둥은 중국을 방문한 남슬라브의 손님을
맞이하면서 이러한 말을 했다.

　"인민은 바로 하느님입니다. 우리의 노선, 방침, 정책은 정확해
　야만 했는데, 그것은 인민대중의 이익을 위해야 하기 때문이고,
　우리의 하느님인 이들을 감동시켜야 하기 때문입니다. 그렇게 하
　여 이 하느님을 단결시켜, 이 하느님에 의지하며 각종 방법을 다
　동원해서라도 우리 앞에 있는 이 큰 산을 옮겨 놓아야 합니다. "

『열자』의 134칙(則)의 저술 중에서 "우공이산"이라는 우언을 제
외하고도 「기창학사(紀昌學射)」「기인우천(杞人憂天, 쓸데없는 생

각」「고산유수(高山流水)」등의 우언이 있는데, 모두가 깊은 교육적인 의미를 가지고 있는 것들이다.

8. 깊은 의미가 있는 순자의 소박한 "유물론"

1972년 7월 중앙 전안조(專案組, 전문 사건 심사팀)는 반 년이 넘는 시간 속에서 린뱌오(林彪), 천바이다(陳伯達) 등 반 공산당 집단의 활동상황을 해결했다. 이 기간 중 중공 중앙에서는 『린 · 천 반당 집단의 반혁명 정변투쟁을 분쇄하다』라는 자료를 세 차례나 인쇄하여 발송하면서, 린뱌오의 각종 반대 언론 · 활동 및 그의 죄를 입증하는 자료를 대중들에게 공개했다.

이들 자료를 통해 인민들은 린뱌오 및 그의 처자 이에췬(葉群)이 그들이 거주하던 베이징 마오쟈만(毛家灣)에 있는 집 안에 걸려 있는 상대방에 보내는 여러 족자들의 글 즉 "온화하고 예의 바르고(溫文), 호방하고(豪放), 이지적이며(理智), 하늘로부터 명을 받았고, 사람들로부터 명을 받았다", 또한 "서로 다르게 일어났지만 순수한 마음과 열정은 같고, 서로 다르게 태어났지만, 같은 이불 속에서 죽고, 같은 구덩이로 들어간다", "만사가 모두 정하여져서 유유하니 오직 이것만이 큰 것인데, 바로 극기복례(克己復禮, 사리

사욕에 대한 욕심을 버리고 공공의 이익을 위한 사회적 질서인 예를 회복시키는 것)이다"라는 것을 알게 되었다. 이 '극기복례'라는 말은 중국 춘추시기의 공자가 폈던 정치 주장이었다.

마오쩌둥은 린뱌오의 무리들과 중국 역사상의 모든 반동파를 함께 봉건지주계급이 숭앙하는 공뱅지도를 계승했다고 보았고, 옛것을 지키는 것을 회복하고, 국가 통일과 사회의 진보를 반대하는 무리라고 주장했다. 마오쩌둥은 린뱌오와 그 무리들이 신봉하는 '극기복례'와 '문화대혁명'을 현실적으로 연계시켜 전 당과 전국의 인민이 밀접하게 연계해서 투쟁을 실현할 것을 호소하는 것을 "비평 탄핵"하면서 린뱌오와 그 무리들의 사상 근원을 발본색원했다. 이를 위해 마오쩌둥은 대규모의 "비림비공(批林批孔, 공자의 극기복례는 노예제도를 복귀시키려는 반동사상이고, 마오쩌둥의 후계자였던 린뱌오도 '지주·자산계급의 전제(專制)'를 복귀시키려 한 반동이라고 비판한 운동)"을 일으켜 전국 범위로 신속하게 이 운동을 전개해 나가도록 하였다.

이 기간 동안 마오쩌둥은 중공 중앙의 사무원들에게 다음과 같이 말했다.

"여러분들은 순자(荀子)와 한비자(韓非子)를 보세요. 그들은 옛날의 대표적인 유물론자들입니다. 이 두 사람은 '백성의 삶을 위해선 문화와 전통을 뒤집어야 한다'는 후금박고(厚今薄古)와 법가를 따르고 유가에는 반대해야 한다는 생각을 갖고, '사람이 힘을 모으면 하늘도 이긴다' 즉 하늘이 정해 준 운명일지라도 사람의 힘으로 바꿀 수 있다는 '인정승천(人定勝天)'을 주장했습니다."

순자의 이름은 황(况, 況의 속자-역자 주)이고, 또한 순경(荀卿)
혹은 손경(孫卿)이라고도 불렸다. 전국시대 말기 조(趙)나라 사람
으로 그가 활동한 시기는 대략 기원전 298년부터 238년까지이다.
순자는 주로 제(齊)나라에서 "학문을 토의하고 연구하였는데(講
學)", 만년에는 초(楚)나라 난릉(蘭陵, 오늘날 산동성 蒼山縣)의
영(令)으로 부임하였다가 후에 난릉에 거주하면서 집필에 주력한
끝에『순자(荀子)』총 20권 32편을 남겼다.

순자의 문장은 소박한 유물주의사상을 포함하고 있었는데, 순자
는 "하늘과 인간은 분리되어 있다는 천인상분(天人相分)"을 견지
했다. 이는 당시 사회의 사회생산력 발전과 분리될 수 없는 주장이
었다. 전국시대는 철기가 이미 보편적으로 사용되고 있었기에 생
산력이 상당히 제고되고 있었다. 사람들은 생산을 위한 투쟁과 이
를 실천하는 가운데 대자연의 여러 규율을 이해하게 되었다. 따라
서 하늘에 대해 어느 정도 가지고 있던 미신을 타파하게 되었는데,
순자의 유물주의 사상이 바로 이러한 상황 하에서 나타나게 되었
던 것이다. 만년에 이르러 순자의 법학사상은 더욱 더 성숙되게 되
어 예(禮)에서 법(法)으로, 유가(儒家)에서 법가(法家)로 넘어가는
교량 역할을 결국 완성시켰다. 이는 그의 제자인 한비자에 의해서
법학이론의 기초를 정립하는데 큰 영향을 주었다.

『순자』속에 있는 몇 편의 문장에서는 순자의 '인정승천'의 유물
론사상을 전형적으로 보여주고 있음을 볼 수 있다.

『순자』에서 순자는 물질은 정신에 대해 결정적 작용을 한다는 것
을 인정하였고, 정신은 물질에 대해 능동적 작용을 한다는 것을 강
조했다. 그는 사람이 자연계 앞에서 아무런 힘도 쓸 수 없다는 것

을 부정해야 한다고 생각했다. 사람은 대자연을 인식하는 기초 위에서 대자연을 이용할 수 있고, "천지를 통제하여 만물로 하여금 인류를 위해 복무케 해야 한다(天地官而萬物役)"고 했다. 그는 "하늘에는 그 계절이 있고, 땅에는 그 사물이 있으며, 사람에게는 그 다스림의 방법이 있으니 무릇 이를 가리켜 서로 간여한다고 한다. 사람이 (천지와 동등한 자격으로 나란히) 참여할 수 있는 소지를 버리고, 천지와 동등한 자격을 가질 수 있기를 바란다는 것은 환상이다(天有其時, 地有其財, 人有其治, 夫是之謂能參, 而願其所參則惑矣)"라고 했다. 즉 '천시(天時)', '지재(地財)', '인치(人治)'는 능히 장악할 수 있는 것이나, 이를 현실적으로 장악하고자 헛되고 실속 없는 '하늘'을 추구하며 가다보면 반드시 미혹 상태에 빠져들게 된다는 뜻이다. 따라서 사람의 주요 임무는 만물을 이용해야 한다는 것으로, "천명에 순응하지 말고 천명을 제재하여(制天命) 이를 이용해야 한다"는 구호를 제창했던 것이다. 이것이 바로 그가 『천론(天論)』 중에서 말한 "하늘이 위대하다고 사모하는 것과, 물자를 비축하여 하늘을 제어하는 것 중에서 어느 것이 더 나은가? 하늘에 순종하여 그것을 칭송하는 것과 천명을 통제하여 그것을 이용하는 것 중에서 어느 것이 더 나은가? 때를 보고 기다리고 있으니, 때에 맞춰 이를 이롭게 활용 하는 것이 낫다. 사물이 생겨나는 바를 원한다면, 어느 누가 함께 사물을 성취하게 하는 바가 있겠는가?(大天而思之, 孰與物畜而制? 從天而頌之, 孰與制天命而用之? 望時而待之, 孰與應時而使之? 因物而多之, 熟與騁能而化之? 思物而物之, 熟餘理物而勿失之也? 願于物之所以生, 熟與有物之所以成?)"이다.

이를 종합해서 한마디로 말한다면, 인간은 자신의 역량을 믿어야만 하고, 충분히 주관적 능동성을 발휘함으로서 대자연을 정복하여 만물을 이용하고, '천은(天恩)'만을 앉아서 기다려서는 안 되며, 스스로 이를 찾아서 취해야 한다. 그렇지 않으면 바로 "사람이 잘못을 하고서도 하늘을 원망한다(錯人而思天)"는 것이 되고, "만물의 정을 잃게 된다(失萬物之情)"고 했던 것이다.

순자의 이러한 '인정승천'의 사상은 인류의 인식사(認識史)에 있어서 커다란 비약이었다.

마오쩌둥은 그의 많은 문장과 저작 중에서 언제나 인민 군중의 위대한 역량을 제출하였고, 인민은 역사의 창조자라는 관점을 제시했다. 마오쩌둥의 이러한 사상 내원은 순자의 '인정승천'사상의 영향을 받은 것이라고 말할 수 있다.

1941년 3월과 4월 사이에 마오쩌둥은 『"농촌조사"의 서언과 발문에서』 다음과 같이 말했다.

> "군중은 진정한 영웅으로, 우리 스스로는 왕왕 유치하고 웃긴
> 다고 생각할 수 있으나 그것은 이점을 이해하지 못하고 있기 때문
> 이다. 다시 말해서 그들에 대한 최소한도의 지식조차 얻지 못했기
> 때문에 그렇게 생각하게 되는 것이다."

1945년 4월 24일 마오쩌둥은 중국공산당 제7차전국대표대회상에서 『연합정부를 논하다(論聯合政府)』는 정치보고에서 "인민, 오로지 인민만이 세계의 역사를 창조할 수 있는 원동력이 있다"고 했다.

1949년 9월 16일 마오쩌둥은『유심 역사관의 파산(唯心歷史觀
的破産)』속에서 "세상에 있는 모든 일체의 사물 중에서 사람만이
가장 보배롭고 귀한 것이다. 공산당의 영도 하에는 오로지 사람만
이 있는 것이고, 어떤 사람은 기적도 만들어 낼 수가 있다"고 했다.

1955년 9월 마오쩌둥은『누가 닭의 털이 하늘을 나를 수 없다고
했는가?』라는 글에서 "빈곤한 사람도 언젠가는 부자가 될 수 있
다. 구 제도는 멸망할 것이고, 신 제도는 세상에 나오게 될 것이
다. 닭의 털은 확실히 하늘로 올라가고자 할 것이다"라고 했다.

1958년 8월 16일에서 9월 3일까지 마오쩌둥은 베이따이허(北戴
河)에서 중앙정치국 확대회의를 개최하고 이를 주관하였는데, 이
회의에서 전국의 경제, 정치 형세를 분석했고, 여러 가지 공농업
생산의 높은 지표를 확정했다.

회의 기간에 마오쩌둥은『교육은 필수적으로 생산노동과 서로
결합해야 한다』는 글을 발표했는데, 여기에 다음과 같은 말을 첨부
했다.

"중국교육사에는 인민성(人民性)의 일면이 있다. 공자의 '교육
만 있을 뿐이지 종류는 따로 없다(有敎無類)', 맹자의 '백성을 귀
하고 임금은 가볍다(民貴君輕)', 순자의 인정승천(人定勝天), 굴
원(屈原)의 '임금의 악함을 비판하다(批判君惡)', 사마천의 '반항
에 대한 찬양(頌揚反抗), 왕충(王充)·범진(范縝)·유종원(柳宗
元)·장재(張載)·왕부지(王夫之)의 고대유물론(古代唯物論), 관
한경(關漢卿)·시내암(施耐庵)·오승은(吳承恩)·조설근(曹雪
芹)의 민주문학(民主文學), 손중산의 민주혁명 등 모든 사람의 정

황은 다르다. 이들 중 많은 사람들이 교육을 받지 못했고, 저술도
없지만, 그러나 그들이 인민의 교육에 대해 영향을 주지 않았다고
할 수는 없다. 중국교육사를 말할 때 응당 그들을 말하지 않으면
안 되는 것이다."

마오쩌둥의 이러한 역사에 대한 존중, 인민 군중에 대한 충분한
믿음, 인민 군중에 대해 의지하려는 마음 등은 시종일관 확실했
다. "군중에게는 무궁무진한 창조력이 잠재되어 있다"는 사상은
아주 깊고 오래도록 이어져 갔으며, 또한 뿌리 깊게 내려져 있었던
것이다.

9. 훗날에야 후대받은 법가사상의 집대성자 "한비자"

한비(韓非, 기원전 280년~기원전 233년)는 전국시대 말기 법가사상의 집대성자였다. 그는 한(韓)나라의 공자로 불렸던 자로서, 이사(李斯)와 함께 순자(荀子)에게서 가르침을 받았다. 한비는 한나라가 아주 쇠약하다고 보고 여러 차례 한나라 왕에게 간언하였으나 받아들여지지 않았다. 그리하여 분한 나머지 10여만 자에 이르는 글을 저술하게 되었다. 이 글 속에다 자신의 정견(政見)을 모두 써 넣었던 것이다. 진나라 왕 영정(嬴政, 진시황)은 한비가 쓴 글을 보고 난 후 그를 매우 칭찬하고 또 칭찬하였다. 그는 "과인이 이 사람과 함께 하면서 그의 견해를 얻을 수만 있다면 죽어도 한이 없겠다"라고 할 정도였다. 그리하여 그는 한나라로 출병하게 되었다. 그는 한나라를 향해 한비를 찾아내라고 위협했다. 한비는 진시황 14년 사신으로서 진나라에 파견되어 한동안 진나라에서 머물렀으나 그리 오래 머물지는 못했다. 왜냐하면 이사(李斯) 등 여러 사람들에게 모함을 받아 옥에 갇혔다가 자살하고 말았기 때문이었다. 진나라 왕은 후에 이를 후회하고 한비를 다시 보고자 했으나 이미 그가 죽은 뒤였다.

한비의 저서는 후인들에 의해 『한비자(韓非子)』라는 이름으로 편집되었는데, 모두 55편(篇)으로 이루어졌다. 그러나 절대 부분은 한비 자신이 저술한 것들이다. 한비의 사상학설은 전기 법가의 학설을 계승 발전시킨 것이다. 법가를 집대성하면서 법·술(術)·세(勢)를 서로 결합시켜 정치학설 체계를 수립했고, 봉건적 중앙집권제를 정립시키는 이론적 기초를 구축했다. 이는 당시의 역사적 조건 하에서 진보적인 의의가 있는 것이었다. 봉건제도가 발전하고 공고해짐에 따라 극단적으로 치달던 왕권론은 적나라하게 펼쳐진 폭력통치를 통해 인민을 진압하였고, 모든 신하들이 아무런 거리낌도 없이 권한을 전횡하게 되었으며, 음흉한 음모와 계획에 의해 지배해야 한다는 관점은 서서히 반동적인 상황으로 나아가게 되었다. 한비는 순자의 유물주의론을 계승 발전시켜 천명(天命)과 귀신(鬼神)을 부정하였다. 한비는 "세상이 바뀌면 일도 바뀌고, 일이 달라지면 방법도 달라진다(世異則事異, 事異則備變)"고 생각하여 유가의 법선왕(法先王, 선왕을 본 받는 것-역자 주)을 비평, 반박하고, 옛 제도나 관습을 그대로 따르는 것과 낡은 틀에 매달리는 것을 반대하였다.

한비는 동시에 뛰어난 산문가(散文家)이자 우언가(寓言家, 우화를 잘 말하는 사람)였다. 그의 산문은 그 풍격이 예리하고 높고 뛰어난 아름다움이 있었다. 그리고 사리가 분명하고 깊이 있게 분석하여 설득력이 매우 강했다. 그 문장의 길이는 「오두(五蠹)」와 같은 경우는 7,000여 자에 달했다. 이는 선진(先秦)의 산문을 진일보적으로 발전시키는 계기가 되었다. 한비는 문학상에서도 걸출한 공헌을 하였는데 이는 특히 우언(寓言) 이야기 방면에서 뛰어났다. 그의 수많은 문장은 우언 고사를 이용하여 문장을 구성하였는데, 섬광처럼 번뜩이는 혜안을 통한 형상(形象)과 지혜의 혜성과 같은 빛살은 많은 사람들을 감복시켰다. 한비는 철학적 이론 개념을 이야기화하여 이를 형상화시켰는데, 이는 그의 문장의 변론 수준을 크게 높였을 뿐 아니라, 찬란한 예술적 경지를 더욱 증폭시켰다.

1970년대 초에 마오쩌둥은 중공 중앙에서 일하는 사람들에게 『한비자』와 『순자(荀子)』를 읽도록 지시하였다.

마오쩌둥은 그가 열심히 읽었던 『사기(史記)』 제36권 『한비자 열전(列傳)』 속에서 친필로서 동그라미를 쳐 표시하면서 "이사와 함께 순자를 섬겼다(與李斯俱事荀卿)", "이사는 스스로 한비에 미치지 못한다고 생각했다(斯自以爲不如非)." "나라를 다스리는데 조직의 법과 제도를 제대로 정비하지 않으면 안 된다(治國不務修明其法制)." "유가들은 법을 문란하게 사용했다고 생각한다(以爲儒者用紊亂法)" 등의 글을 책 아래쪽에 명확하게 기록해 놓았다. 이는 마오쩌둥이 이 몇 줄의 문장을 매우 중시했음을 말해주는 것이다.

한비가 남겨놓은 55편의 저작 중 「오두」는 특히 유명한 한 편의 글이었다. 또한 한비의 역사관과 정치사상을 대신한 가장 중요한 저작물이었다. 「오두」는 대체적으로 당시 사회상에서 나라를 어지럽히는 다섯 가지 부류(오두지류)를 지적하며 비평한 것인데, 즉 첫째가 학자였다. 이들은 선왕의 도(道)를 빙자하고, 인의(仁義)를 빙자하여 변설을 그럴듯하게 늘여놓아, 법을 의심케 하였고, 임금의 마음을 흐리게 하는 자들이며, 둘째는 언담자(言談者, 說客)였는데, 그들은 거짓으로 외력을 빌려 사복(私福)을 채우는 자들이라고 했다. 셋째는 대검자(帶劍者)인데, 이들은 스스로 협객(俠客)이라고 칭하면서 국법을 범하는 자들이라고 했고, 넷째는 근어자(近御者)로 왕의 측근들을 지칭했다. 그들은 뇌물을 축재하며 권세가들의 청만 들어주고, 수고하는 사람들의 노고는 거들떠보지도 않는 자들이라고 비평했다. 다섯째는 상공지민(商工之民)으로 이들은 사치품을 만들어 농부의 이익을 앗아가는 자들이라고 했다. 즉 한비는 이들 다섯 부류의 인간들은 농사를 짓고 전쟁을 하는데는 아무 쓸모 없는 무익한 자들이라고 생각했던 것이다. 이들은 마치 사회를 좀먹는 다섯 종류의 좀 벌레와 같은 자들이라고 보았던 것이다. 그중 학자는 당시의 유가를 지칭했던 것인데, 한비는「오두」중에서 당시 이들이 권력을 통해 왕권의 이익을 보호 유지하려는 유가학설 및 법선왕이었다는 관점에서 강력하게 비판을 감행했던 것이다. 이러한 한비의 특징을 마오쩌둥은 다음과 같이 세 가지로 정리했다.

첫째, 한비는 역사 진화적 관점에서 출발하여 현대는 고대에 비해 진보해야 한다고 생각하여, 고대와 현대는 시세가 다르므로 국가를 다스리는 방법도 이에 따라 변화해야 한다고 생각했다. 즉 그는 "실제상황에 근거해서 변혁을 실행에 옮기며 관례를 영원불변의 규거로 삼아 속박되지 않아야 한다(不期修古, 不法常可)"고 하면서 유가가 제창한 "요임금과 순임금을 조종(祖)으로 기술하고(祖述堯舜)" "예와 법은 선왕을 따라야 한다(禮法先王)"의 "후고박금(厚古薄今, 옛날의 것을 중시하고 현재의 것을 경시하다 − 역자주)의 사상에 반대했던 것이다.

둘째, 한비는 유가가 제창한 "인의(仁義)"가 당시 사회에 아무런 쓸모가 없는 것이라고 생각하여 "선왕을 따라야 한다는 가르침을 폐해야 한다"는 것을 주장했고, 동시에 "법으로써 가르쳐야 한다(以法爲敎)"즉 "법치(法治)"로써 통치계층의 "예치(禮治)"를 대신해야 한다고 주장했던 것이다.

셋째, 한비는 순자의 "운명은 인력으로 극복할 수 있다(人定勝天)"는 사상을 계승 발전시켜 유가가 숭앙하던 천명론을 부정했으며, 인간 자신의 역량에 의지할 것을 주장했다. 이는 사람들이 농사를 짓고 전쟁을 하는 중에, 힘을 다함으로써 부유함에 이를ㄹ 수 있고, 일함으로서 귀함을 얻을 수 있다는 즉 "오늘날의 싸움은 기력에 있다", "오늘날의 쟁탈은 비열한 것이 아니다"라고 주장했던 것이다. 동시에 그는 "상공업(末作)"을 반대하였다. 즉 이들 상업 활동에 종사하는 사람들을 반대한 것이고, 대신 농사짓는 사람들에 대해서는 그들의 노고를 칭찬하고 장려했던 것이니, 이는 당대 사회의 농업생산 발전을 촉진케 하는데 매우 유리한 작용을 하였던 것이다.

-마오쩌둥의 한비에 대한 시평-

한비의 학설은 순자를 이어, 법제사상을 집대성했다네.

(韓非學說承荀卿, 法制思想集大成)

모든 일에 보답하고 효과 있는 일을 하려는 뜻을 언제나 품고 있었지만, 어질고 능력 있음을 해하는 질투만을 받았다네.

(徒懷擧擧報效志, 遭遇妬忌害賢能.)

다섯 가지 부류의 좀벌레 같은 자들은 곳곳에 화근만을 남기니,

어려운 환난을 방비해야 하는 중에 방비를 못했다네.

(五蠹遺禍處處有, 防不勝防患難中.)

대를 이은 학자들은 결국 한스러움만 남겨놓았으니, 배부를 수 있게 하는 통치를 한다는 꿈은 그만 헛것이 되고 말았네.

(一代學子終遺恨, 滿腹經綸夢成空.)

10. 이야기를 들려주며 겸허와
근신(謹慎)의 미덕을 말한 안자(晏子)

안자(?~기원전 500)의 이름은 영(嬰)이고, 자는 평중(平仲)이다. 춘추시기 제(齊)나라의 대부(大夫)이고, 이유(夷維, 오늘날의 산동 高密) 사람이다. 제나라 영공(靈公) 26년(기원전 556년)에 그의 부친 안약(晏弱)이 사망한 후 제나라 경(卿)을 계승하여 임명된 후 제나라의 영공, 장공(庄公). 경공(景公) 3명의 군주를 섬겼다. 경공의 명을 받들어 진(晉)나라에 사신으로 파견되어 혼인의 연을 갖기를 요구했을 때, 진나라 대부 숙향(叔向)과 함께 제나라의 정치에 대해서 논의했다. 여기서 그들은 제나라 정권이 곧 전씨(田氏)로 넘어갈 것이라고 예언했다.

전해지고 있는 『안자춘추(晏子春秋)』는 이와 같은 일화들을 중심으로 전국시대 사람들이 그의 언행과 관계있는 것들을 수집하여 편성해 낸 것이다.

1937년 11월 하순 어느 날 팔로군(八路軍) 여단장 한 사람이 전선에서 말을 타고 연안(延安)으로 돌아와 군사문제에 대해서 협의

하고자 했다. 많은 사람들이 모두 열정적으로 그를 환호해 맞이해 주었다. 이 여단장은 습관적으로 접대처의 한 동지에게 자신의 명함을 한 장 건넸다. 명함에는 "국민혁명군 소장(少將) 여단장"이라는 관함(官銜, 성 뒤에 붙여 부르는 직함)이 인쇄되어 있었다. 그러나 접대처 사람은 이를 보고도 아무런 말을 하지 않았다.

이때 마침 마오쩌둥이 걸어 들어왔다. 그는 이 여단장을 보더니 친숙하게 그의 이름을 불렀다. 동시에 손을 내밀며 악수를 청했다. 여단장은 황급히 마오쩌둥에게 경례를 붙이며 악수를 하고는 마오쩌둥을 따라 접대처의 동굴 속으로 들어갔다.

자리에 앉은 후 대화가 시작됐다. 이때 접대처 동지가 여단장의 명함을 마오쩌둥에게 건네자 마오쩌둥은 아주 정갈하게 제작된 명함을 보더니 얼굴에 가벼운 미소를 띠우며 그 명함을 한 쪽에다 내려놓았다.

대화 중에 마오쩌둥은 전선의 전투 형황에 대해서 물었다. 마오쩌둥이 질문을 하자 이 여단장은 역대 전투 중 얼마나 많은 공산당원들이 희생당했는지만을 토로했지, 마오쩌둥의 질문에는 제대로 대답하지 않았다.

이때 마오쩌둥이 아주 엄숙한 태도로 비평하면서 말했다.

"동지! 매 공산당원, 매 혁명전사는 모두 우리의 친형제들입니다. 아니 친형제보다 더 친한 형제지요! 그들을 사랑하고 보호하는 것은 자기를 그렇게 하는 것처럼 해야 합니다. 그러나 당신은 그들이 얼마나 희생됐는지를 알기는 커녕, 아래 사람들의 상황에 대해서 이해하는 것이 너무 적군요. 이렇게 동지들에 대한 관심이 부족한 걸 보니 당신이 어떻게 지내고 있는지를 알겠습니다 그려……."

여기까지 말하고 마오쩌둥은 옆에 놓았던 명함을 다시 들더니 말하기 시작했다.

"명함에다 인쇄한 소장이라고 쓴 이 직함, 소장이 뭐 그리 대단한 것이라고 이렇게 쓰고 있습니까? 우리가 비록 개인이 지니고 다니는 명함의 직함에 대해서 반대하지는 않지만, 그러나 국민당이 하던 짓을 그대로 따라해서는 안 됩니다. 관함이 적힌 명패를 가지고 사람들을 놀라게 하려고 하는 겁니까? 내가 보기에 이 명함은 다시 거두는 게 좋을 것 같습니다. 공산당원이라면 어떤 조건 하에서건 일일이 말할 것도 없이 당의 원칙을 견지해야 하고 무산계급전사로서의 본색을 유지해야 하는 것 아닙니까?"

이 여단장은 마오쩌둥에게 혼이 나자 얼굴이 벌개지면서 마치 몸 둘 곳이 없다는 식으로 창피한 마음에 명함을 얼른 집어 들고서는 몸을 일으키면서 말했다.

"주석님! 얼른 고치도록 하겠습니다. 앞으로 제가 어떻게 행동하는지를 잘 봐주십시오."[28]

마오쩌둥은 웃으면서 말했다.

"그렇게 하는 것이 맞습니다."

그러면서 이 여단장에게 다시 앉으라고 권하면서 말했다.

"내가 당신에게 한 이야기를 들려드리겠습니다. 우리나라 춘추시기 때 유명한 안영이라는 분이 있었는데, 사람들은 통상 그를 안자라고 부르지요. 그는 아주 능력 있는 사람이었습니다. 그는 후

---

28) 저연생(邸延生), 『역사의 진적(歷史的眞迹)-毛澤東風雨沈浮五十年』, 新華出版社, 2000, 519쪽.

에 제나라의 승상까지 됐습니다. 어느 날 안자가 마차를 타고 외출을 하게 되었는데, 그를 위해 마차를 몰던 사람은 아주 득의양양한 얼굴로 말을 급히 몰았습니다. 그의 부인이 자기 남편이 마차의 높은 좌대에 앉아서 의기양양해하는 모습을 보았지요. 또한 마차에 타고 있는 안자의 표정은 오히려 온건하면서도 묵묵히 앉아 있는 것을 보았습니다. 조금도 거만함이 엿보이지 않는 신선 같은 태도였지요. 마차를 몰던 남편이 집으로 돌아오자 그의 부인이 그에게 우리 헤어지자고 말했습니다. 그러자 황망해 하면서 말을 몰던 마부 남편은 왜 그러냐고 물었지요. 그의 부인이 답하기를,

"안자는 나라의 재상임에도 마차에서 아주 조용하고 온전히 그리고 침중한 모습으로 앉아 있는데, 당신은 일개 마차를 모는 주제에 불과한데도 오히려 의기양양한 얼굴을 하고 있으니 창피해서 내가 당신과 어찌 같이 살아갈 수가 있겠어요!"

마부는 긴장하면서 황급하게 처자에게 잘못했음을 인정하고, 이후부터 자신이 결점을 극복하려고 애썼지요. 일하는 것도 그 이후로는 아주 참 잘했다고 합니다."

이렇게 설명하고 나서는

"누구라도 어떤 일을 하고 간에 겸허하고 근면하면서도 진실한 태도로 일을 해야만 합니다. 겸허하면서 진정으로 근면하게 일하는 것은 일종의 미덕입니다. 항상 엄격하게 자신에게 요구해야 합니다. 그렇게 해야만 비로소 사회에 대해 효과적인 일을 할 수 있게 되는 겁니다. 약간의 성적을 냈다고 해서 우쭐거리는 모습은 정말 안 좋은 것입니다."

마오쩌둥이 앉은 자리에서 하는 말 하나 하나를 듣던 그는 그저

머리만 끄덕이고 있다가 그의 말이 끝나자 일어나면서 다시 한 번 자신의 잘못을 고치겠다고 거듭해서 말했다. 항상 겸허하고 진실 되게 열심히 일에 임하겠다고 하면서…….

여기서 마오쩌둥이 말한 안자의 이야기는 『안자춘추(晏子春秋)·내편잡상(內篇雜上)』에서 나온 이야기였다.

"안자가 제(齊)나라의 재상이 되어 외출할 때, 마부의 처가 문틈으로부터 남편을 엿보니, 남편이 재상을 위하여 말을 몰고 있는데, 챙이 큰 모자를 쓰고, 네 마리 말을 채찍질을 하는데 의기양양해 하면서 심히 만족해하는 듯 보였다. 얼마 있다가 그가 돌아오자 마부의 아내가 그를 떠나겠다고 하자, 남편이 그 까닭을 물었다. 처가 말하기를, '안자는 키가 여섯 자가 못 되면서도, 몸은 제나라 재상이 되었고, 이름이 제후들 속에서 오르내리는데, 오늘 첩이 그분이 외출하는 것을 보니 뜻과 생각이 깊고, 항상 스스로를 낮추는 모습이 보이는데, 당신은 키가 팔 척이나 되면서도, 그저 남의 마부 노릇이나 하면서, 스스로 만족하고 있는 듯하니, 어찌 첩이 떠나야 하지 않겠습니까?'라고 했다. 그 후 남편은 자신 스스로의 행동을 억제하고 자제하자 안자가 이상하여 물었다. 이에 마부가 사실대로 대답하자, 안자가 그를 대부로 추천했다(晏子爲齊相, 出其御之妻, 從門間而闚其夫, 其夫爲相御, 擁大盖, 策駟馬, 意氣揚揚, 甚自得也. 旣而歸, 其妻請去, 夫問其故, 妻曰, 晏子, 長不滿六尺, 身相齊國, 名顯諸侯. 今者妾觀其出, 志念, 深矣. 常有以自下者, 今子, 長八尺, 乃爲人僕御. 然子之意, 自以爲足, 妾是以求去也. 其後夫自抑損, 晏子怪而問之, 御以實對, 晏子薦以爲大夫."

안자에 관해서 사마천은 자신의 저서 『사기』에 다음과 같이 기록했다.[29)]

"중평 안영은 내국(萊國) 이유(夷維) 지방의 사람이었다. 제나라 영공·장공·경공을 섬겼고, 절약과 검소함으로 힘써 행하였다. 제나라의 제상이 되어서는 식사에는 고기반찬을 두 가지 이상 먹지 않았고, 아내에게는 비단옷을 입히지 않았고, 조정에서는 임금의 묻는 말에 바른 말로 대답했고, 묻지 않으면 스스로 조심해서 행동하였다. 나라에 도가 있으면 임금의 명에 따르고, 도가 없으면 명령을 잘 가늠했다. 이 때문에 삼세에 걸쳐 제후 사이에서 이름을 드러내게 되었다(晏平仲嬰者, 萊之夷維人也. 事齊靈公莊公景公, 以節儉力行重於齊, 旣相齊, 食不重肉, 妾不衣帛, 其在朝, 君語及之, 卽危言, 語不及之, 卽危行, 國有道, 卽順命, 無道, 卽衡命, 以三世顯名於諸侯)"

『안자춘추』 중의 문장은 매우 철학적 논리성을 띠고 있다. 예를 들면 『내편간상(來便諫上)』 중의 "경공구우(景公求雨)", 『내편잡상(來便雜上)』 중의 "나라에 세 가지 상서롭지 않은 것이 있다(國有三不祥)", 『내편잡상(來便雜上)』 중의 "월석부(越石父)"[30)] 등은 모두가 세상 사람들에게 깊은 교육적 뜻이 담긴 귀감이 되고 있다. 그리고 『안자춘추·내편잡상』 중이 『마부의 처자(車夫的妻)』는 서

---

29) 『사기』 제62권 『관안열전(管晏列傳) 제2』

30) 월석부 : 남의 종으로 힘든 일을 하고 있던 노인으로 제나라의 현명한 사대부였다.

로를 비교하는 방법으로 세부적이고 생동감 있게 사람들이 항상 볼 수 있는 모종의 "지위가 높은 사람의 겸허함과 공손함" "지위가 낮은 사람의 자만심과 오만함"이라는 사회형상을 비교하면서 사람들에게 사람다운 도리로서의 겸허함과 진실함, 그리고 근신하는 자세에 대해 경계해야 함을 잘 보여주고 있다.

1949년 3월 5일 중국공산당 제7차 2중전회가 하북성 평산형(平山縣) 서백파(西柏坡)의 중앙 소강당에서 열렸는데, 이는 극히 중요한 회의였다. 즉 중국인민혁명이 장차 전국적으로 승리를 얻을 수 있음을 결정짓는 전날 밤에 열렸던 것이다.

이 대회에서 마오쩌둥은 중요한 업무보고를 했는데, 이 보고 중에 특별히 전당을 대상으로 경고하는 발언을 했다. 전국 혁명 승리 이후 자산계급의 "달콤한 속임수(糖衣炮彈)"가 무산자계급이 당면한 주요 위험이라고 경고하면서, 전 당의 동지들은 반드시 겸허, 근신(勤愼, 부지런하고 삼갈 것), 불교(不驕, 교만하지 말 것), 부조(不躁, 조급해 하지 말 것), 힘들고 어렵더라도 분투할 것 등의 태도를 지닐 것을 요구했다.[31] 바로 안자의 말을 인용하여 전당의 동지들에게 혁명 이후의 일들에 대해서 주위를 환기시켜 주었던 것이다.

『안자춘추 · 내편잡상』 중에는 또 다른 측면에서 사람들의 처세술에서 반드시 지녀야 할 "겸허하면서 삼가며 근면해야만 하는 일화"가 잘 서술되어 있다.

---

31) 『十六大以來黨和國家重要文獻選編』(상), 인민출판사, 2005, 462쪽

11. 둔전(屯田)의 이로움과 "정병간정(精兵簡政)"[32]을
말한 정책자 '관자(管子)'

1940년 말, 마오쩌둥, 주더(朱德)는 왕전(王震)에게 359여단을 이끌고 옌안(延安) 동남쪽에 있는 황룡산(黃龍山) 난니만(南泥灣) 지역으로 가라고 명했다. 왕전이 떠나기 전에 마오쩌둥이 그에게 말했다.

"359여단이 난니만에 도착하는 데는 많은 고생을 할 텐데 잘 참고 노력해서 제대로 그 기개를 좀 보여주게나! 그리고 그곳에 가면 둔전을 여는 게 좋겠네. 이는 현대인에게 무슨 발명을 하라는 것이 아니고 이미 고대에 우리나라에서 행했던 일일세. 춘추전국시기 관자라는 사람이 이미 해본 일이라는 말이네. 삼국시대 때 제갈공명도 이를 해 봤었지. 오늘날 우리들이 둔전을 하려는 것은 단지 관자의 방법을 배우라는 것이 아니라, 국민당의 경제봉쇄를

---

32) 정병간정(精兵簡政) : 군대의 정예화와 행정 기구의 간소화

타파하라는 말일세. 우리는 우리의 두 손에 의지하여 자력갱생을
실천하자는 말일세. 잘 입고 잘 먹도록 하자 이 말이네!"

　여기서 마오쩌둥이 말한 관자는 곧 춘추시대의 관중(管仲)을 말
한다. 관중의 이름은 이오(夷吾)이고 영상(潁上, 지금의 안휘성으
로 潁水의 연안에 위치함)사람이다. 어릴 때는 집이 가난하여 궁
색했으나 그의 친구인 포숙아(鮑叔牙)가 추천하여 제나라 환공(桓
公)이 경(卿)으로 임명했고, 중부(仲父)라고 존칭했다. 그는 제나
라에서 여러 항목의 개혁을 진행하였는데, 예를 들면 "변방을 지
키는 군사들이 스스로 농사를 지어 군량을 대체하게 하는 법(戍兵
屯田)" "군대의 정예화와 행정기구를 간소화하는 것(精兵簡淨)"
"재정을 모아 비축해 두는 것(蓄積斂財)" 등이 그것이었다. 이를
통해 제나라의 국력을 크게 진작시켜 제나라 환공을 "존왕양이(尊
王攘夷, 제후들이 천자를 높이 받들어 오랑캐를 방어하거나 물리
치는 것을 지칭함)"라는 칭호를 얻도록 하여 춘추시기 첫 번째 패
왕(覇王)이 되게 했다.
　『한서(漢書)·예문지(藝文志)』에 있는『관자』24권 86편은 내용
이 방대하고 번잡한데 도가(道家), 명가(名家), 법가(法家)의 사상
및 천문, 역수(歷數), 농업, 경제, 오지(奧地) 등에 대한 지식이 모
두 포함되어 있다. 그중『경중(輕重)』등의 편은 중국 고대의 경제
문제를 서술하고 있는데, 그 분량이 방대하다. 즉 생산 분배, 교
역 소비, 재정방면 등에 대해서 모두 서술하고 있다. 또한『심술
(心術)』『백심(白心)』『내업(內業)』등의 편을 보면 도가가 말한 '기
(氣)'에 대한 학설이 보존되어 있다.『수지(水地)』편에는 '물(水)'

은 곧 만물의 근원이라는 사상을 제시하고 있다. 『도지(度地)』편에서는 '수리' 문제에 대해서 전문적으로 논하고 있고, 『지원(地員)』편에서는 토양에 대해서 논하고 있다. 『관자』에 대한 주석은 당나라 때 방현령(房玄齡)(어떤 사람은 윤지장[尹知章]이 주석을 달았다고도 함)의 주석이 현존하고 있고, 청나라 때 대망(戴望)이 한 『관자교정(管子校正)』과 현대의 곽말약(郭沫若)이 한 『관자집교(管子集校)』 등이 현존하고 있다.

사마천의 『사기』 제62권 『관안열전제이(管晏列傳第二)』에는 관자에 대해 다음과 같이 기록하고 있다.

"관중 이오는 영상 사람이다. 젊어서 포숙아와 사귀었다. 포숙은 그가 현명한 사람이라는 것을 잘 알았다. 관중은 가난해서 항상 포숙을 속였으나, 숙은 끝까지 그를 좋게 대해주고 그것을 입밖에 내지 않았다. 얼마가 지난 뒤 포숙은 제나라 공자 소백을 섬기고, 관중은 소백의 형인 공자 규를 섬기게 되었다. 소백이 환공의 뒤를 이어 임금이 되자, 경쟁자인 공자 규는 싸움에서 죽고, 그의 부하인 관중은 잡혀서 갇히게 되었다. 그러나 포숙은 관중을 도와 그가 등용될 수 있게끔 힘써 제나라에서 국정을 맡도록 했다. 후에 제 환공은 제후들을 규합하여 천하를 장악하는 패자(覇者)가 되었는데, 이는 모두 관중의 지모 덕택 때문이었다. 관중이 말하기를, 내가 어려웠을 때 일찍이 포숙과 장사를 하여 이익을 분배할 때 그는 나에게 더 많이 주었으나, 포숙은 나를 탐욕스럽다고 말하지 않았으니, 그가 나의 가난함을 알고 있었기 때문이었다. 내가 일찍이 포숙을 위해 사업을 경영하였으나, 다시 더욱 곤궁해지자, 포숙이 나를 어리석다고 말하지 않았으니, 사업할 때에 이롭고 이롭지 않음이 있음을 그는 알았던 것이다. 내가 일찍이 세 번을 벼슬하여 세 번을 임금에게 쫓겨났으나, 포숙은 나를 무능하다고 말하지 않았으니, 내가 때를 만나지 못했음을 그가 알았기 때문이다. 내가 일찍이 세 번을 싸워서 세 번을 달아났으나 포숙은 나를 비겁하다고 말하지 않았으니, 나에게 늙은 어머니가 있음을 그가 알았기 때문이다. 공자 규가 패하여 동료인 소흘이 죽고 나는 갇히어 욕된 몸이 되었는데, 포숙은 나를 부끄러움을 모른다고 말하지 않았으니, 내가 작은 일에 부끄러워하지 않고 공명을 천하에 드러내지 못하는 것을 부끄러워하는 줄을 그가 알았기 때문이다. 나를 낳아준 것은 부모요, 나를 알아준 사람은 포숙이다. 포숙은 관중을 천거한 후에 그 봉읍을 가졌는데, 십여 대를 모시면서도 자신은 관중의 아랫자리에 앉았다. 포숙의 자손은 대대로 제나라의 녹봉을 받는 이름 있는 대부집안이었다. 세상 사람들은 관중의 현명함을 칭찬하기보다는 포숙이 사람을 알아본 것을 더 칭찬하였다. 관중이 제나라의 재상이 되어 나라의 정치를 맡았다. 변변치 못한 제나라가 바다 연해 있자, 나라를 부유하게 하고, 병력을 강하게 하였고, 재화를 유통하고 재물을 쌓으며 민중과 고락을 같이 하였다. 이를 두고 관중은 창고가 가득 차야 백성은 예절을 알고, 의식이 풍족해야 영욕을 안다. 위에 있는 자가 법도를 지켜야 육친이 굳게 결집되고, 사유(예의염치)가 베풀어지지 아니하면, 나라가 멸망하게 된다(管仲夷吾者, 潁上人也. 少時常與鮑叔牙游, 鮑叔知其賢. 管仲貧困. 常欺鮑叔, 鮑叔終善遇之, 不以爲言. 已而鮑叔事齊公子小白, 管仲事公子糾, 及小白立爲桓公, 公

子糾死, 管仲囚焉, 鮑叔遂進管仲, 管仲旣用, 任政於齊. 齊桓公以
霸, 九合諸侯, 一匡天下, 管仲之謀也. 管仲曰, 吾始困時, 嘗與鮑
叔賈, 分財利多自與, 叔不以我爲貪, 知我貧也. 吾嘗爲鮑叔謀事而
更窮困, 鮑叔不以我爲愚, 知時有利不利也. 吾嘗三仕三見逐於君,
鮑叔不以我爲不肖, 知我不遭時也. 吾嘗三戰三走, 鮑叔不以我爲
怯, 知我有老母也. 公子糾敗, 召忽死之, 吾幽囚受辱, 鮑叔不以我
爲無恥, 知我不羞小節而恥功名不顯于天下也. 生我者父母, 知我
者鮑子也. 鮑叔旣進管仲, 以身下之, 子孫世祿於齊, 有封邑者十餘
世, 常爲名大夫, 天下不多管仲之賢, 而多鮑叔能知人也. 管仲旣任
政相齊, 以區區之齊在海濱, 通貨積財, 富國彊兵, 與俗同好惡, 故
其稱曰, 倉廩實而知禮節, 衣食足而知榮辱, 上服度則六親固, 四維
不張, 國乃滅亡)."

　1941년 9월 하순 어느 날 연안에 있던 마오쩌둥이 글을 쓰고 있
을 때 갑자기 팔이 뻗을 수 없을 정도로 아프기 시작했다. 장기적
인 고생을 하면서 지낸 전투생활은 그로 하여금 일찍부터 풍습성
관절염과 심각한 위장병을 갖게 하였다. 발작할 때마다 아프기가
그지없었다. 그러나 관절염은 이날 처음으로 발작을 일으켰던 것
이다. 옆에서 모시고 있던 공작원이 의사에게 가서 알려 마오 주석
의 아픈 부위를 보도록 하겠다고 하자, 마오쩌둥은 "의원까지 갈
필요 없네. 서양 약 몇 번 먹어도 그다지 신통치를 않으니 중의원
에나 가보게나"라고 했다.

　섬감녕변구(陝甘寧邊區)정부에서 일했던 이정명(李鼎銘) 선생
은 이전에 미지현(米脂縣) 참의회의 회장을 지냈던 사람이면서,

변구에서는 유명한 중의(中醫)였다. 공작원은 이정명 선생이 있는 다른 변구의 양쟈령(楊家嶺)으로 가서 그를 모시고 와 마오쩌둥의 환부를 진료케 했다.

마오쩌둥과 이정명은 일찍부터 잘 알고 지내던 사이였다. 진맥 후 이정명이 마오쩌둥에게 말하기를 "세 차례 정도 중약(中藥)을 드시면 많이 호전될 겁니다. 걱정마십시오"라고 했다.

마오쩌둥은 이정명에게 감사함을 표하면서 담화했는데, 담화 도중 팔로군과 섬감녕변구의 각 항목별 사안에 대해서 대화하게 되었다. 그들의 대화 도중 대생산 및 359여단이 솔선하여 황무지 개간운동을 하고 있다는 사실에 이르렀을 때, 마오쩌둥은 춘추시대 때 관중이 제나라 환공에게 둔전제를 실시하라고 건의했던 일에 대해 다시 한 번 말을 꺼냈다.

"관중이 이미 해본 일인데, 우리들이 왜 못합니까? 실천을 통해서 증명을 하도록 해야지요. 둔전제는 아주 좋은 방법입니다. 많은 점에서 장점이 많지요. 이 일이 얼마나 좋은지는 8글자로 줄여서 말할 수가 있습니다. '스스로 움직여 잘 입을 수 있고 실컷 먹을 수 있다(自己動手, 豊衣足食)'고 말입니다"

같은 해 11월 중순 어느 날 마오쩌둥의 풍습성 관절염과 위장병이 다시 한 번 동시에 발생했다. 이정명 선생은 마오쩌둥에게 중약을 복용케 하는 동시에 안마하는 방법으로 치료를 했다. 그러면서 마오쩌둥에게 "햇볕을 쬐면서 안마를 받게 되면 효과서 더 좋습니다"하고 건의했다. 그러자 마오쩌둥은 흔쾌히 동의했다.

연속적으로 며칠간 마오쩌둥은 매일 정오에 상의를 벗고 동굴 밖 햇볕이 잘 드는 곳에 있는 의자에다 포대기를 깔고 누워서 햇볕을 쐬면서 이정명 선생에게 안마를 받았다. 안마를 받는 중에 두 사람은 여러 가지 변방에서의 사안에 대해 이야기했다. 여러 가지 복잡한 이야기를 하던 중 이정명이 변구정부는 반드시 "군대의 정 예화와 행정기구의 간소화(精兵簡淨)를 실시해야 합니다"라고 건 의했다. 마오쩌둥은 그 소리를 듣자마자 기뻐하면서 찬성한다는 뜻을 내비치며 "좋네요. 이번 건의는 매우 좋습니다"라고 말하면 서 "이런 방법은 일찍부터 관자가 제나라 환공에게 건의했던 일이 고, 제의 환공이 이를 받아들여 후에 제후들을 모두 굴복시켜 여 러 해 동안 패주로 받들어졌지요." 이정명은 "일단 '정병간정'을 시 행하게 되면 많은 경비를 절약할 수 있을 겁니다. 그러면 전선에서 대일작전을 펴고 있는 병사들에게 더 많은 지원을 할 수 있을 겁니 다……." 마오쩌둥은 머리를 끄덕이면서 "이는 정말 좋은 건의입 니다." 그러면서 "이 또한 관자가 '곤마잔(梱馬棧)'을 제환공에게 말한 것이 떠올려지네요. 무릇 모든 일은 반드시 그에 맞는 규정 (章程)과 그에 맞게 실행하는 방법이 있게 마련이지요"라고 말했 다. 이정명이 웃으면서 "주석의 연상 능력은 정말 넓군요" 마오쩌 둥이 "이건 당신이 돌아간 다음 이 일을 실천할 수 있는 하나의 재 료가 됩니다. 정식으로 '정병간정'의 주장을 제기할 겁니다"라고 말했다.

  같은 해 11월 21일 마오쩌둥은 섬감녕변구 제2회 참의회 제1차 대회에 출석하여 연설하면서 공산당 내외의 단결과 합작을 강화 할 것을 강조했고, 중국공산당의 모든 좋지 않은 작풍(作風)은 시 정해야 한다고 강조했다. 회의가 진행되는 중에 마오쩌둥은 중공 중앙을 대표하여 이정명 등 11명이 연명으로 제출한 "정병간정"의 주장을 채택했다. 마오쩌둥과 이정명이 대화 중에 마오쩌둥이 말한 관중의 "곤마잔(捆馬棧)" 이야기는 『관자·소문(小問)』에 나오는 말로서 그 내용은 다음과 같다.

"제나라 환공(桓公)이 어느 날 관중과 함께 말을 키우는 마구간을 둘러보다가 마구간 관리인에게 물어 보았다. '마구간에서 가장 힘든 일이 무엇인가?' 관리인이 머뭇거리고 대답을 못하자 관중이 대신 대답하였다. '소신도 지난 날 마구간에서 일한 경험이 있어서 잘 압니다. 마구간에서 제일 어려운 일은 우리를 만드는 일입니다. 우리를 만들 때 처음에 굽은 나무를 쓰면 그 굽은 나무가 다음에도 굽은 나무를 쓰게 만듭니다(曲木又求曲木). 그렇게 계속 굽은 나무를 써야 우리를 지어 나갈 수 있으니 곧은 나무를 쓸래야 쓸 수가 없게 됩니다. 그러나 처음부터 곧은 나무를 쓰면 그 곧은 나무가 또 곧은 나무를 쓰게 만듭니다(直木又求直木). 그래서 이제는 굽은 나무를 쓸래야 쓸 수가 없게 되지요."

즉 이 말을 통해 마오쩌둥은 굽은 나무로 만든 우리가 우리로서 역할을 제대로 할 수 있을 리 없고, 제대로 된 우리를 만들려면 처음부터 곧은 나무를 써야 함을 지적한 것인데, 즉 어떤 일이든 반드시 그에 맞는 규정과 그에 맞게 실행하는 방법이 있다는 것을 모든 사람들에게 알려 주었던 것이다.

－시평(詩評)－
관중의 명성은 천하 어디서나 들을 수 있으니,

사람들은 귀신도 울고 가는 "지혜주머니"라고 말하네

하찮은 꾀로 큰 도를 막을 수는 없는 법이니,

제후의 면전에서도 감히 할 말은 다 한다네.

환공을 보좌하여 패주가 되게 했으니,

포숙의 덕을 입고 사람의 마음도 알았다네.

재주를 널리 펼쳐 발해를 부흥시켰고,

관자에 있는 매 편(篇)은 깊은 뜻이 들어 있네.

管仲威名天下聞, 人稱"智囊"泣鬼神.

不拘小節謨大道, 諸侯面前敢稱尊.

補佐桓公成覇主, 得益鮑叔知人心.

施展才華興渤海, 篇篇管子寓意深.

제 **2** 편

1. 『여씨춘추(呂氏春秋)』는 고사(故事, 이야기)가 많고, 조사 연구를 통해 자세하게 평가한 책이다

1945년 4월 24일 마오쩌둥은 중국공산당 제7차 전국대표대회 상에서 「연합정부를 논함(論聯合政府)」이라는 주제의 정치보고에서 다음과 같이 말했다.

"진정으로 자아비판을 한 적이 있는가 없는가 하는 점 또한 우리들과 기타 정당을 구별하는 뚜렷한 방법이 하나이다. 방은 항상 청소를 해야지 청소를 하지 않으면 먼지가 가득 쌓이게 될 것이고, 얼굴도 반드시 항상 씻어야지 안 씻으면 만면에 먼지가 가득할 것이다. 우리 동지들의 사상, 우리 당의 업무도 또한 먼지로 오염될 수가 있기에 청소를 해야 하고 닦아야 한다. '흐르는 물은 썩지 않고, 문(門)지도리(문짝을 여닫을 때 문짝이 달려 있게 하는 물건. 돌쩌귀나 문장부 따위이다)는 좀이 슬지 않는다(流水不腐, 戶樞不蠹)' 이는 정지하지 않고 운동 중에 있으면 미생물이나 기타 생물에 의해 침식(侵蝕) 당하는 것을 막을 수 있다는 말이다.

우리 스스로에 대해서 언제나 업무를 검토하고, 검토하는 중에 민주 작풍을 널리 퍼지게 할 수 있고, 비평과 자아비판을 두려워 하지 않게 되어 '아는 것은 다 말하도록 하라(知無不言, 言無不盡)'를 실행하게 되고, '말하는 사람은 죄가 없고, 듣는 사람이 이를 경계로 삼으면 된다(言者無罪, 聞者足戒)'라는 것을 실천하게 될 것이다. '(결점이) 있으면 고치고, 없으면 더욱 힘써라(有則改之, 無則加勉)'라는 이러한 것들은 중국인민에게 유익한 격언이다. 또한 각종 정치적 먼지와 정치 미생물의 침식에 저항하여 우리 동지들의 사상과 우리당의 체질에 효과적이 될 수 있는 유일한 방법이다."

이 말 속에서 마오쩌둥이 인용한 "흐르는 물은 썩지 않고, 문지도리는 좀이 슬지 않는다"라는 말은 『여씨춘추 · 진수(盡數)』편에 나오는 말이다. 즉

"순수한 기가 모여들면, 반드시 같이 들어오는 것이 있다. 날짐승이 모여들면, 떨치는 기상이 들어오고, 들짐승이 모여들면 흐르는 기운이 들어오며, 구슬이 모여들면 맑고 명랑한 기운이 들어오고, 나무들이 모여들면 무성한 기운이 들어오며, 성인이 모여들면 밝은 기운이 들어온다. 흐르는 물은 썩지 않고, 문지도리는 좀이 슬지 않는 법이므로, 움직여야 한다.(精氣之集也, 必有入也. 集于羽鳥與爲飛物, 集于走獸與爲流行, 集于珠玉與爲精明, 集于樹林與爲茂長, 集于聖人與爲瓊明, 精氣之來也. 流水不腐, 戶樞不蠹, 動也.)"

는 내용이다. 『여씨춘추』는 또한 『여람(呂覽)』이라는 이름을 가지고 있다. 이 책은 전국시기 말기 진(秦)나라 재상이었던 여불위(呂不韋)의 문객들이 공동으로 편집한 책으로서, 널리 유, 묵, 도, 법가 등 각 학파의 학설을 하나로 수집해 놓은 책이다. 이렇게 편집된 책이므로 "제자의 설이 여기에 함께 있다(諸子之說兼有之)"라는 뜻을 가지고 있어서, 세상에서는 이를 "잡가(雜家)"라고 칭하기도 한다. 이 책은 초기에는 모두 26권으로 되어 있었고, 12기(紀), 8람(覽), 6론(論)으로 나뉘어져 있다. 따라서 성격상 학술이론을 모아놓은 회편(匯編)에 가깝다. 이후 시대가 지나면서 이 책은 12기(紀) 매 기(紀)마다 각 5편(編), 8람(覽) 매 람마다 각 8편, 6론(論) 매 론마다 각 6편, 서언(序言) 1편을 증편하여 전체 161편, 20만 자의 전집으로 증보되었다. 그리하여 이전에는 없는 방대한 조직 규범을 갖추게 되었다. 이 책은 고대의 잃어버린 글이나 사건(遺文佚事)들을 보존하여 전해주고 있기에 사료적 가치가 매우 크며, 책 속에 있는 매 편의 문장은 그리 길지는 않지만 그 문장의 조직이 매우 엄격하며, 우화이야기(寓言故事)을 운용하여 모든 일의 이치를 잘 천명하고 있기 때문에, 모든 문장은 매우 설득력이 있다고 평가되고 있다. 이 책이 취한 수필식 문장형식은 후일 사마천(司馬遷)이 저술한 『사기』에 직접적인 영향을 주었다.

마오쩌둥은 "흐르는 물은 썩지 않고, 문지도리는 좀이 슬지 않는다"라는 말을 "중국인민의 유익한 격언"이라고 했다.

「연합정부를 논함」이라는 글에서 마오쩌둥은 다음과 같은 사실을 명확히 밝히고 있다.

"마르크스 · 레닌의 이론사상으로 무장하여 일어난 중국공산당
은 중국인민 중에서 새로운 업무 기풍을 만들어 냈는데, 그 중 중
요한 것은 이론과 실천이 서로 결합하는 기풍과 인민 군중이 긴밀
히 결합하여 함께하는 기풍 및 자아 비판하는 기풍을 만들어 냈
다는 것이다. 즉 전심전력으로 인민을 위해 복무하는 기풍은 일
각이라도 군중으로부터 벗어나지 않았고, 모든 것은 인민의 이익
으로부터 출발하였으며, 개인이나 소집단의 이익으로부터 출발
한 것이 아니고, 인민을 향해 책임지는 것과 당의 영도기관을 향
해 책임진다는 일치성, 이러한 것들이 바로 우리의 출발점인 것이
다. 중국의 가장 광대한 인민의 이익을 최대화 한다는 출발점으
로써 자신의 사업은 완전히 정의에 부합하는 것이라고 믿고, 자기
개인의 모든 희생을 애석해 하지 않고 수시로 자신의 생명을 걸
고 우리의 사업을 위해 순직할 수 있도록 준비해야 함에도 불구하
고, 설마 아직도 인민이 필요로 하는 것이지만 적합하지 않은 사
상, 관점, 의견, 방법이기에 이를 버려야 함에도 버리지 못하고 있
다는 말인가? 설마 우리들이 아직도 정치적인 먼지, 정치적 미생
물이 우리들의 청결한 면모와 우리의 건강한 몸을 침식해 들어오
는 것을 환영하고 있다는 것인가? 무수히 많은 혁명 선열들은 인
민의 이익을 위해 그들의 생명을 희생하였기에, 살아 있는 우리가
그들을 생각할 때마다 우리의 심리는 정말로 슬퍼지게 되는 것인
데, 우리는 아직도 개인 이익 때문에 희생하지 못하고, 어떤 잘못
이 있음에도 포기하지 못하는 것은 아닌가?"

「연합정부를 논함」에서 마오쩌둥은 일괄적으로 당 간부와 모든

공산당원에게 "겸허하고 근신하며" "교만하지 않고 조급해 하지 않는 기풍"이 필요하고 이를 잘 간직해야 하며, "힘들고 어려워도 소박해야 하고" "힘들고 어려워도 분투해야 한다"는 기풍을 반드시 가지고 있어야 한다고 가르쳤다. 그러면 이를 위해 어떻게 해야만 한다는 것인가? 그것은 바로 "흐르는 물은 썩지를 않고, 문지도리는 좀이 슬지 않는다"고 하는 개념을 넓고 깊게 오래도록 지니면서 비평과 자아비판을 전개하여 공산당원으로 하여금 영원토록 지지 않는 위치에 설 수 있어야 한다고 했다. 그러면 왜 이렇게 말했던 것인가? 이는 바로 『여씨춘추 · 진수(盡數)』에서 말한 "흐르는 물은 썩지를 않고, 문지도리는 좀이 슬지 않는다"의 근본 원인인 "움직여야 한다(動也)"를 실천해야 한다는 말이었다.

　마오쩌둥의 일생은 혁명의 일생이었고, 동시에 검소하고 소박한 일생이었다. 그는 전심전력 인민을 위해 복무했고 노동과 원망의 일생이었다. 그는 다른 사람들에게 엄격하게 요구했지만, 자신에게도 엄격하게 요구했다. 그는 일관되게 자신이 정한 기율에 엄격했고, 힘써 행했다. 무릇 그는 다른 사람에게 일을 해내도록 요구할 경우, 왕왕 자신이 먼저 해내도록 노력했다. 전쟁 시에 그는 하나의 "동판(銅板)"을 절약하기 위해 수건 하나를 몇 년씩 사용하곤 했다. 신 중국이 성립한 후에 각 방면에서의 조건은 확실히 개선되었다. 그러나 그는 계속해서 비누를 쓰지 않고 물로만 세수하였다. 이를 닦는 데도 치약분이나 소금만을 끝까지 사용하였지 치약을 쓰지 않았다. 비서들이 왜 그렇게 하느냐고 물으면 마오쩌둥은 "우리나라는 아직도 여러 면에서 어렵다. 경제는 여전히 낙후해 있다. 우리는 모든 당 간부들이 장기적으로 힘들게 분투했던 기

풍을 유지할 필요가 있다. 그래서 나는 그 일을 솔선수범하는 것이
다……"라고 말했다.

마오쩌둥은 언제나 모든 사람들이 하는 일은 사실에 의거하여
하기를 가르치고 인도했다. 그리고 깊이가 있으면서도 자세하게
그 하고자 하는 일을 조사 연구토록 했다. 즉 "조사하지 않으면 발
언할 권리가 없다"고 했던 것이다.

1930년 5월 마오쩌둥은 『본본주의(本本主義, 敎條主義, 교과서
주의)를 반대한다(反對本本主義)』라는 글 속에서 다음과 같이 말
했다.

"당신이 그 문제를 해결할 수가 없나요? 그렇다면 당신은 곧 그
문제의 형상과 그의 역사를 조사하십시오. 당신이 완전하게 조사
한다면 그 문제에 대해 해결하는 방법이 있음을 알게 될 것입니
다. 모든 결론은 조사 정황 말미에 만들어지는 것이지, 그것에 앞
서서 알 수 있는 것이 아닙니다."

마오쩌둥의 이러한 관념은 『여씨춘추』의 글 가운데서 엿볼 수
있다. 『여씨춘추·찰금(察今)』편에는 다음과 같은 내용이 있다.

"군왕이 선왕의 법을 본받지 않는 것은 현명하지 않아서가 아니
다. 그것을 본받는 것이 불가능하기 때문이다. 선왕의 법도는 윗
세대를 지나온 것과 같다. 사람이 어떤 것은 더 잘할 수 있고, 또
어떤 것에는 손해를 끼칠 수도 있는 것이니, 어찌 얻어서 본받을
수 있겠는가? 비록 사람이 손해를 끼치고 이익을 주지 않더라도,

오히려 얻어서 본받을 수 없는 것과 같다.(上胡不法先王之法？非
不賢也, 爲其不可得而法.先王之法, 經乎上世而來者也, 人或益之,
人或損之, 胡可得而法？雖人弗捐益, 猶若不可得而法.)"

이 글의 중심 내용은 찰금(察今, 오늘을 관찰하는 것)이다. 그 뜻
은 객관적인 형세는 언제나 변화하는데, 국가의 법령제도도 반드
시 객관적인 형세변화에 따라 변하게 마련이라는 것이다. 만일 국
가의 법령제도가 영원히 변하지 않는다면 그 제도의 기능은 반드
시 없어질 것이라는 것이다. 이 글은 사람들이 발전적 관점에서 사
물의 이치를 보아야 한다는 것으로, 사물의 진상을 잘 이해해야만
일을 마무리할 수가 있다는 것인데, 이는 잘 조사해 연구를 해야
한다는 말과 같은 것이다.

1937년 7월 마오쩌둥은 『실천론』에서 다음과 같이 말했다.

"누구나 어떤 사물인가를 인식해야만 하는데, 그 사물을 접촉하
기만 하고, 그 사물의 환경 속에서 생활(실천)하지 않으면, 그것
을 해결할 방법은 찾을 수 없는 것이다. 당신이 만약 지식을 원한
다면, 당신은 현실을 변혁하려는 실천에 참가해야만 한다. 당신이
만약 배 맛을 알고자 한다면, 당신은 친히 배를 먹어야만 한다."

즉 이치는 같은 것이었다. 실제에서 벗어나면 아무리 조사 연구
를 한다 해도 일을 할 수 없는 것으로, 마치 『여씨춘추 · 찰금』 중에
서 묘사한 것과 같다. 즉

"나를 알면 남을 알 수 있고, 현재를 알면 고대를 알 수 있다. 고
대와 현재는 같으며, 남과 나는 같을 따름이다. 바른 원리를 알고
있는 선비는 가까운 것에서 먼 것을, 현재에서 과거를, 그가 보는
것에서 보지 못하는 것을 인식하는 것에 가치를 둔다. 그는 강당
아래 그림자를 보면서 해와 달의 움직임과 음과 양의 변화를 알게
되며, 병 안의 물이 어는 것을 보고 천하에 추위가 닥친 것과 물고
기가 숨는 이치를 인식하게 되며, 한 점의 고기를 맛보고 냄비 전
체의 맛과 솥 전체의 간을 짐작하게 된다(嘗一脟肉, 而知一鑊之
味, 一鼎之調. 故察己則可以知人, 察今則可以知古, 古今一也, 人與
我同耳. 有道之士, 貴以近知遠, 以今知古, 以益所見, 知所不見. 故
審堂下之陰, 而知日月之行, 陰陽之變 ; 見瓶水之冰, 而知天下之
寒, 魚鱉之藏也 ; 嘗一脟肉, 而知一鑊之味, 一鼎之調."

는 것과 같은 것이다. 즉 초나라 사람이 "각주구검(刻舟求劍, 미
련해서 사태의 변화를 무시하는 어리석은 행동을 하는 것)" 했던
것이나, "아이의 부친이 물을 잘 안다고 해서 아이를 물에 뛰어들
게 하는 것"처럼 어리석은 짓을 하게 되면 백이면 백 다 실패하는
것과 같은 이치라는 것이다.
『여씨춘추 · 의상(義賞)』에는 이러한 점을 다음과 같이 묘사하고
있다.

"신이 듣건대 제왕께서 인물을 기용하실 경우에는 시대를 헤아
리는 유능한 인재를 임명하고, 천하를 쟁탈하는 시대에는 책략을
우선시하며, 천하가 평정된 이후에는 충의(忠義)를 제일로 한다

고 하였습니다. 때문에 진문공(晉文)은 구범(舅犯)의 계책을 사용
했으면서도 옹계(雍季)의 정의로운 말을 칭찬했고, 고조(高祖)는
진평(陳平)의 지혜를 사용했지만, 어린 군주를 주발(周勃)에게 부
탁했습니다. 저는 사사로이 상서(尙書) 서선(徐宣)을 살펴보았는
데, 사람됨이 충의롭고 성품은 돈후하고 정직하고 성실한 성격을
갖고 있으며, 유달리 청결하고 바르며 세속에 구애되지 않고 확고
하여 움직이기가 어려우며, 국가에 대한 절의가 있고 주와 군의
장관을 역임하면서 모두 그 직무를 빛냈습니다. 지금 복야(僕射,
당송 시대의 대신)의 직책이 결원이니, 서선에게 이 일을 대신 관
장하도록 하십시오. 책임이 무거우니, 서선보다 적임자는 없을 것
입니다.(呂氏春秋日：昔晉文公將與楚人戰於城濮, 召咎犯而問曰
：「楚衆我寡, 奈何而可？」咎犯對曰：「臣聞繁禮之君, 不足於文,
繁戰之君, 不足於詐, 君亦詐之而 已.」文公以咎犯言告雍季, 雍季
曰：「竭澤而漁, 豈不得魚, 而明年無魚.焚藪而田, 豈不得獸, 而明
年無獸. 詐僞之道, 雖今偷可, 後將無復, 非長術也.」文 公用咎犯
之言, 而敗楚人於城濮.反而爲賞, 雍季在上. 左右諫曰：「城濮之
功, 咎犯之謀也.君用其言而後其身, 或者不可乎！」文公曰：「雍季
之言, 百代之利 也；咎犯之言, 一時之務也.焉有以一時之務, 先百
代之利乎？」)"

이 글에서는 진(晉) 문공(文公)이 "구범(咎犯)"의 건의를 채용하
여 성복(城濮)전쟁에서 승리할 수 있었지만, "구범"보다도 어긋난
건의를 한 옹계(雍季)에게 더 중한 상을 내렸다. 그 원인은 옹계의
건의가 더 장구성(長久性)이 있었기 때문이었다. 즉 "대대손손 이

익을 얻을 수 있다"는 것이 그 내용 속에 들어 있었던 것이고, "구범"의 건의는 단지 "일시적으로 쓰는 것"에 불과하여 임시적인 것에 속했던 것이다. 문장의 뜻은 사람들이 문제를 고려하거나 혹은 각항의 사무를 처리할 때는 반드시 장구적이고 미래의 이익을 생각하는 것에서 출발해야지, 단지 눈앞의 성패와 득실이 중요하다고 해서 어쩔 수 없이 부득불 고려하기는 해야 하지만, 그렇더라도 역시 중요한 것은 먼 앞날을 생각해야 한다는 것이다.

　1938년 마오쩌둥은 『중국공산당이 민족전쟁 중에서의 지위』라는 글에서 공산당원은 누구라도 "어느 때 어느 곳을 막론하고 개인의 이익을 첫 번째 자리에 두어서는 안 되고" "인민의 이익으로부터 출발해야 한다"는 것을 요구했다. 그 뜻은 당과 인민의 장구한 이익을 기준으로 하여 "대대손손의 이익"을 고려해야 한다는 것이며, 당장 눈앞의 "일시적인 임무"만을 생각해서는 안 되다는 뜻이었다. 이는 당 간부와 공산당원이 반드시 그리고 필수적으로 실천해야만 했던 마오쩌둥의 요구였다.

2. 2000년이 지난 후에도 중시되고 있는
굴원(屈原)의 『초사(楚辭)』

　중국의 전통 민속 중에 단오절이 있는데, 이때는 종즈(粽子)라고 하는 대나무에 싸서 찐 찹쌀떡 같은 것을 먹는다. 지금도 이를 먹고 있는데, 이는 바로 굴원을 기리기 위한 것이다.

　굴원은 기원전 약 340년에서 기원전 278년까지 살았던 초(楚)나라 사람으로 중국의 위대한 시인이었다. 그의 이름은 평(平)이고 자는 원(原)이며, 또 다른 이름은 정칙(正則)이고, 자는 영균(靈均)이었다.

　굴원은 귀족의 가정에서 태어나 일찍부터 공부를 할 수 있었기에, 학식이 매우 박학했고, 사령(辭令, 글 쓰는 일)을 잘 했다. 처음 관직에 올라서는 초회왕(楚懷王)을 보좌하면서 좌도(左徒), 삼려대부(三閭大夫) 등의 직을 역임했다. 직책에 있는 동안 그는 여러 차례 회왕에게 대외적으로 제(齊)나라와 연계하여 진(秦)나라에 대항할 것을 건의했고, 대내적으로는 "법도를 수정하여 명확히 할 것" "정치를 개혁할 것" "변법을 통해 강국으로 거듭날 것" 등을 건의했다. 그러나 여러 차례에 걸쳐 자란(子蘭), 근상(靳尙) 등을 위수로 하는 귀족 보수 세력의 비방과 공격을 받아야 했다. 그 결과 회왕으로부터 파직을 당하고 멀리 유배를 가야 했다. 후에는 다시 초 경양왕(頃襄王)으로부터 방축(放逐, 자리에서 쫓겨남)을 당했다.

결국 그는 마음을 크게 다친 채 국사(國事)로부터 멀어지게 되었고, 그러한 결과는 초나라의 국세에 영향을 주어 국력은 나날이 쇠약해져 가게 되었다. 그 결과 국도(國都, 수도)는 진나라 군사의 공격을 받아 크게 파괴되었다. 그리하여 굴원은 결국 자신의 정치적 이상을 실현하려는 포부를 잃게 되었고, 그 결과 만감이 교차하는 회한과 비분에 차게 된 나머지 골라강(汨羅江)에 뛰어들어 스스로 세상을 하직했다.

선진시기의 위대한 시인인 굴원은 주요 작품으로 『이소(離騷)』 『천문(天問)』 『구가(九歌)』 『구장(九章)』 등을 세상에 남겼다. 굴원의 이들 시는 당시 통치 집단의 어두운 면을 대담하게 폭로하여 자신의 진보적인 정치사상과 고상한 인격과 정조를 표현해 냈다. 그리고 그의 조국을 사랑하는 열정을 진지한 감정과 강인한 불굴의 투쟁정신으로 표현해 냈다.

이들 작품은 전해오는 민간의 신화전설을 널리 채용하였고, 새로운 것을 생각하여 표현해 냄으로서 기이하고 특색 있는 구조를 가지게 되었다. 그러한 구조란 상상력이 풍부하고 기이하며 그 문장력의 구사가 화려하고 뛰어나 낭만주의적인 색채가 충만하다는 것이다.

『사기ㆍ굴원열전』에는 다음과 같이 기록되어 있다.

"굴원의 이름은 평이다. 초나라 왕실과 성이 같다. 그는 초나라 회왕의 좌도였는데, 견문이 넓고 기억력이 좋았다. 치세와 난세의 다스림에 밝고, 문장력이 뛰어났다. 입조해서는 임금과 국사를 논의하고 영을 내렸으며, 나와서는 빈객을 맞이하고, 제후를 응대했다. 임금은 그를 깊이 신임했다. 그런데 같은 서열의 상관대부 근상(靳尙)이 임금의 총애를 빼앗고자 내심 굴원을 시샘했다. 회왕이 굴원에게 국법을 제정할 것을 명했다. 굴원이 초안도 채 완성하기 전에 상관대부가 그 법령안을 보려고 빼앗으려고 했다. 굴원이 내주지 않자 그는 임금에게 참언하였다. '대왕께서 굴원에게 법령을 만들라고 하신 것을 모르는 사람이 없습니다. 그런데 굴원은 법령 한 조목을 만들 때마다 자기 공적을 과시하면서 자신이 아니면 아무도 만들 수 없다고 여깁니다.' 임금은 이 말을 듣고 노하여 굴원을 멀리했다. 굴원은 왕이 다른 사람의 간사한 말을 듣는데 총명하지 못하고 헐뜯고 아첨하는 무리들이 임금의 총명함을 가로막으며 사악하고 바르지 못한 말이 공정성을 해치고 방정한 사람이 인정받지 못하는 것을 용납하지 못했다. 많은 근심과 깊은 생각 끝에 『이소』를 지었다. 『이소』란 "근심을 털어버리다"는 것과 같은 말이다. 무릇 하늘은 인류의 기원이며, 부모는 사람의 근본이다. 사람은 곤궁해지면 근본을 돌이켜본다. 그래서 아주 힘들고 고달프게 되면, 하늘에 호소하지 않는 사람이 없고, 고통이 극에 달하면, 부모를 부르지 않는 사람이 없다. 굴원은 곧은 도리를 바르게 실천하며, 충성을 다하고 지혜를 다 해 그 임금을 섬겼음에도 불구하고 참소하는 사람들의 이간질로 곤궁한 처지에 빠졌다고 할 수 있다. 신의를 지켰으나 의심을 받고 충성을 다하고

　도 비방을 받는다면, 어찌 원망스럽지 않겠는가! 굴평이 이소를
　지은 것은, 어찌 원망에서 나온 것이 아니겠는가!"

　마오쩌둥은 호남에서 태어나 같은 지역 태생인 "초나라 사람 굴
원"과의 연고가 있었기에, 청연시대부터 마오쩌둥은 굴원의 작품
을 매우 좋아하여 열심히 보았다.

　신 중국 성립 후에는 틈나는 대로 그의 작품에 대해 담론하곤 했
다. 1951년 7월 7일 마오쩌둥은 중남해에서 그가 어렸을 때 동창
이었던 저우스자오(周世釗) 및 장주루(蔣竹如) 등과 담화할 때,
"『초사』는 비록 오래된 것이지만, 그래도 모두가 역사이다. 그러
면서 읽을 만한 가치도 있다"고 했다.[33] 『초사(楚辭)』는 『시경』 이
후 나타난 새로운 형태의 시(新體詩)로서 전국시대 굴원으로 대표
되는 초나라 문인들이 창작한 시가집이다. 모두 16권으로 되어 있
고, 내용 속에는 굴원 및 굴원 이후의 초나라 문인인 송옥(宋玉),
경차(景差) 및 양한 시기의 가의(賈誼), 회남소산(淮南小山), 동방
삭(東方朔), 엄기(嚴忌), 왕포(王褒), 유향(劉向) 등이 지은 사부
(辭賦)가 들어 있는데, 춘추시기에서 서한 성제(成帝) 때까지의 시
선집을 총칭하는 이름이다. 그러나 『초사』의 가장 대표성적인 작
가는 굴원이다"라고 말했다.

　1954년 10월 마오쩌둥은 중국을 방문한 인도 총리 네루를 만났
을 때 굴원의 시 두 구절을 인용하여 "슬픔 중에 슬픔은 새로이 친
구와 이별하는 것이고, 즐거움 중에 즐거움은 서로 아는 것이다

---

33) 薛澤石, 『跟毛澤東學史』 상권, 紅旗出版社, 2000, 153쪽.

(悲莫悲兮新別離, 樂莫樂兮相知)" 자신의 심정을 표현했고, 넬슨
에게 또한 굴원에 대해 다음과 같이 소개했다.

  "굴원은 중국 역사상 위대한 시인 중의 한 사람입니다. 그는 1
천여 년 전에 많은 애국시를 썼습니다. 정부가 그에 대해 불만을
갖게 되는 바람에 그만 그를 조정에서 내쫓아 버렸지요. 마지막
에 굴원은 갈 길이 없게 되자 그만 강물에 빠져 죽었습니다. 후에
중국의 인민들은 그가 죽은 그날을 기려 하나의 절일(節日)로 만
들었는데, 그 날이 바로 음력 5월 5일입니다. 그때가 되면 사람들
은 '종즈'를 먹기도 하고, 또한 그 '종즈'를 물에 던져서 고기들이
그것을 많이 먹고 굴원의 몸을 상하지 않기를 기원한답니다."
1958년 1월 6일 마오쩌둥은 비행기를 타고 창사(長沙)로부터 광
시(廣西) 장족(壯族)자치구의 수도인 난닝(南寧)으로 갔다. 이곳
은 넓고 큰 용강(邕江)의 물이 서쪽으로 향하면서 동쪽을 관통하
며 수많은 나무 잎은 초록색으로 난닝시를 덮고 있었고, 강 양쪽
하안에는 무성하게 자라고 있는 파초나무와 바람에 산들거리며
흔들리고 있는 대나무들, 그리고 높고 높은 위용을 자랑하고 있는
룽수(榕樹)와 룽관수(龍冠樹)의 커다란 위용이 웅장한 자태를 뽐
내고 있었다. 어느 곳을 둘러봐도 보이는 것은 초록색뿐이었다.
마오쩌둥이 이곳에 온 목적은 중앙공작회의를 열기 위해서였다.

  같은 해 1월 18일 새벽 1시 좀 지나 광시에 주둔하고 있던 중국
인민해방군 광시레이더부대는 국민당의 비행기 한 대가 해상으로
부터 광시 상공으로 직행하면서 가까이 접근해 오는 것을 발견했

다. 마오쩌둥을 수행하던 공군 부사령관 허딩이(何庭一)는 곧바로 긴장하면서 상황을 예의 주시했다. 그러다 그는 국민당 비행기라는 소식을 듣고는 마오쩌둥의 행적을 탐지하려는 것이 아닌가 하고 생각했다. 그는 비서에게 류저우(柳州)에 있는 군 비행장에 연락하여 곧바로 전투기를 비상 출격시키도록 명령했다. 그리고 어떻게 해서든지 적기를 추락시키라고 명했다. 동시에 광시 닝밍(寧明) 공군비행장에서도 긴급비상을 알리는 경보가 울리면서 속히 출격할 것을 알리고 있었다. 이때 난닝 전 시의 불빛은 모두 꺼지게 했다.

　마오쩌둥 신변의 몇몇 경호원들은 함께 마오쩌둥이 거주하고 있는 방안으로 뛰어 들어가 마오쩌둥을 겹겹이 둘러싸면서 보호했다. 그러면서 마오쩌둥에게 "방공호로 속히 피신하십시오"라고 외쳤다. 그러자 마오쩌둥은 마침 촛불 아래서 책을 보고 있던 마오쩌둥은 큰 손을 흔들며 "나는 안 가겠네, 자네들이나 가게나" 하면서 미동도 하지 않았다. 그러나 경호원들은 계속해서 "주석님! 제발 얼른 방공호로 가셔야 합니다. 저희들 말을 들으셔야 합니다. 저희는 주석님을 안전하게 지켜야 할 책임이 있습니다"라고 하면서 재촉했다. 이에 마오쩌둥은 긴장하지도 않으면서 천천히 말했다. "장제스(蔣介石)가 총칭(重慶)으로 나를 오라고 청해서, 총칭에 갔다가 돌아왔는데, 도대체 나를 어쩌려고 그러는 건지 모르겠군 그래! 옌안(延安)에서, 청난좡(城南壯)에서 장제스의 비행기가 나에게 포탄을 투하했지만, 나는 조금도 두려워하지 않았다네. 설마 그때보다 여기가 훨씬 안전하지 않아서 피하라고 하는 것은 아니겠지?"

몇 명의 경호원들은 마오쩌둥을 움직이기 어렵다는 것을 알고
있었다. 그러나 책임상 방공호로 피해야 한다고 권하지 않을 수가
없었던 것이다. 할 수 없이 마오쩌둥 얼굴 앞까지 다가가서 등불을
꺼버렸다. 그러자 마오쩌둥은 성난 듯이 높은 목소리로, "빨리 초
에다 불을 켜게나. 두 말 다시 말하지 않겠네!" 그러나 경호원들도
지지 않고, "주석님 그래도 만일의 사태에 대비하셔야 합니다. 얼
른 방공호로 피하셔야 합니다"라고 권했다. "나는 이미 말했네. 나
는 안 갈 것이네" 그러면서 자리에서 일어더니 "빨리 촛불 안 켜겠
나? 나는 지금 책을 보는 중이네 그려!" 그러더니 "성난쨩에서 국
민당이 우리 창문 가까이까지 와서도 감히 포탄을 투하하지 못했
는데, 내가 왜 그런 그들을 두려워한단 말인가?"

경호원들은 할 수 없이 촛불에 불을 붙이는 수밖에 없었다. 그때
경호원들의 눈에 비친 것은 마오쩌둥이 손에 들고 있는 『초사』였
다.[34]

『초사(楚辭)』에는 25편이나 되는 굴원의 작품이 포함되어 있다.
이들 편명을 보면 『구가(九歌)』 11편, 『구장(九章)』 9편, 「이소(離
騷)」 「천문(天問)」 「원유(元游)」 「복거(卜居)」 「어부(漁父)」 등 각 1
편 등이 그것이다. 『구가』 중의 11편에는 「동황태일(東皇太一)」 「운
중군(云中君)」 「상군(湘君)」 「상부인(湘夫人)」 「대사명(大司命)」 「소
사명(少司命)」 「동군(東君)」 「하백(河伯)」 「산귀(山鬼)」 「국상(國
殤)」 「예혼(禮魂)」 등이 있고, 『구장(九章)』 속의 9편에는 「굴송(橘
頌)」 「석송(惜誦)」 「추사(抽思)」 「비회풍(悲回風)」 「사미인(思美人」

34) 邸延生, 『毛澤東和他的衛士長』, 신화출판사, 2006, 536~537쪽.

「섭강(涉江)」「애영(哀郢)」「회사(懷沙)」「석왕일(惜往日)」등 있다.

곽말약(郭沫若)은 『구가』의 '구(九)'자는 편목(篇目)의 실제적인 숫자를 말하는 것이 아니고, 고대 악곡(樂曲)의 명칭이라고 했다. 그리고 초(楚)나라에서는 종교적인 제사와 기도(祈禱)가 널리 행해졌는데, 『구가』는 초나라의 무가(巫歌)이고, 무사(巫師)가 제사활동을 진행할 때하는 가사(歌詞)라고 했다. 그 내용은 대체로 자연신을 제사지내는 내용인데, 즉 「동황태일」은 천신을 제사지내는 내용이고, 「운중군」은 운식(云神)을 제사지내는 내용이다. 「상군」과 「상부인」은 수신(水神)을 제사지내는 내용이고, 「대사명」과 「소사명」은 주수요(主壽夭)와 자사(子嗣)의 신을, 「동군」은 태양신을, 「하백」은 하신(河神)을, 「국상」은 조국을 지키기 위해 희생한 장사(將士)를 위해 제사지내는 내용이다. 「예혼」은 송신곡(送神曲)으로서 모든 편에 공동으로 사용하는 곡이다.

『구장(九章)』 중의 「귤송」은 굴원의 조년 작품이고, 「섭강」은 굴원이 축출되어 강남으로 갔을 때에 쓴 작품이다. 「애영」은 초나라의 수도가 진나라 병사들에게 공격 받아 함락 당했을 때의 작품이고, 「회사」는 굴원이 강에 빠져 스스로 사망하기 전의 유작이다.

「천문」은 비교적 기이하고 특이한 작품으로 대부분이 4성구로 되어 있는데, 전체적으로는 스스로 질문하면서 답하는 대화형식의 어조를 사용하고 있다. 한 연(聯)에 170개의 문제를 제시하며 자연계 중에 나타난 많은 현상 및 신화전설과 역사고사 등에 대하여 많은 의문을 제시하고 있다. 「천문」 중에는 많은 고대신화와 원고시기의 전설을 잘 보존하고 있는데, 그중에는 굴원의 비판정신과 대담한 회의(懷疑)정신을 잘 표현하고 있다. 「천문」은 몇천 년

이전에 우주에 관하여, 자연에 관하여, 역사에 관하여 자신의 의견을 제시했다는 것은 정말로 대단한 일이 아닐 수 없다.[35)]

「이소」는 굴원의 대표적인 작품으로 중국 고대에서 가장 걸출한 장편의 정치적 서정시라고 할 수 있다. 또한 낭만주의적인 걸작이기도 하다. 「이소」가 쓰여진 시간은 초나라 회황의 후기라고 봐야 할 것이다. '이소(離騷)' 두 글자에 들어 있는 뜻은 사마천의 해석에 따르면 "이소란 근심을 털어버리다(離騷者, 猶離憂也)"라는 뜻이라고 했고,[36)] 반고는 "리는 어려움을 만나는 것이고, 소는 근심이다(離, 猶遭也, 騷, 憂也)"라고 해석하여 불행을 만나 지었다는 식으로 해석했다.[37)] 왕일(王逸)의 해석은 "리는 헤어짐이고, 소는 근심이다(離, 別也. 騷, 愁也.)"라고 해석하여, 축출된 데에 대한 시름이라고 설명했다.[38)] 근래의 사람은 "이소"의 두 글자는 초나라의 방언으로 현재의 일상용어인 "불평하다(寓騷)"라는 두 글자에 상당하는 말이라고 하기도 했다.[39)] 그러나 이들 말의 뜻을 종합해 보면, 마음에 차 있는 울분 때문에 격노해 있는 자신의 마음을 표출해 낸 의미라고 대변할 수 있을 것이다. 역사상에서 볼 때 굴원은 초나라 회왕으로부터 축출된 후 그의 아름다운 정치적 바람을 실현할 수 없다고 여긴 그는 우울하면서도 걱정스런 경황 중에서 온갖 심혈을 기울여가며 이들 작품들을 시로써 표현해 냈던 것

---

35) 성림편, 『毛澤東的智源』, 海南出版社, 2001, 87쪽.

36) 史記 · 屈原列傳』

37) 『離騷贊序』

38) 『楚辭章句』

39) 游國思, 『楚辭論文集』

이다. 시구 속에는 시인의 정직성, 고결한 정조, 사악한 무리에 지지 않겠다는 불굴의 정신, 그리고 아름다운 정치적 원대한 이상을 향한 그의 동경하는 마음이 모두 잘 그려져 있다. 나아가 그의 애국 애민하는 사상과 감정도 잘 나타나 있다. 그러면서 초나라 통치 집단이 내부적으로 썩어 곪아 터져 영혼까지 저버린 그들의 악랄한 행태를 또한 시를 통해서 폭로하고 있는 것이다. 그러다가 결국에는 조국과 백성을 위해 자신의 목숨을 바쳐 순국하는 것이 차라리 낫겠다고 결심하면서 장렬하게 희생하겠다는 이상을 표현하고 있는 것이다. 다시 말해서 이는 악한 세력과는 결코 함께 하지 않겠다는 굳건한 마음을 대변한 것이라고 할 수 있다. 그는 현실에서 도피하지 않고 미래를 돌보려 하지 않았으며, 조국을 배반하면서 영화를 추구하려는 것은 조금도 꿈꾸지 않았다. 작품 전체를 통해 보면 초나라가 붕괴하기 직전의 사회적 현실을 잘 반영하였고, 그가 처해 있던 모든 시대를 잘 반영하였음을 알 수 있다.

사마천은 굴원에 대해 "그 뜻이 너무 청결해서, 그가 말하는 것은 모두 향기롭다(其志洁, 故其稱芳)"고 했다.[40] 굴원은 그의 시 속에서 그의 절연한 마음을 다음과 같이 표현하고 있다.

"내 마음의 선한 일은, 아홉 번 죽어도 후회하지 않네.
인생은 제각기 낙이 있고, 나는 홀로 결백을 좋아하네.
내 몸이 찢겨져도 변하지 않으리니, 어찌 내 마음에 두려움이 있으랴.

---

40)『史記 · 屈原列傳』

亦余心之所善兮, 雖九死其猶未悔,

民生各有所樂兮, 余獨好脩以爲常.

雖體解吾猶未變兮, 豈余心之可懲."

시인의 일생은 조금의 나태함도 없이 끝없는 투쟁을 통해 시인의 전투적 정신과 그 빛나는 청정한 인격을 표현해 냈다. 이는 초나라 정치무대에서 진보와 낙후한 두 세력의 치열한 투쟁을 반영해 낸 것이고, 시인의 선명한 개성을 표현해 낸 것이다.

1958년 1월 12일 마오쩌둥은 난닝(南寧)에서 있을 때 장칭(江靑)에게 편지를 보내며 다음과 같이 썼다.

"나는 오늘 저녁에 또 다시 『이소』를 읽었소. 어느 정도 깨닫는
바가 있어 매우 기쁘다오."

같은 해 1월 16일 마오쩌둥은 난닝에서 있은 중앙공작처 회의석상에서 "『초사』를 배우려면 먼저 『이소』를 배우고 그 다음에 『노자』를 배우는 것이 좋습니다"라고 말했다.[41]

1959년 여름 여산(廬山)에서 마오쩌둥은 비서인 린커(林克)에게 시간을 내서 『초사』를 평하고 연구한 수십 종의 책과 잡지의 목록을 편찬하라고 명했다. 그가 목록을 정리해 가져오자 마오쩌둥은 친히 검열한 후 여산 회의에 참가한 모든 사람들에게 인쇄하여 돌리게 했다.

---

41) 『毛澤東評點24史』, 時事出版社, 1997, 387쪽.

같은 해 8월 16일 마오쩌둥은 여산 회의석상에서 한나라 매승(枚乘)이 쓴『칠발(七發)』전문을 강해하면서 다음과 같이 말했다.

"이 편은 일찍이 인쇄해서 나누어 드린 바 있으니, 다들 읽었을 것입니다. 이는 이소의 문장을 이어받은 후계자 같은 글이지만, 창작적인 면이 있어 발전된 글이라 할 수 있지요. 이소의 문장은 민주적인 색채가 있고, 낭만주의 유파에 속한다고 할 수 있으며, 부패한 통치자에 대해 비판의 비수를 던지고 있습니다. 굴원의 고고한 기상이 이 문장에서 춤추고 있음을 알 수가 있지요……."[42]

같은 해 12월에서 1960년 2월까지 마오쩌둥은 소련의『정치경제학(교과서)』을 읽고 그것에 대한 담화를 하는 도중 다음과 같은 내용을 말했다.

"굴원이 만일 계속해서 관리로 있었다면 그의 문장은 나타나지 않았을 것입니다. 관적(官籍)이 없어졌기 때문에 시골에 내려가서 힘든 노동을 하지 않으면 안 되었지요. 그러했기에 사회생활에 가까이 갈 수 있었고, 그럼으로써『이소』와 같은 이런 좋은 문학작품을 써낼 수 있게 된 것입니다"

마오쩌둥은『이소』를 매우 즐겨 읽었는데, 그 중요한 원인은『이소』에서 현실생활의 낭만주의 정신을 적극적으로 충분히 발휘했

---

42) 陳晉 主編,『毛澤東讀書筆記解析』, 廣東人民出版社, 1996, 1191쪽.

음을 볼 수 있었고, 이를 통해 풍부하면서도 기묘한 환상을 꿈꾸면서 천상과 지하에서 신들과 함께 지내며 고대의 신화를 빌려 형상적인 비유와 과장을 통해 한 정치가로서의 빛나는 형상을 만들어내는데 성공했기 때문이었다고 볼 수 있다.

『이소』가 채용한 예술적 수법은 아주 다양하다. 예를 들면 곡절 있는 여러 단계의 결구(結構), 시구의 반복적인 영탄법, 희롱하는 듯하면서도 자신이 의도하는 뜻을 다 표현해 냈고, 서정시를 확대시켜 사람들을 놀라게 할 정도의 문장을 구사하였으며, 대량으로 지방마다의 방언을 사용했고, 초나라의 수많은 산천과 지방의 풍속 등을 모두 써넣음으로서 농후한 지방 색채를 갖추게 하여 민족적 풍격을 극대화 시켰던 것이다.

마오쩌둥의 시사(詩詞) 작품 중에는 낭만주의적 색채가 풍부히 담겨 있는데, 예를 들면 1957년에 지은 『접연화(蝶戀花) · 이숙일에 답하다(答李淑一)』, 1961년의 칠언율시인 『우인에게 답하다(答友人)』, 1965년의 『노교를 생각하며(念奴嬌) · 조아문답(鳥兒問答)』 등이 그것들이다.

1972년 9월 25일 일본 수상 다나카 가쿠에이(田中角榮)가 인솔한 일본정부 방문단이 베이징에 도착했다. 9월 27일 마오쩌둥은 중남해(中南海)에서 일본수상 및 방문단 일원인 오히라 마사요시(大平正芳)를 접견하면서 그들과 많은 대화를 하였다. 일본정부 대표단이 떠나기 전에 마오쩌둥은 다나카 가쿠에이 수상에게 선장본(線裝本)인 『이소』를 선물로 주었는데, 이를 통해서도 마오쩌둥이 굴원의 작품에 대해서 얼마나 귀중하게 생각하고 있었는지를 엿볼 수 있을 것이다.

3. 민의를 분발시켜 자강을 도모하려 했던 "상앙(商鞅)"

1912년 6월, 19세의 마오쩌둥은 창사(長沙)에 있는 호남성고등 학교[43]에서 공부할 때, 일찍이 『상앙이 나무를 옮기게 하여 믿음을 주게 한 이야기에 대한 론(商鞅徙木立信論)』이라는 한편의 글을 쓴 적이 있다. 이 글에서 마오쩌둥은 전국시대 때 상앙은 진나라 에서 변법(變法)을 실시하여 진나라를 점점 강하게 했다고 찬양하 면서, 국민의 자강의식을 분발시키기 위한 목적에서, 정부와 법령 그리고 국민 이들 삼자 간의 상호관계를 상세히 논하였다.

마오쩌둥은 이 글에서 다음과 같이 말했다.

"나는 역사를 공부하면서 상앙(商鞅)의 '나무를 옮기게 하여 믿 음을 주다'라는 대목을 보게 되었다. 이를 보면서 우리나라 국민 의 우매함에 탄식하고, 집정자가 이를 고치려고 무척 고심했던 것

---

43) 호남성고등학교, 후에 호남성제1중학으로 이름을 변경

에 탄식하며, 수천 년 동안 민중의 지혜가 열리지 않고 있는 것과
나라가 망하여 짓밟히는 비참함에 탄식한다. 나의 말에 진실성이
있는지 없는지를 밝히기 위해 나는 전력을 다해 자세히 나의 생각
을 말하고자 한다.

　법은 행복을 모색해 주는 도구이다. 법이 잘 만들어지다면 우리
국민의 행복은 반드시 많아질 것이다. 자각한 국민이라면 이런 법
이 공포되지 않을까봐 두려워하거나, 혹은 공포되어도 그것이 효
력을 발생하지 못할까봐 두려워하게 되는데, 따라서 반드시 전력
으로 그것을 보호하고 유지해야 하며, 반드시 그것이 완벽한 목
적에 도달할 때까지 끝까지 노력해야 한다. 정부와 국민은 서로
가 의지하고 묶여 있는 관계인데, 어찌 불신의 여지가 있겠는가?
만약 법이 제대로 만들어지지 않으면 행복은 없다고 말할 수 있을
뿐만 아니라, 사람들이 두려워 할 수 있는 위험성도 충분히 가지
고 있다. 그렇기 때문에 우리 중국인은 반드시 전력을 다해 이런
법령을 저지해야 한다. 설사 우리가 믿고자 희망할지라도 또한 어
찌 이를 믿을 수 있겠는가? 만약 상앙과 진나라 국민 간에 이런 식
의 반대 기류가 조성되었다면, 이를 실행하지 않도록 억제했어야
했던가, 아니면 어찌해야 했을까?

　상앙의 법은 좋은 법이었다. 우리나라 4천여 년의 기록을 보면
나라를 이롭게 하고 국민을 부강하게 한(利國富民) 위대한 정치가
를 찾을 수 있는데, 상앙이 그 첫 번째 인물이 아닌가 한다. 상앙
이 속해 있던 효공(孝公) 시대의 중원은 매우 불안정했고 전쟁이
한창이었으며 전국이 피로 물들었던 때이니 말로써 표현할 수 없
을 정도로 난세였다. 그러므로 제후국과의 전쟁에서 승리하는 일

과 중원을 통일하는 희망이 어찌 매우 어렵지 않았겠는가? 따라서 이를 위해 변법을 실시해야 했던 것인데, 이 법은 나쁜 사람을 징벌하여 인민의 권리를 보호하려 했고, 밭을 일구고 옷감을 짜서 국민의 부를 증진시키려 했던 것이며, 군사적으로 공을 세우는 일을 숭상하여 국가의 위신을 세우고, 나태와 빈곤을 없애게 하기 위함이었다. 상앙의 변법은 확실히 우리나라에서 이전에 없던 매우 큰 정책이었는데, 백성들은 무엇이 두려워서 이를 믿지 못하였던 것인지 알 수가 없다. 나무를 옮기게 하여 옮긴 자에게 상금을 줌으로써 겨우 믿음을 세우게 했다는 점에서 집정자 모두의 고충을 알았으며, 우리 중국인의 우매함을 알게 되었다. 또한 여기서 우리 중국인의 지혜 부족과 나라가 멸망을 향해 가는 비참한 지경에 처하게 되었던 원인도 알게 되었다. 그러나 그 비정상적인 가장 큰 원인은 국민의 두려움에 있었다고 할 수 있을 것이다. 국민이 이런 국민이고, 법이 이런 법이라면, 나 또한 어찌 의심하지 않았겠는가 말이다. 나는 특히 나무를 옮기게 하여 믿음을 세우게 했던 이 일에 대해서 두려워한다. 만약 동서방 각 문명국 국민이 이런 사실을 듣는다면, 반드시 배를 두드리며 웃거나 소리치며 비웃을 것이다. 아! 더 이상 나는 말하고 싶지 않다."[44]

마오쩌둥의 이 글은 국문을 담당했던 리우치안(柳潛) 교수의 대단한 칭찬을 받았다. "재능이 남보다 뛰어나고 그의 전도는 무궁무진하다고 본다"라고 칭찬했는데, 이러한 평가 내용은 아래와 같

---

44) 王炯華, 『毛澤東讀書生涯』, 長江文藝出版社, 1998.

이 마오쩌둥의 문헌자료에 기록되어 있다.

"현실사회에 근거하여 자신의 논점을 표현하고, 혜안이 횃불과 같이 밝고 글을 쓰는 것이 대범하여 마치 신문평론을 보는 것과 같다. 그리고 의법(義法, 문장의 사상 논리와 문장의 언어 질서가 조직적으로 조화될 것을 주장하는 글 쓰는 방법−역자 주) 또한 매우 빠르게 고풍스러워졌다. 물이 선회하듯 들어와 필력이 힘차다. 역사관이 작품 속에 살아 있고, 한 가지 색채로써 능숙하게 문장을 완성하였다. 스스로를 위대한 인물로 여겨 다시 공부가 더해질 때에는 나도 그 끝을 알 수 없을 정도다. 능력이 매우 뛰어나며, 글을 이해하는 이치가 넓고 심오하다. 법률지식과 철리(哲理) 사상을 갖추고 있고, 문제의식을 통해 자신의 새로운 의견을 피력하고 능숙하면서도 함축적으로 문장을 표현하는 것이, 문제에 접근하는 법을 알고 있다. 이전에는 없던 큰 정치를 위하여 상군(商君, 상앙)의 법을 추론하는 경지에 이르렀는데, 언어 구사가 확실하고, 그 붓끝이 종이 위에서 연기처럼 떠다니듯 하면서도 절대로 혼란스럽지 않으니, 이는 사회에 공을 세울 수 있는 문장력이다.[45]

이 글을 통해 리우치안이 마오쩌둥의 이 글을 얼마나 높이 칭찬했는지를 알 수 있을 것이다. 이 글 속에서 마오쩌둥은 상앙의 "나무를 옮기게 하여 믿음을 주다"라는 조치에 대한 느낌을 발표했고, 정부와 국민 및 법 간의 상호관계에 대해 논했다. 게다가 당시

---

45) 成林編, 『毛澤東的智源』, 海南出版社, 2001, 52쪽.

의 사회현실에 대해 "나는 할 말이 없다(吾欲無言)"는 표현으로써
탄식할 수밖에 없는 자신의 감정을 은유적으로 나타냈으며, 국민
에게 강국이 되게 하는 의식을 불러일으키려고 하는데 그 목적을
두고 있음을 알 수 있다.

　상앙은 전국시기의 위나라 사람으로, 성은 공손(公孫)이고, 이
름은 앙(鞅)이며, 후에 진나라에 의탁하여 진효공(秦孝公)을 위해
일했다. 처음에는 '좌서장(左庶長)'이 되었으나 그만두었다가 '대
량조(大良造)'로 승직했고, 후에는 '진효공에게 어(於)와 상(商)의
15개 읍'을 받아, 상군(商君) 또는 상앙이라고 불려지게 되었다.

　상앙이란 인물과 그 사실에 대하여, 사마천(司馬遷)은『사기』제
68권『상군열전』에서는 다음과 같이 말하고 있다.(발췌문)

　　"상군(商君)은 위(衛)의 여러 첩들에게서 난 공자 중 한 사람이
　　다. 이름은 앙(鞅)이고 성은 공손(公孫)씨이며 그 조상은 본래 희
　　성(姬姓)이다. 공손 앙은 위나라 임금의 후손이므로 사람들이 위
　　앙 이라고 불렀다. 앙은 젊어서부터 형명학을 좋아 했다. 위앙은
　　날로 쇠약해져가는 위(衛)나라에서 자기의 뜻을 펼 수 없자 위(魏)
　　나라로 떠났다. 그는 위나라 정승 공숙좌의 밑에 가서 중서자 라
　　는 벼슬을 하였다. 공숙좌는 앙의 현명함을 알았으나 위왕에게 그
　　를 추천하기 전에 병이 들어 죽을 때가 되었다. 당시 위나라의 왕
　　인 혜왕은 공숙좌에게 문병을 가서 눈물을 흘리며 물었다. '그대
　　가 세상을 떠나고 나면 장차 누구와 정사를 논해야 하는가?' 공숙
　　좌가 병석에 누워 말했다. '저의 집에 중서자 벼슬을 하는 위앙이
　　란 젊은이가 있는데 그의 나이는 젊으나 천하의 기재이니 그에게

나랏일을 맡기면 신보다 열 배는 나을 것입니다.' '…….' 혜왕이 아무 말도 하지 않자 공숙좌가 다시 말했다. '왕께서 만일 그를 등용하지 않으시려거든 차라리 그를 죽이십시오. 그는 뛰어난 인물이니 만일 그가 다른 나라로 가버리면 우리 위나라에겐 큰 후환이 될 것입니다.' '그렇게 하겠소…….' 왕이 돌아간 후 공숙좌는 위앙을 불러 왕과 나눈 이야기를 해줬다. '내가 자네를 왕께 천거했으나 왕은 그대를 등용할 것 같지 않았네. 그런데 나는 위왕을 섬기는 사람인지라 자네를 등용하지 않으려면 죽여야 한다고 말했으니 자네는 어서 이 나라를 떠나게.' 그러나 위앙은 아무렇지도 않은 표정으로 말했다. 왕께서는 저를 재상으로 임명하라는 정승의 말도 안 들었는데, 죽이라는 말을 듣겠습니까? 위앙은 태연할 뿐 달아나지 않았다. 그때 진(秦)나라의 효공이 천하에 현명한 인재를 구한다는 포고령을 내렸고 그 소문을 들은 위앙은 자기의 뜻을 펼치고 싶어서 진나라로 떠났다. 위앙은 진효공이 총애하는 신하 경감을 찾아가 효공을 만나게 해달라고 부탁하고, 경감은 위앙과 많은 대화 끝에 위앙이 현명한 인물이라는 것을 알고는 위앙을 효공에게 소개하였다. 마침내 효공을 만나게 된 위앙은 복희, 신농, 요, 순 등 고대 성군들의 이야기만 할 뿐 정치이야기는 하지 않았다. 그러자 효공은 얘기 도중에 코를 골며 잠이 들고 말았다. 이튿날 효공은 경감에게 꾸짖어 말하기를 '그대가 소개한 사람은 쓸데없는 고리타분한 말만 하니 등용할 수 없다'고 하였다. 경감이 집으로 돌아가 위앙을 만나 물었다. '선생은 어째서 쓸데없는 말만 하여 임금을 화나게 하셨소?' '저는 임금께 제왕의 도를 말씀드렸는데 도무지 알아듣지를 못하시니 다시 한 번 만나게 해주십시오.' 경감은 다시 효공에게 위앙과의 만남을 주선하였고 효공은 위앙을 다시 만나보기로 하였다. 이에 위앙은 다시 궁에 들어가서 하나라 우왕과 상나라 탕왕과 주나라 무왕에 대해 이야기했고, 진효공은 시무룩한 표정으로 듣기만 했다. 위앙이 말을 마친 후 효공이 위앙에게 말했다. '그대는 매우 박식하기는 하지만 너무 고리타분한 이야기만 하오. 지금 시대에 그런 이야기는 별로 쓸모가 없으니 그대를 등용하지 못하겠소.' 하릴없이 집으로 돌아온 위앙에게 경감이 물었다. '그래 임금께서 뭐라 하시던가요?' '오늘은 왕도를 실천하시도록 말씀드렸는데 임금께서는 제 말이 맘에 들지 않았나 봅니다. 저는 이제 임금의 뜻을 알았으니 다시 한 번 임금을 만나게 해주십시오.' 경감은 매우 곤란하여 거절하였지만 위앙이 다른 나라로 떠날 것을 두려워하여 할 수 없이 마지막으로 그를 효공과 만나도록 주선해 주기로 했다. 효공은 위앙을 등용할 마음이 없었으나 경감이 극진히 권하므로 할 수 없이 마지막으로 만나주기로 하였다. 위앙은 효공을 만나자 패도(覇道)에 관하여 이야기했다. 효공은 패도란 말을 듣고는 몹시 기뻐하였다. 위앙은 효공에게 삼황오제의 도를 실행할 것을 권했으나 효공은 그것이 너무 길고 먼일이라 하여 관심두지 않았다. 이에 다시 성군의 도를 실행할 것을 권했으나 효공은 역시 맘에 들어 하지 않았다. 위앙은 효공의 속내를 알아차리고는 당대에 이룰 수 있는 부국강병책을 말하였다. 그러자 효공이 매우 기뻐하였다. 이에 효공은 위앙과 삼일 삼야를 토론하고 그를 등용하여 좌서장으로 삼고, 도읍에서 가장 좋은 집과 많은 황금을 하사했다. 위앙은 진나라의 여러 법들을 일거에 바꿔 진효공의 인준을 받았다. 그 법은 다음과 같았다.

1. 도읍을 새로 정하여 함양으로 옮기는 일. 2. 지역을 현으로 구분하는 일. 3. 토지개간의 일. 4. 모든 전답을 국유화하고 조세법을 바꾸는 일. 5. 경제개발과 산업진흥의 일. 6. 전쟁과 군공의 일. 7. 부정에 관한 일. 8. 법령 엄수의 일.

위앙은 이렇게 새로운 법을 마련했으나 그 법을 바로 실시하지는 않았다. 백성들이 새로 바뀐 법을 믿고 따르지 않으면 모두 허사였기 때문이었다. 그래서 위앙은 묘안을 짜내었다. 3장(1장은 여섯 자) 길이의 나무를 도성 남문에 세우고 그 옆에 공고문을 걸었다. 〈누구든지 이 나무를 옮겨 북문에 세우는 자는 10금의 상을 준다.〉 그러나 백성들은 이를 이상하게 생각하고 아무도 그 나무를 옮기려 하는 이가 없었다. 그래서 이번에는 50금을 주겠다고 상금을 올려 공고하였다. 그랬더니 백성들이 더욱 의심을 품었는데 한 백성이 나서서 '상금을 주든 안 주든 일단 옮겨놓고 보자'고 하면서 그 나무를 옮겨 북문에 세웠다. 위앙은 그를 불러 50금을 주고 나라가 결코 백성을 속이지 않는다는 것을 분명히 하였다. 그런 후에야 위앙은 새 법을 선포하였다. 그러나 백성들은 물론이고 고관 대신들도 불만을 터뜨리고 여론이 분분하였다. 위앙은 새 법에 대해 불만을 말하는 자들을 모조리 잡아서 변방의 국경수비대로 보내버렸다. 벼슬아치들이 법에 대해 불만을 말하자 그들을 모두 벼슬에서 내쫓아버렸다. 그런데 어느 날 태자가 법을 어기고 불만을 토로하였다. 이에 대로한 위앙은 태자를 법대로 처단하려 하였으나, 태자는 임금의 뒤를 이을 사람이기 때문에 처벌할 수 없다 하여 태자의 스승인 공손가에게 얼굴에 먹으로 문신을 새겨

버리고, 태자의 부(傅 : 보좌관)인 공자건의 코를 베어버렸다. 그
후로 아무도 법을 비판하는 사람이 없어지고 백성들은 새 법령을
따르게 되었다.

시평

나무를 옮겨 믿음을 세운 것은 상앙을 말하는데, 민의를 불러일
으켜 자강을 도모하였네.

(徒木立信說商鞅, 激發民意圖自强)

진나라의 통일 이전은 발분의 역사만 있으니, 현명하고 능력 있
는 자를 질투하여 황량함만 꿈꾸었다네.

(先秦空有發奮史, 嫉賢妒能夢蒼凉)

한 부의 큰 법이 천하에 전해지자, 이를 창시한 사람은 물러설
곳이 없어졌고,

(一部大法傳天下, 創始之人無下場)

부국강병은 이루었으나 오마분시의 형을 당했으니, 훗날에까지
남겨져 '쓸모 있는 나무는 베이기 마련'이라는 고사를 말해주고 있네.

(富國强兵遭車裂, 留待日后話柏桑)

4. 이사(李斯)의『간축객서(諫逐客書)』를 읽고, 법가를 찬양하며 복고(復古)를 비판하다

1959년 12월 10일, 마오쩌둥은 항저우(杭州) 시후(西湖)변에서 진백달(陳伯達)·호승(胡繩)·정력군(鄭力群)·전가영(田家英) 등이 참여한 작은 독서모임을 조직하였다. 이 모임에서 그들은 읽으면서 의논하고 장과 절을 따라 토론하는 방식으로 소련의『정치경제학(교과서)』의 사회주의 부분을 열심히 공부했다. 마오쩌둥은 중국사회주의 혁명과 건설의 현실과 연관지어, 중국의 국가정세에 부합하는 사회주의를 어떻게 건설해야 할지에 대하여 연구했다.

이 얼마간의 시간 동안 그는 늘 책만 보았는데, 아무리 일이 많아 바쁘고 시간이 없더라도 항상 책을 곁에 두고 읽었다. 의자에 앉아 있거나, 큰 침상에 누워 있을 때도 언제나 책을 들고 정독을 했다…….

이 시기 마오쩌둥의 습관은 시호 변의 딩쟈산(丁家山)에 있는 단층집으로 산보를 다니며 사색하는 일이었다. 그가 그렇게 한 것은 "산에 오르고 길을 걷는 것도 일종의 단련이다"라고 생각했기 때문이었다. 마오쩌둥과 같이 독서하는 사람들도 그것을 느꼈다. 이는 그의 건강상 측면에서 볼 때 확실히 이로운 면이 있었다.

한 번은 이 독서 소모임의 회의에서 마오쩌둥이 그의 앞에 놓여 있는 소련의 『정치경제학』을 펼치면서 앉아 있는 동지들에게 이렇게 말했다. "우리 모두가 책을 진지하게 읽어야 하는데, 심도 있게 파고들면서 토론을 통해 우리 주변의 정세와 사정을 생각해 봐야 합니다⋯⋯."

발언하는 중에 마오쩌둥은 새로운 정세 하에서 새로운 이론을 창조해야 한다고 말했으며, 나아가 사회주의적 기업 관리에 존재하는 약간의 문제에 대해서도 논했다⋯⋯.

1960년 1월 7일에서 17일까지, 마오쩌둥은 상하이에 있는 진장(錦江)호텔에서 중앙정치국확대회의(中央政治局擴大會議)를 주관했다. 이 회의에서 마오쩌둥은 재차 소련의 『정치경제학』을 읽고 모두를 향해서 그의 생각을 말한 후 잠시 휴회를 선포했다. 이 휴회하는 동안 그는 모두에게 회의 시간에는 진지하게 공부하고 사고할 것을 요구했고, 이런 학습과 사고를 통해 중국의 현실과 밀접하게 연관이 있음을 밝혀, 당면한 문제를 해결하는 구체적인 방법을 제시토록 촉수했던 것이다.

같은 해 1월 27일, 그는 광주(廣州)에 도착했다.

광주에서 마오쩌둥은 계속해서 그의 독서 소모임을 조직하고 계속해서 소련의 『정치경제학』을 공부했다. 주강(珠江) 가까이에 있는 샤오다오(小島)호텔의 독서소모임 회에서 그는 전국시대의 이사(李斯)에 대해 논했다. 그는 이렇게 말했다.

"이사의 『간축객서(諫逐客書)』는 매우 설득력이 있는 글이다.
그 시기 각 국가의 내부관계는 영주와 농노의 관계처럼 보인다.
각각의 가족들은 모두 자기의 전차(戰車)와 무사(武士)를 가지고
있었고, 국가는 통일되지 않았었다."[46]

자리한 사람 모두가 분명하게 알고 있던 이사라는 인물은 전국
시대 초(楚)나라 사람으로 일찍이 순자(荀子)의 학생이었으며, 기
원전 47년 진나라(秦)로 들어가 객경(客卿 : 다른 나라 출신에게
주어진 관직명)이 되었고, 진시황(秦始皇)을 위해 여섯 나라 통일
에 큰 공을 세우는 바람에 후에는 승상의 지위까지 올라갔던 인물
이다.

이사가 객경의 일을 담당하던 시기에 진나라의 일부 귀족이 진
나라 출신이 아닌데도 불구하고 중용되자 시기심이 일어 배척하는
논의가 일어났는데, 그들은 객경의 입을 빌려 제시한 약간의 주장
이 진심으로 진나라를 위한 것이 아니라는 핑계로 진나라 왕에게
축객령(逐客令)이 내려지는 사태를 초래케 하였다. 그러자 이사
는 『간축객서』를 진나라 왕에게 바쳐 그러한 주장의 부당함을 밝혔
다. 이 편지의 주요 내용을 소개하면 다음과 같다.

"첫째, 진나라가 강성했던 역사적 사실을 들어 유능한 인재를
널리 기용하는 일의 중요성을 설명하였다. 그는 이렇게 말했다.
'지난날 진 목공께서 유능한 인재를 구하실 때 서융에서는 유여

---

46) 『毛澤東評點二十四史』, 時事出版社, 1997, 395쪽

(由余)를 초청했고, 동방의 초나라로부터는 백리해(百里奚)를 모셔왔습니다. 또 송나라로부터 건숙(蹇叔)을 모셔왔고, 진나라에서 온 비표(丕豹)와 공손지(公孫支)를 기용했습니다. 목공께서는 이 다섯 명을 기용하여 20개국을 아우른 다음 패자로 군림하셨습니다. 또 효공께서는 상앙을 기용하여 풍속을 바꾸고 국가와 인민을 부강하게 만드는 신법을 실행하셨습니다. 대외적으로는 초·위를 물리쳐 땅을 천 리나 넓히셨기에 진은 강대해졌습니다. 혜왕께서는 장의(張儀)의 계책을 받아들여서 6국의 합종책을 깨고 각국에게 진에 복종하도록 압박했습니다. 한편 소왕께서는 범수를 기용하여 귀족들의 역량을 약화시켜 왕권을 강화하고 제후들을 잠식하여 진의 제업을 이루셨습니다. 이 네 분의 국왕은 모두 객경을 기용하여 진에 공헌케 했습니다. 객경이 진에 무엇을 잘못했단 말입니까? 만약 네 분 국왕께서도 축객령을 내리셨다면 진은 부귀는커녕 강대국이란 이름도 얻지 못했을 것입니다.'

둘째, 유능한 인재는 진주·보물·미녀·좋은 말 등보다 훨씬 더 중요하다는 점을 강조했다. 이에 관련하여 이사는 다음과 같이 말했다. '왕께서 지금 가지고 계시는 진주나 보배 따위는 모두 진나라에서 나지 않는 것들입니다. 미녀와 좋은 말 그리고 재물도 동방 여러 나라에서 가지고 온 것들입니다. 이런 것들은 동쪽 서쪽에서 가져다 쓰면서 어째서 객경들은 내쫓으려 하십니까? 보아 하니 대왕께서는 이런 것들만 중시하고 객경들은 중요하게 여기시지 않는 것 같습니다. 이렇게 하시면 결과적으로 다른 나라의 힘만 키우고 진의 통일대업에는 불리할 것입니다.'"

진나라 왕은 웅대한 지략과 재능을 지닌 인물이었다. 그는 이사의 "사람을 쓸 때는 오직 재주만을 봐야 한다(用人唯才)"는 논리를 받아들여 반포했던 축객령을 취소하였고, 그리고는 다시 이사를 중용하여 그를 정위(廷尉)로 발탁하였으며, 시비를 분명하게 가려서 과감하게 이사의 건의를 받아들였다. 축객령의 취소는 진나라에서 아주 큰 작용을 일으켰다. 진시황은 객경들을 받아들이고 기용하는 정책을 견지하여 수많은 인재들을 불러들였다. 역사 기록에도 보이는 유명한 왕기(王齮) · 모초(茅焦) · 위료(尉繚) · 왕전(王翦) · 왕분(王賁) · 이신(李信) · 왕리(王離) · 몽염(蒙恬) 등이 모두 외국에서 온 객경 출신들로, 그들은 모두 제각기 진나라의 정치 · 경제 · 군사 · 외교 · 문화 방면을 발전시키는 데 탁월한 공을 세웠다. 이는 결국 중국을 통일하는 사업에 중대한 기반을 제공하게 됐던 것이다.

기타 장소에서도 마오쩌둥은 '법가'인 이사에 대해 매우 높은 평가를 하였다. 1964년 8월 30일 베이징에 소재한 중남해(中南海)에서 담화하는 도중 그는 다음과 같은 말을 한 적이 있다.

　"진시황을 지원해준 사람이 이사이며, 사상은 순자 일파에 속해 있었지요. 법후왕(法后王 : 법 다음에 왕이다)을 주장했는데, 후왕이란 바로 제환공(齊桓公) · 진문공(晉文公)을 말하고 진시황도 이에 속했습니다."

1965년 6월 13일, 마오쩌둥은 중국을 방문한 월남의 지도자 호치민과의 대화에서 다시 공자, 맹자, 군자, 진시황 그리고 이사 등의 중국 역사인물들을 언급했다.

> "맹자는 유심주의(唯心主義)자이고, 순자는 유물주의(唯物主義)자인데, 유가의 좌파에 해당하는 인문들이지요. 공자는 노예주와 귀족을 대표했고, 순자는 지주계급을 대표했습니다. 중국 역사에서 진정으로 일을 한 사람은 진시황입니다. 공자는 쓸데없는 말만 했기에, 사람들은 수천 년 동안 형식적으로는 공부자(孔夫子)를 따랐지만, 실질적으로는 진시황을 따라 일을 처리했습니다. 그렇게 될 수 있었던 것은 진시황이 법가이자 순자의 학생인 이사를 등용했기 때문이었습니다."

마오쩌둥은 이사가 중국역사상에서 이룩한 공헌을 매우 칭찬하면서 매우 긍정적인 평가를 내렸다. 이는 그가 만년에 "법가를 찬양하고 유가를 폄하다(揚法抑儒)"는 말처럼 유가와 복고(復古)에 대해 비판했던 사상경향과 매우 밀접한 관계가 있는 것이다.

중국역사상, 진시황은 이사를 등용하여 승상으로 만들어 여섯 나라를 통일한 후, 병기를 없애고 금서를 태우고, 유자(儒士)를 묻고, 문자를 통일시키는 등 일련의 조치들을 취했는데, 모두 이사의 건의 아래 실시된 것이었다. 진시황이 죽은 후에 진나라 2세(世)인 호해(胡亥)가 제위를 계승했는데, 이때 이사는 조고(趙高, 중국 최악의 환관으로 평가받고 있는 정치가—역자 주)에게 모함을 당해, 함양성(咸陽城) 안에서 요참(腰斬)을 당하고 그의 삼족이 죽임을 당했다(夷三族).

-시평-

이사는 진나라를 도와 매우 큰 공을 세웠는데, 그 포부가 예부터 지금까지 전해지고 있고

(李斯相秦建殊勳, 施展抱負論古今)

간축객서를 올려 축객령을 철회시키고, 군주에게 묘책을 올려 사람들이 칭송하며 우러르네

(上書取消逐客令, 君前獻策人稱尊)

글자를 통일시키고 수레의 바퀴를 같게 하였으나, 조고에 굴복하여 남긴 환난의 상처는 깊기만 하네

(書同文子車同軌, 屈服趙高遺患深)

하루아침에 죄인의 신분으로 떨어지고, 죽음에 이르러 억울함에 탄식하며 동문에 버려지도다.

(一朝被人囚階下, 臨死枉嘆蔡東門)

5. 인간은 압력을 받아야 진보한다는
장의(張儀)와 소진(蘇秦)의 언변술

1960년 12월 26일은 마오쩌둥의 만 67세 생일이었다. 생일 하루 전에 수많은 친척과 친한 지인들이 중남해(中南海 : 자금성 서쪽의 호수) 풍택원(豊澤園)에 모여 그에게 생일을 축했다.

마오쩌둥은 친한 사람들이 모이자 매우 기뻐했다. 그는 웃으면서 당당하고 차분하게 그들 모두와 대화했다. 그는 사람들이 참가하고 있는 각 단위의 정풍운동(整風運動 : 1940년대부터 중국공산당이 벌였던 정치문화운동, 마르크스-레닌주의 교육운동으로 1942년, 1950년, 1957년 세 번 행해졌다, 이중 1942년 연안[延安]정풍운동이 가장 유명하다−역자 주)에 대한 상황을 이야기하면서, 전국시대의 유세가(遊說家)인 소진(蘇奏)과 장의(張儀)의 예를 들면서, 우리는 당연히 정풍운동 중 겪어야 할 시련을 잘 견뎌내야 하고, 비판 또한 잘 수용할 수 있어야 한다고 이야기 하면서 다음과 같이 말했다.

 "오늘 우리가 같이 밥을 먹는 것과 같이, 모두가 단결하는 모습이 매우 보기 좋습니다. 우리 함께 정풍을 검사하고 비평해 봅시다. 우리는 단결해야 한다는 소망으로부터 시작하여 비평 혹은 투쟁을 통해 문제를 해결하여 새로운 기초위에서 새로운 단결을 이뤘습니다. 비평은 곧 도움이자 인간에게 이로운 일입니다.

 옛날에 소진과 장의라는 인물이 있었는데, 두 사람 모두 귀곡자(鬼谷子) 선생의 학생입니다. 귀곡(鬼谷)이란 한 지방을 말하는데, 그곳에 한 명의 선생님이 있어 그를 귀곡자라고 불렀습니다. 후에 소진은 조(趙)나라 한단(邯鄲)에서 재상을 지냈는데 한단을 여러분들은 가본 적이 있습니까? 한편 장의는 초(楚)나라에서 작은 관직을 담당하고 지냈는데, 어느 날 초나라 재상이 아끼는 보석(寶玉)을 잃어버리자 장의가 훔친 것이라고 의심했습니다. 그래서 그를 매우 포악스럽게 때리고 이빨을 모두 뽑아버렸습니다. 그 때는 의치(義齒)를 할 수 없었던 때였지요! 장의는 집에 돌아와서 부인을 불러 입안에 혀가 있는지 없는지를 살펴보게 했습니다. 그의 부인이 아직 혀가 있다고 하자, 그는 그럼 그다지 대수롭지 않다고 했습니다. 그는 소진을 만나려고 한단으로 달려갔습니다. 가자마자 초대소(招待所)에 들어가 머물렀습니다. 아마 북경호텔 같은 종류의 숙소인 것 같습니다. 그러나 그는 소진의 얼굴을 며칠 동안 보지 못했습니다. 후에 소진은 그에게 식사를 하자고 청했는데, 장의가 소진의 관아(衙門)에 도착하여 보니 음식이 풍성하게 차려져 있었고 매우 호화로웠습니다. 소진은 가운데 높은 곳에 앉아 각국의 사절을 접대했고, 체르보넨코(契爾沃年

科)[47]도 있었습니다. 당연히 요리는 우리가 오늘 먹는 것보다 보다 매우 풍성했을 겁니다. 하지만 소진은 장의를 낮은 곳의 구석에 자리하게 하여 하인이나 먹는 음식을 그에게 주었습니다. 이에 장의는 크게 화가 났습니다. 그러나 단지 '소진 이 '개자식(王八蛋)[48] 이 나를 멸시해……' 등등 입에 거품을 물고 속으로 욕만 할 뿐이었습니다. 북경호텔에 돌아온 장의는 여전히 화가 치밀어 올라 얼굴이 상기되어 있었지요. 북경호텔의 사장이 그의 이런 모습을 보고 그에게 물었습니다. "장 선생님! 안색이 너무 안 좋아 보입니다. 무슨 화나는 일이라도 있으셨습니까?" 그러자 장의는 '당연히 화가 나지요! 소진은 나와 동문수학한 사이인데, 오늘 소진이 나를 푸대접하는 게 아닙니까?'라고 하면서, '소진은 정말 정도 없고 의리도 없는 개자식이네요'라고 했습니다. 이에 사장이 말했지요. "그러면 선생은 이제 조나라에 더 이상 머무실 수가 없겠네요

---

47) '契爾沃年科, Chervonenko', 당시의 주중 소련대사

48) 유명한 고사 관포지교(管鮑之交)의 주인공인 관중이 지은 『관자(管子)』의 〈목민편(牧民篇)〉을 보면 나라를 버티게 하는 네 가지 덕목이 나오는데, 사유(四維)라고 하는 예(禮)·의(義)·염(廉)·치(恥)가 바로 그것이다. 이 넷 중에 하나가 없으면 나라가 기울게 되고, 둘이 없으면 나라가 위태롭게 되며, 셋이 없으면 나라가 뒤집어지고, 모두 없으면 그 나라는 파멸을 면하지 못하게 된다고 했다. 이처럼 예의염치는 나라를 존재케 하는 가장 중요한 기본 덕목인 것이다. 이 사유에다 효(孝)·제(悌)·충(忠)·신(信)의 네 가지 덕목을 합쳐서 '팔덕(八德)'이라 하는데, 사유가 나라를 유지하는데 지켜야 할 네 가지 기본 덕목이라면, 팔덕은 인간관계에서 반드시 지켜야 할 기본 덕목인 것이다. 중국에서는 예로부터 팔덕을 망각한 자를 망팔(忘八)이라 하여 인간으로 취급을 하지 않았다. "망(忘)"이 중국에서 가장 흔한 성씨인 "왕(王)"과 발음이 같아 그런 사람을 "놈"이라는 뜻의 한자인 "단(蛋)"을 덧붙여 "왕팔단(王八蛋-중국식 발음 : 왕빠딴)"이라고 한 것이 오늘날에도 중국에서는 가장 심한 욕(辱) 중에 하나로 사용되고 있다. 중국은 욕에도 철학이 깃들어 있음을 중시해야 할 것이다.

그려!" 그러자 장의가 말했지요. "당연히 머물 수 없지요, 바로 떠나야지요!" '사장'이 물었습니다. "그럼 어디로 가실 겁니까?" 그러자 장의는 "그건 아직 생각해보지 않았습니다. 상관없어요. 일단 떠나고 보겠습니다!" 사장이 말했습니다. '생각해 보니까, 갈 곳이 진(秦)나라 밖에 없을 듯합니다.' 장의가 생각해보니 그 말이 맞는 것 같아 떠나려 하자, 사장이 같이 가자며 그를 데리고 진나라로 갔습니다. 가는 길이 멀어 현재 시세로 따지면 삼~사십 만 원(元貨)의 비용이 들었다고 합니다! 진나라에 도착하여 그들은 또 진나라 왕을 만나기 위해 연줄을 동원하고, 뇌물을 주고, 옷을 선물하는 등 하다보니 다시 사~오십 만원을 사용해야 했습니다. 이후 장의가 진나라의 재상이 되자, 그 북경호텔의 사장은 그에게 돌아가겠다고 하면서 그에게 이후에 무엇을 할 계획이냐고 물었습니다. 이에 장의는 여전히 몹시 화난 얼굴을 하며 소진을 언급하면서 일이 년 내에 반드시 출병하여 조나라를 공격할 것이라고 했지요. 그러자 사장이 그를 보면서 사실을 말해주었습니다. '사실 조나라 재상 소진은 좋은 사람입니다. 그때 소진이 당신을 화나게 한 까닭은 일부러 그런 것이었습니다. 당신이 조나라에서 안주하여 앞으로 나가려 하지 않아 큰일을 하지 못할까봐 두려웠던 겁니다.' 소진은 이미 장의가 인재라는 것과 능히 큰일을 할 수 있을 거라고 알고 있었던 것이지요. 만약 장의가 조나라에서 소진에게 의지하고 지냈다면, 장의는 단지 '과장' 정도의 직책에 오르는 데 그쳤을 겁니다. 장의가 진나라에 가도록 한 계획과 그에게 모든 비용을 준 것 또한 모두 소진이 시킨 것이었지요. 장의는 이를 듣고 나서야 비로소 모든 것을 깨닫게 되었습니다. 사장이 이어서 또 말했습니다. '소진은 단지 당신이 진나라 재상이 되면, 십오 년 동안은 출병하여 조나라를 공격하지 않기를 희망할 뿐입니다!' 이를 듣고 장의가 말했습니다. '소진이 살아있는 동안은 결코 출병하여 조나라를 공격하지 않겠소이다'라고 말입니다.

이는 하나의 고사(故事, 이야기)에 불과합니다. 여러분들이 볼 때 소진이 장의를 대한 것이 호의적이었다고 하겠습니까? 아니면 악의적이었다고 하겠습니까? 우리들 사이에서도 비판과 도움은 모두 호의적인 것입니다. 설령 어떤 비판은 악의적일지라도, 들을 필요가 있음을 이 이야기를 통해 분명히 알 수 있을 겁니다. 다시 말해 압력을 가해야만 발전하는 것이 인간입니다. 기름은 짜야 나오는 것처럼, 여러분들에게도 압력을 가하지 않으면 기름이 나오지 않는 법입니다. 인간은 압력(비판)이 없으면 진보할 수 없습니다.[49]

마오쩌둥의 이 이야기는 모두를 크게 일깨우고 상기시키게 했다. 그의 이야기에서 언급된 소진과 장의는 전국시대의 인물이다. 전국시대 후기 나날이 강성해 갔던 진나라는 다른 6개 나라에 매우 큰 위협이 되었다. 그래서 제(齊)·초(楚)·연(燕)·한(韓)·조(趙)·위(魏)의 6나라는 적극적으로 '합종(合從)'하는 책략을 수용하여 진나라와 맞서고 있었다. 이에 진나라는 '연횡(連橫)'의 방법을 취해 각개 격파하기 쉽도록 6국의 통일전선을 무너뜨리고자 했다. 그리하여 '합종'·'연횡'은 당시 각 나라간의 정치·외교에 있어서 중요한 주제가 되고 있었다. 이 기회를 이용하여 유세에 능한

---

49) 『當的文獻』, 1993년 제4기.

수많은 사람들이 잇달아 각국의 군주들에게 가서 이 두 가지 종류의 주장을 가지고 의견을 피력하면서 자신을 선전했으니, 이런 유세에 능했던 사람들을 '종횡가(縱橫家)'라고 불렀다. 그중에서 가장 대표적인 인물이 소진과 장의였던 것이다.

-시평-

웅변지사는 장의를 추천하고, 유세의 대가는 바로 소진이라네
(舌辯之士推張儀, 遊說大家屬蘇秦)
육국이 합종하여 통일을 이루니, 각개격파를 위해 매우 고심토다
(合從六國成一統, 各個擊破苦用心)
인간이란 압력 없이는 진보하기 어렵고, 투지를 불러 일으켜서 계책을 깊이 쌓이게 하네
(人無壓力難進步, 激發鬪志蓄謀深)
비판을 받아들이면 일이 좋게 될 것이라고, 지도자는 옛 이야기를 빌려 현재를 말하네
(接受批評爲事好, 領袖借古話當今)

6.『좌전(左傳)』을 인용하여 전쟁을 말하다

－난리를 일으키는 주모자를 제거하지 않으면 나라가 태평할 수 없다[50]

1936년 12월, 마오쩌둥은 중국 옌안(延安)에서『중국혁명전쟁의 전략문제(中國革命戰爭的戰略問題)』라는 한편의 글을 썼다.

그는 글에서 이렇게 말했다.

"춘추시대(春秋時代)에 노(魯)나라와 제(齊)나라가 전쟁을 하는데, 노나라의 장공(莊公)이 처음에는 제나라의 군대가 지치기를 기다리지 않고 바로 출전하려 하였으나, 조귀(曹劌 : 춘추시대의 노국대부, 유명한 군사전략가)가 이를 막고 '적이 지치기를 기다려 공격한다(敵疲我打)'는 전략을 수용하여 제나라 군대를 이겼다. 이는 중국 전쟁사 중에 약한 군대가 강한 군대를 이긴 유명한 전쟁 사례가 되었다. 이에 대해서 역사학자인 좌구명의 기술을 보도록 하자!

---

50) 慶父不死, 魯難未己 : 두 임금을 시해하고 내란을 일으킨 경보(慶父)가 죽지 않으면 노나라의 혼란은 끝나지 않는다.

　춘추시대, 제나라의 군대가 우리 노나라를 침략하자, 장공이 이에 바로 응전하려 하니 조귀가 장공을 뵙기를 청하였다. 그때 그의 고향사람이 이렇게 물었다. '높으신 분(관리)들이 알아서 작전을 수립할 터인데, 당신은 왜 참견하려 합니까?' 그러자 조귀가 말했다. '높으신 분들은 그 식견이 낮아 큰 계획을 수립할 수 없소이다.' 그리하여 마침내 조귀는 장공을 만나게 되었다. 조귀가 장공을 만나 물었다. '공께서는 어떻게 전쟁을 치르려 하십니까?' 장공이 대답하였다. '백성들과 함께 할 것이오. 의복과 양식 등을 나는 지금까지 혼자 사사로이 취하지 않고 반드시 사람들(신하)에게 나누어 주었소이다.' 이에 조귀가 말하였다. '그런 작은 은혜는 백성들에게 널리 퍼지지 않아 공의 명령에 복종하여 따르지 않을 것입니다.' 장공이 이에 다시 답했다. '그럼 신과 함께 할 것이오. 수많은 각종 제물을 바치고 진실한 마음으로 제사를 지냈으니 반드시 신이 보살펴 줄 것이오!' 그러자 조귀가 다시 말했다. '그건 매우 작은 믿음일 뿐입니다. 신의 도움을 받을 수 없을 겁니다.' 장공이 다시 말했다. '그럼 공정한 재판에 걸 것이오. 나는 크고 작은 일을 가리지 않고 공정하게 사실에 근거하여 판결하였소이다!' 이에 조귀가 대답하였다. '이는 공께서 본분을 다한 것이라 할 수 있습니다. 이것으로써 제나라와 일전을 치를 수 있겠습니다. 전쟁이 벌어진다면 저를 데려가 주십시오!' 장공이 조귀를 전차에 태우고 노나라의 장작(長勺)에 도착하여 제나라 군대와 전쟁을 시작하려고 북을 치려고 하자, 장귀가 말했다. '아직 안 됩니다.' 제나라가 북을 세 번 치자 장귀가 말했다. '지금입니다. 북을 치고 진군하십시오.' 결과 제나라의 군대가 무너졌다. 장공이 제나라 군

대를 추격하려 하자 조귀가 다시 말했다. '아직 안 됩니다.' 그가
전차에서 내려 제나라 군대의 흔적을 살피고, 차에 올라 제나라
군대의 진형을 살피더니 말했다. '이제는 추격해도 됩니다.' 그리
고는 제나라 군대를 추격했다. 전쟁에서 승리한 후 장공이 그 이
유를 묻자 조귀가 답하였다. '전쟁이란 용기가 필요합니다. 첫 번
째 북소리는 병사들의 용기를 진작시킨 겁니다. 두 번째 북소리에
병사들의 용기는 하락하기 시작합니다, 세 번째 북소리에는 병사
들의 용기가 다 사라져 버립니다. 적군의 용기가 사라지고 아군의
사기가 충천할 때 전쟁을 해서 그들에게 승리한 것입니다. 대국인
제나라는 추측하기가 매우 어려워 매복이 있을까 두려웠습니다.
저는 그 후퇴하는 모양이 매우 혼란스럽고, 그들의 깃발이 쓰러진
것을 보고서야 명령을 내려 그들을 추격한 것입니다!'

당시 중국은 약국이 강국에 저항하는 시대였다. 위의 고사에서
는 전쟁 전에 해야 하는 정치적인 준비에 대하여 지적하고 백성
(民)을 믿어야 한다고 제시했다. 반격으로 전환하는데 도움이 되
는 전장에 대하여 서술하면서 '장작(長勺)'이라 하였고, 반격을 시
작해야 하는 시기에 대하여 서술하면서 '적군의 용기가 사라지고
아군이 사기가 충만했을 때(彼竭我盈之時)'라고 했다. 그리고 추
격을 개시해야 할 시기에 대하여 서술하면서 '후퇴하는 모양이 매
우 혼란스럽고 깃발이 쓰러졌을 때(轍亂旗靡之時)'라 했다. 비록
큰 작전은 아니었지만, 이는 곧 전략방위의 원칙에 대하여 말한 것
이다. 중국의 전쟁사 중 이와 같은 원칙으로 승리한 사례는 매우
많다. 초나라와 한나라의 성고전쟁(楚漢成皐之戰), 신나라와 한나

라의 곤양전쟁(新韓昆陽之戰), 원나라와 조나라의 관도전쟁(袁曹官渡之戰), 오나라와 위나라의 적벽전쟁(吳魏赤壁之戰)[51], 오나라와 촉나라의 이릉전쟁(吳蜀彝陵之戰), 진(秦)나라와 진(晉)나라의 비수 전쟁(秦晉淝水之戰)[52] 등은 매우 유명한 전쟁이다. 쌍방의 국력이 동일하지 않고 한쪽이 많이 열세였던 위의 전쟁들 모두가 상대적으로 열세인 나라가 '먼저 한발 양보하고, 후에 공격하여 적을 제압(先讓一步, 後發制人)하는 방식'을 취해 전쟁에서 승리했던 것이다.

우리 인민해방군의 전쟁은 1927년 가을부터 시작했다. 당시에는 근본적으로 경험이 없었기 때문에 남창(南昌)봉기와 광주(廣州)봉기는 실패했다. 그리고 호북성, 강서성 그리고 호남성 변경에서 일어난 추수(秋收)봉기(1927년 9월 9일 마오쩌둥이 호남동부와 강서 서부에서 농민혁명군을 이끌고 일으킨 봉기) 때의 홍군([紅軍 : 中國工農紅軍]은 중국 토지혁명 전쟁시기에 중국공산당

---

51) 적벽전쟁은 삼국시기의 동오(東吳)와 조조가 장강연안의 호북지방 적벽 일대에서 치룬 전쟁이다. 서기 208년 조조는 50만 또는 85만이라고도 하는 대군을 이끌고 동오의 손권을 향해서 진격했다. 이에 손권은 3만 군대를 출병시키고 조조의 적인 유비와 연합한다. 북방의 조조 군이 수전에 약하다는 점과 조조군에 퍼진 질병을 이용하여 대응했다. 그리고 화공의 방식을 사용하여 조조군의 선박을 태워버려, 결국 조군이 대패하게 하여 회군시켰다.

52) 비수전쟁은 동진(東晉)의 사현(謝玄)이 군을 이끌고 안휘 비수 일대에서 강적 전진(前秦)의 군대를 물리친 전쟁이다. 서기 383년 진나라 왕 부견(符堅)이 보병 60만, 기병27만, 중군 경호 기병대 3만 등 90만의 대군을 이끌고 동진으로 진공했다. 동진은 이에 사현에게 명을 내려 8만의 군대로 대적하게 했다. 양군은 비수를 사이에 두고 대치를 하게 되는데, 동진은 전진의 오만함을 이용하여 전진에게 하나의 장소를 비워 양군의 교전장소로 하자고 하며 군대의 철수를 요구했다. 전진이 군대를 뒤로 물리자 동진군대는 강을 건너자마자 공격해서 전진의 대군을 물리쳤다.

이 이끈 인민군대)도 몇 번을 패한 뒤에 이동하여 호남성, 강서성 변경의 정강산(井岡山)에 도착했다. 다음해 4월 남창봉기 실패 후 남아있던 부대 역시 호남성 남부를 지나 정강산에 도착했다. 비록 이 봉기들은 실패하였으나, 이때 이미 1928년 5월부터 당시 상황에 적응한 소박하고 작은 유격전쟁의 기본원칙이 나타나기 시작했다. 그것이 바로 소위 '적군이 진격하면 아군은 후퇴하고(敵進我退), 적이 머물면 아군이 방해하고(敵駐我擾), 적이 지치면 아군이 공격하고(敵疲我打), 적이 후퇴하면 아군이 추격한다(敵退我追)'는 16자 전략이다. 이 16자의 군사 원칙은 '립삼로선(立三路線 : 1030년 중국공산당 내 '李立三[1899년11월18일 출생~1967년 6월 22일 사망]'으로 대표되는 좌경모험주의)' 이전에 공산당 중앙에서 공인된 것이다. 이후에 우리의 작전원칙은 한층 더 발전 하였다. 그리고 강서(江西)의 근거지에서 일어난 '제1차 반(反) 위초(圍剿 : 국민당이 전개한 포위 섬멸작전)' 작전 때에 이르러서는 '적을 유인하여 깊숙이 끌어 들인다(誘敵深入)'는 전략을 제시하고 이를 응용하여 성과를 거두었다. 공산당은 국민당의 제3차 위초작전에서 승리하기를 기다려, 홍군의 작전원칙을 전체적으로 형성하였다. 이때는 군사원칙이 새로운 발전단계에 이르는 시기인데, 그 내용이 크게 풍부해지고 형식도 많은 변화가 있었다. 이중 가장 중요한 것은 이전의 소박함은 초월하였으나, 그 기본원칙이 여전히 이 16자 전략원칙을 따랐다는 것이다. 그러므로 이 16자 전략이 '반위초(反圍剿)'의 기본원칙에 내포되어 있으며, '전략적 방위'와 '전략적 공격'이라는 두 가지 전략을 망라하고 있다. 그리고 또 방위전쟁을 펼칠 때에도 '전략적 후퇴'와 '전략적 역습'의 두 가지 전략을 총괄하고 있다. 이렇게 이후에 나온 모든 전략은 단지 이 '16 자 전략'을 발전시킨 것이다."

마오쩌둥이 문장 중에서 인용한 "제와 노의 장작에서의 전쟁"은 『좌씨춘추(左氏春秋)』에서 가져온 것이다. 이 『좌전』은 한편의 독립적인 의의를 가지고 있는 역사 대작이다. 그 글자 수는 거의 20만 자에 달하는데, 그 주요 내용이 200여 년간의 춘추시대의 사회 현실을 객관적이고 정직하게 반영하고 있다. 『좌전』에는 당시 각 제후국의 정치, 군사 그리고 외교 등 방면의 내용이 생동감 있게 서술되어 있고, 동시에 당시의 사회 풍속, 천도(天道), 귀신, 화복(災祥), 복서(卜筮), 제사, 관혼상제(婚喪嫁娶), 그리고 예법과 의식(儀式) 등의 기록과 수많은 주옥같은 고대신화 전설 또한 기록되어 있다.

문학적인 측면에서 바라볼 때 『좌전』은 매우 높은 예술적 성과가 있는 작품이다. 『좌전』은 사건의 서술이 간결하고 생동감이 있으며, 희극적 요소 또한 매우 풍부하다. 그리고 선명하게 인물들의 형상에 대해 묘사했고, 전형적인 정서가 갖추어져 있다. 『좌전』은 전쟁에 대한 묘사가 능숙하게 되어 있으며, 사건 서술이 차례로 구성되어 있고, 핵심을 잘 파악하고 있고, 편집을 잘했으며, 짜임새가 치밀하고, 구조가 매우 좋다. 말하고자 하는 핵심내용을 확실하고 조리 있게 주장하고 있다. 또 『좌전』은 상상력이 풍부하고, 창조성이 풍부하다. 서술하고 있는 역사인물에 대한 기본적인 특징을 파악하는데 능숙하고, 소박하고 간결한 언어를 구사하여 역사의 현실적인 이미지를 구현했다. 이와 같이 독자적인 경지에 이른 이 창작방법은 역사학 그 자체가 가진 한계를 초월했고, 작자의 특출한 예술적인 재능을 표현했으며, 문학과 역사가 결합한 전형적이고 모범적인 작품이 되었다.

이것이 아마도 마오쩌둥이『좌전』을 좋아하게 된 하나의 원인이기도 할 것이다.

마오쩌둥이 발표한『중국혁명전쟁의 전략문제』에서 "전략적 퇴각(戰略退却)"을 언급할 때『좌전』중의『조귀론전(曹劌論戰)』을 인용한 것은 '전략적인 퇴각'을 분명하게 밝히는 것에 목적을 두고 있다. 이는 표면상으로는 "먼저 한발 양보한다"라고 볼 수 있고, 실제로 채택한 것은 "후에 공격하여 적을 제압한다"는 책략이었다. 그의 글 뒷부분에 이야기한 "적군이 진격하면 아군은 후퇴한다(敵進我退)"는 전략과 같은 것이다. 그리고 이후 아군이 유리한 시기를 잡기 쉽도록 "적이 머물면 아군이 방해하고(敵駐我擾)", "적이 지치면 아군이 공격한다(敵疲我打)"는 두 가지 전략을 실행한 것이다. 최후에는 전쟁의 승리를 쟁취하기 위하여 "적이 후퇴하면 아군이 추격한다(敵退我追)"의 전략을 실시했다.

1949년 1월 28일 마오쩌둥은 서백파(西柏坡 : 중국 하북성 석가장시 산현 중부에 위치)에서 '중국공산당발언인(中共發言人)'의 이름으로『중국을 침략한 전 일본군총사령관 오카무라 야스지(岡村寧次)와 국민당 내전범죄자의 체포를 국민당(國民黨)정부에게 다시 명령한 것에 관한 담화』를 발표하면서 국민당 남경정부에 대해 엄중하게 아래와 같이 요구했다.

"일본인 전범자인 오카무라 야스지를 제외하고, 당신들은 즉시 손을 움직여 반드시 내전 범죄자를 체포해야 한다. 먼저 작년

12월 25일 '중국공산당 권위인사 성명' 중에 밝힌 남경, 상해, 봉화(奉化), 대만 등에 있는 43인의 범죄자를 체포해야 한다. 그중 가장 큰 범죄자는 장개석(蔣介石), 송자문(宋子文)[53], 진성(陳誠)[54], 하응흠(何應欽)[55], 고축동(顧祝同)[56], 진립부(陳立夫), 진과부(陳果夫), 주가화(朱家驊)[57], 왕세걸(王世杰)[58], 오국정(吳國楨)[59], 대전현(戴傳賢)[60], 탕백은(湯伯恩)[61], 주지유(周至柔)[62], 왕숙명(王叔銘),[63] 계영청(桂永淸)[64] 등이다. 특히 장제스는 이미 도주하여 봉화에 있는데, 국외로 탈출할 가능성이 매우 크며, 미국 혹은 영국제국주의의 비호를 받을 것이다. 그러므로 우리는 반드시 빨리 체포해야 해야지 도주하게 해서는 안 된다. 사실이 이러하니 당신들은 완전히 책임을 져야 하며, 만약 도망가려는 낌새가 있다면, 반드시 도적으로 처리해야 하기 때문에 절대 관대해서는 안 되며, 사전에 미리 알려 주어서도 안 된다. 우리는 반드시

---

53) 송자문 : 국민당 재정부장, 행정부장, 외교부장, 주미특사
54) 진 성 : 국민당 군참모장, 당시 국민당정부 타이완성 주석.
55) 하응흠 : 국민당 참모장, 국방부장
56) 고축동 : 당시 국민당 군참모장
57) 진립부, 진과부, 주가화 : 국민당 CC파(중앙구락부)의 주요인사
58) 왕세걸 : 당시 국민당 정부 외교부장
59) 오국정 : 당시 국민당정부 상해시장
60) 대전현(대계도) : 장기간 장개석의 참모의 역할을 함, 국민당중앙상무위원
61) 탕백은 : 국민당이 남경 상해 항주의 전략방위를 위해 조직한 지휘기구(京滬杭警備)의 총사령관
62) 주지유 : 당시 국민당공군총사령관
63) 왕숙명 : 당시 국민당공군부사령관 겸 참모장
64) 계영청 : 당시 국민당해군총사령관

이런 전쟁 범죄자를 체포해야만 비로소 전쟁의 시간을 단축할 수 있으며, 인민의 고통을 줄 일수 있는 것이므로 진지하게 이 일을 해야 한다. 만약 전쟁 범죄자들이 계속 존재한다면 전쟁은 더욱 길어질 것이고 인민의 고통 또한 가중될 것이다."[65]

― 3월 23일 마오쩌둥은 중국공산당 중앙위원회를 따라서 서백파를 떠나 북평(北京)으로 향했다.
― 4월 4일 해방에 임박하여, 마오쩌둥은 북평신화사(新華社)를 통해『남경정부는 앞으로 어디로 가는가?』라고 하는 제목의 평론 글을 한 편 썼다.
그는 이 글에서 이렇게 지적했다.

"체포와 엄격한 처벌은 장강 이남에서 평화를 결사반대하고 평화회담을 적극적으로 파괴하며 인민해방군에 대한 저항을 적극적으로 준비한 반혁명 수뇌에 대한 것이다. '두 임금을 시해하고 내란을 일으킨 경부(慶父)가 죽지 않으면, 노나라의 혼란은 끝나지 않는다(慶父不死, 魯難未己)'는 고사처럼 전쟁을 일으킨 범죄자를 뿌리 뽑지 않으면, 나라는 결코 안정되지 않고 내일도 없을 것이다. 이러한 진리를 당신들은 아직까지도 모르는 것인가?"

이 글 중에 '경부불사, 노난미기(慶父不死, 魯難未己)'는『좌전·문공원년(文公元年)』의 다음 문장을 인용한 것이다.

---

65)『毛澤東選集』, 제4권, 人民出版社, 1991, 1397쪽.

  "제(齊)나라의 중손추(仲孫湫)가 노(魯)나라의 상황을 살피고
와서 제나라의 환공(桓公)에게 '만약 경부(姬慶父 : 魯桓公의 아들
魯庄公의 첫째 동생)가 죽지 않는다면, 노나라의 난리는 멈추지
않을 것입니다'라고 보고하자, 이에 공이 '그럼 어찌하면 그를 없
앨 수 있겠는가?'라고 묻자, 이에 중손추가 '난리가 끊임없으니 스
스로 자멸할 것입니다. 공께서는 그저 기다리시면 됩니다'라고 대
답하였다."

  '경부'는 춘추시대 노나라 환공의 아들로서 왕위를 찬탈하기 위
하여 연이어 두 명의 임금을 죽였는데, 이로 인해 노국의 내란이
끊이지 않았다. 그래서 그 시대의 사람들은 경부를 극도로 혐오하
고 미워하며 "경부불사, 노난미기(慶父不死, 魯難未已)"라고 했
다. 이는 마오쩌둥이 자신의 평론 글에서 언급한 '경부불사, 노난
미기'와 같은 말이었던 것이다.

  국민당 군대와 공산당 해방군이 치열하게 교전하고 있던 전국의
전장 중, 공산당의 인민해방군이 요심(遼沈), 평진(平津), 회해(淮
海) 등 3대 전역(1948년 9월부터 1949년 1월까지 인민해방군이
국민당정부와 벌인 3대 전쟁으로 이 3대 전역에서의 승리로 인해
인민해방군은 최종 승리의 초석을 마련할 수 있었다)에서 승리했
다. 이후 1949년 4월에 중국 공산당 백만 인민해방대군이 산을 밀
어내고 바다를 뒤엎어버릴 것 같은 거대한 세력으로 장강의 북쪽
연안에 병력을 배치하면서, 언제든지 도강(渡江)작전을 전개하여
국민당 남경정부(南京政府)를 향해 최후의 일격을 가할 준비를 한다.

  그해 4월 2일에 중앙군사위원회 대표 마오쩌둥이 해방군총전위

(解放軍總前敵委員會)의 덩샤오핑(鄧小平)과 천이(陳毅)에게 전보를 보내 모든 부대에게 전달하여 도강할 준비를 철저히 하라고 지시했다.

이때는 국민당 남경정부의 대리총통 리종런(李宗仁)이 파견한 회담대표단이 마침 북평에서 공산당과 접촉하여 다방면으로 교섭을 진행하고 있었는데, 이는 시간을 지연시켜 해방군이 도강하여 남하하는 것을 저지하기 위해서였다.

그해 4월 11일에 마오쩌둥은 4월 2일 해방군총전위의 덩샤오핑과 천이에게 보낸 도강지시의 전보에 기초하여, 제2야전군의 류바이청(劉伯承), 장지춘(張際春), 리다(李達)와 제3야전군의 수위(粟裕)에게 다음과 같이 전보를 보냈다.

"1. 리종런, 바이총시(白崇嬉)는 우리 군대가 안경(安慶 : 무한과 남경 사이의 도시)을 공격하지 말아 달라고 했다. 안경에 주둔하는 계군(桂軍 : 민국시기에 광서지역에 주둔하고 있었던 군대로 이후 이종인과 백숭희가 장악하고 있었다)이 철수하는 것을 기다릴 수도 있다. 이에 우리는 안경을 공격하지 않을 수 있다고 생각하고 있기에 안경의 수비군을 무한으로 철수토록 한다.

2. 담판의 상황에 따라서 우리군의 도강시기를 일주일 늦추는 것을 결정한다. 곧 15일 도강을 22일 도강으로 늦추는 것이다.

3. 앞으로 수일 동안(11일부터 16일까지) 각 부서에서는 '어떠한 전투도 있어서는 안 된다'는 명을 내린다(특히 무호(蕪湖)와 전강(鎭江)의 맞은편에서)."

4월 13일 저우언라이(周恩來)를 대표로 하는 중국공산당 대표단과 장즈중(張治中)을 대표로 하는 국민당 남경정부 대표단이 당일 저녁에 중공대표단이 제시한 평화협의 방안에 대하여 국민당과 공산당이 제1차 정식 담판과 토론을 진행하였다.

담판 진행 중에 저우언라이는 명백하게 장즈중 등의 국민당 측을 향해 말하였다. "당신들이 대표로 있는 국민당과 남경정부는 그 실패를 인정해야 한다. 그 실패가 정해졌음에도 불구하고, 어째서 아직도 국가와 국민을 연루시키고 있는 것인가?"

이후 양측은 이 방안을 자세하게 검토하고 협상하였고, 장즈중을 대표로 하는 남경정부 대표단이 저우언라이를 대표로 하는 중국공산당 대표단이 제시한 평화협의 방안에 대하여 수정안을 제시하였다. 그 중에는 40개가 넘는 수정 의견이 포함되어 있었다.

이에 중국공산당 측은 검토를 통하여, 장치중 등이 제시한 수정 의견 중의 대다수 의견을 받아 들였으며, 양측이 새롭게 방안을 기안하고『국내평화협정(國內和平協定)』의 "최후 수정안"을 작성했다.

4월 14일 담판 상황과 그것으로써 얻어낸 담판성과를 고려하여, 마오쩌둥은 도강작전을 담당하고 있는 해방군전선의 지휘부에 아래와 같이 전보를 보냈다.

"장즈중 등은 원칙적으로 우리의 방안을 수용한다는 표시를 했다. 단지 개별적인 문제에만 의견이 있을 뿐이다. 다만 리종런과 바이종시 등이 미국과 장제스의 간섭을(이런 종류의 간섭은 현재 이미 심해지고 있다.) 거절하는 것에 대한 요구를 받아들일지 아닐지는 여전히 자신할 수 없다……."

이 때문에 마오쩌둥은 그들에게 이렇게 지시했다.

"많은 것을 고려하여 준비를 잘해야 한다."

4월 16일 마오쩌둥은 재차 전선지휘관(前線指揮員)에게 전보를
보냈다.

"남경이 협정에 동의할지 안 할지는 미국 정부와 장제스의 태도
에 달려 있다. 만약 그들이 수용한다면 곧 4월 20일에 서명할 수
있다. 그렇지 않으면 담판은 곧 결렬될 것이다.

당신들의 입장이 담판결렬은 곧 작전을 전개하여 도강해야 하
는 상황이 될 수 있기에, 22일에 일제히 도강에 성공해야 한다.

20일 이전에 우리 군이 언제 강을 건널지는 완전히 우리 측의
선택으로서 어떠한 약속도 받아들이지 않는다.

총전위의 모든 부서는 완전히 동의해야 한다. 제2야전군과, 제
3야전군의 각 군대가 4월 20일 도강준비를 시작하고 22일 총공
격을 시작한다. 단숨에 끝까지 싸워 도강의 임무를 완수한 이후에
는 다시 작전과 전략의 일시적 중단을 고려하고 다음 행보를 결정
한다.

당신들은 곧 이 총 작전계획에 따라 단호하고 철저하게 집행해
주길 바란다."[66]

---

66) 邸延生, 『역사의 진실―마오쩌둥과 그의 호위장(歷史的眞實―毛澤東和他的
衛士長)』, 新華出版社, 2006, 286쪽.

4월 20일 남경정부는 중공중앙위원회에 회답 전보를 보내,『국내평화협정』의 "최후수정안"을 계속해서 거부했다.

4월 21일 마오쩌둥은 중국 인민혁명군 군사위원회 주석의 명의와 중국 인민해방군 총사령관 주더(朱德)와의 공동성명으로 중국 인민해방군에게 『전국을 향해 진군하라는 명령』을 보내고, 다음과 같이 인민해방군에게 명령을 내렸다.

  "용기를 불러 일으켜 앞으로 전진한다. 단호하고 철저하게, 깨끗하고 상세하게 중국 내에 감히 저항하는 모든 국민당 반동파들을 섬멸하고, 전국의 인민을 해방시키고, 중국의 영토주권의 독립과 안전(완정)을 보호한다.
  용기를 불러 일으켜 앞으로 전진한다. 잘못을 뉘우칠 줄 모르는 모든 전쟁 범죄자들을 체포하고, 그들이 어떤 곳으로 도망칠지라도, 모두 체포하여 재판을 받게 하고, 법에 따라 처벌해야 한다. 특히 비적의 수괴 장제스는 반드시 체포해야 한다."[67]

4월 20일과 21일 이틀 간, 중국인민해방군 제3야전군으로 구성된 중(中)·동(東) 두 개의 군대가 각각 20일과 21일에 국민당이 방어 고수하던 강방(江防)방위선을 돌파 했다.

4월 22일, 마오쩌둥은 신화사에서 연달아 『나의 30만 대군으로 장강을 건너 남쪽에서 승리했다(我三十萬大軍勝利南渡長江)』,『인민해방군이 영국제국주의와 국민당 군 군함이 연합한 공격에 승리

---

67)『毛澤東選集』제4권, 人民出版社, 1991, 1451쪽

했다(人民解放軍戰勝英帝國主義, 國民當軍軍艦的聯合進攻)』, 『백만인민해방대군이 장강을 건너다(解放軍百萬大軍橫渡長江)』등 3편의 논평을 썼다.

4월 20일과 21일 그리고 22일, 이 3일 동안 서쪽의 강서호구(江西湖口)에서부터 동쪽의 강소강양(江蘇江陽)에 이르는 천리의 강변을 있는 전선 위에서 펼쳐진 전장에서, 중국인민해방군 제2, 제3야전군이 적절한 시기와 적절한 곳을 선택하여, 수많은 크고 작은 목선이 바람을 타고 풍랑을 헤치듯이 적군의 집중포화와 총의 숲과 총알의 비를 뚫고 세 방향으로 나누어 장강 횡단을 강행했다.

결국 국민당이 오랫동안 고심하여 수비한 장강방위선이 순식간에 와해되었다.

4월 23일, 인민해방군은 국민당의 통치중심인 남경을 점령하였고, 국민당정부의 22년 반동통치의 멸망을 선고했다.

그날 오후에 마오쩌둥은 북평의 향산쌍청(香山雙淸)에 위치한 별장에서 아래의 『인민해방군이 남경을 점령하다(七律 人民解放軍占領南京)』라는 시를 지었다.

"종산에 비바람 몰아치니 사태는 급박하게 돌아갔고, 백만의 용맹스런 군대는 양자강을 건넜다네.
　(鍾山風雨起蒼黃, 百万雄師過大江)
　영화롭던 남경 땅은 과거 속에 묻히고, 하늘은 뒤집히고 땅이 엎어지니 감개가 무량하기 그지없도다
　(虎距龍盤今勝昔, 天翻地覆慨而慷)
　마땅히 독려하여 잔당을 소탕함은, 허명에 사로잡혀 초패왕을

닮자는 것이 아니로세

(宜將剩勇追窮寇, 不可沽名學霸王)

하늘도 뜻이 있다면 그 역시 변화할 터, 인간의 바른 길이 변하

고 또 변해서 여기에 이르게 되었다네

(天若有情天而老, 人間正道是滄桑)

마오쩌둥은 이 시에서 인민해방군에게 "의장잉용추궁구, 불가

고명학패왕(宜將剩勇追窮寇, 不可沽名學霸王)"를 요구했고, 그

원인이 바로 "경부가 죽지 않으면 노나라의 난은 그치지를 않을 것

이다(慶父不死, 魯難未己)"와 "전범을 제거하지 않으면, 나라가

평안한 날이 없다(戰犯不除, 國無寧日)"고 하면서, 그 목적이 바로

"전쟁 시간을 단축하고, 인민의 고통을 줄이는 것"과 "전국의 인민

을 해방시키고, 중국 영토주권의 독립과 안전"에 있다고 하였고,

그 의의는 바로 "천약유정천역로, 인간정도시창상(天若有情天亦

老, 人間正道是滄桑)"에 있다고 했던 것이다.

-시평-

좌전을 인용하여 전쟁을 말하니, 먼저 일보를 양보한 후에 공격

을 하게나

(引用左傳說戰爭, 先讓一步后進攻)

이제까지의 전술은 하나가 되어, 적을 귀신과 같이 헤아려 모든

전쟁을 이겼으나

(古今戰術爲一體, 料敵如神百戰贏)

경부가 죽지 않으니 백성이 안정되지 못했던 것처럼, 전범이 제

거되지 않으니 국가가 편치를 못하네

　(慶夫不死民不靜, 戰犯不除國不寧)

　마땅히 독려하여 잔당을 소탕함은, 인간의 바른 길이란 변하고

또 변해야 한다는 뜻이라네

　(宜將剩勇追窮寇, 人間正道滄桑情)

7. 회의에서 후계자 양성을 강조하며 추천한

『전국책(全國策)』

1967년 1차 '중앙공작회의'에서 마오쩌둥은 연설 도중에 유향(劉向)이 쓴 『전국책 · 조나라편 · 촉롱이 조 태후에게 말하다(戰國策 · 趙策 · 觸龍說趙太后』를 진지하게 읽어볼 것을 요구했다. 그 내용은 다음과 같다

"이 글은 봉건제(封建制)가 노예제(奴隸制)를 대체하는 시점에서 지주계급(地主階級) 내부의 재산과 권력의 재분배(再分配)를 반영하고 있습니다. 이런 종류의 재분배는 끊임없이 진행되었고, 이는 또한 소위 '훌륭한 군자의 재산과 가풍도 몇 대가 지나면 사라진다'와 같은 의미입니다. 우리는 착취계급을 대표하는 것이 아니라 무산계급(無産階級)과 노동자 계급을 대표합니다. 그러나 만약 우리가 부주의하여 우리의 자녀 혹은 후대에 대하여 엄격하게 대하지 않는다면, 그들은 곧 변질되어 자본주의의 부활을 꾀할 수 있고, 무산계급의 재산과 권력이 곧 자산계급(資産階級)에게

빼앗기게 될 것입니다."[68]

마오쩌둥은 옛날의 고사를 빌려 현재의 상황을 설명하면서, 사람들이 반드시 다음 세대에게 엄격하게 교육할 것을 요구하도록 일깨웠으며, 무산계급 혁명사업의 후계자를 육성하는 것을 중시했다. 그는 일관되게 후대의 교육과 양성을 중시했다.

일찍이 마오쩌둥이 연안(延安)에 있을 때, 19년 동안이나 만나지 못했던 그의 장자 마오안잉(毛岸英)이 소련에서 그의 곁으로 돌아오자, 마오쩌둥은 오히려 그의 아들을 노동자 계급의 모범이 되도록 공부해야 한다면서, 중국의 '노동대학(勞動大學)'에 가서 공부하게 했는데, 거기에는 "수많은 책들을 통해서도 배울 수 없는 지식을 배울 수 있다"고 말했다.

신 중국 성립 초기에 한국전쟁이 발발하자, 마오쩌둥은 장남 마오안잉을 전장으로 급히 달려가도록 지시했고, 결국 안잉은 미군의 폭격에 의해 전사하고 말았다…….

1960년대 초는 중국의 국가경제가 매우 어려운 시기에 처해 있던 시기였는데, 마오쩌둥은 솔선수범하여 자신에게 엄격하였을 뿐만 아니라, 동시에 자신의 자녀에게도 엄격하였고, 중국의 전 인민들과 같이 동고동락했다…….

1964년7월 14일에『인민일보(人民日報)』의 편집부와『홍기(紅旗)』의 잡지편집부는 공동명의로『호루시초프의 거짓된 공산주의 및 그 세계 역사상에서의 교훈에 관하여』라는 공개편지를 발표했

68) 張貽欣,『毛澤東讀史』, 友誼出版社, 1991, 159~160쪽.

다. 이 글은 마르크스레닌주의의 관점과 이론을 적용하여, 어떻게 하면 "자본주의의 부활"과 "반수정주의(反修防修)"를 방지할 수 있는지를 설명했는데, 특히 다음과 같은 내용을 강조하였다.

"계급투쟁, 생산투쟁, 그리고 과학실험은 사회주의의 강대국을 건설하는 세 가지 항목의 위대한 혁명운동이다. 이것은 공산당원에게서 관료주의를 없애고, 수정주의와 교조주의를 피하게 하여, 불패의 땅에 영원히 서 있게 할 수 있는 확실한 보증수표이다. 이 것은 또한 충분히 무산계급이 확대된 노동자 무리와 연합하여 일어날 수 있게 함으로써 인민민주주의 독재를 실현케 하는 보증수표이다. 그렇지 않으면 지주(地), 부농(富), 반혁명자, 불량분자를 비롯한 온갖 추악한 것들이 일제히 뛰어나와, 수많은 사람들이 적과 나를 구분하지 못하고 상호 결탁하게 된다. 또 우리는 적들에 의해 타락하고 습격당하여 분열되고 와해되어 끌려 나가거나 침투 당하게 된다. 수많은 노동자와 농민 그리고 지식분자도 적의 강건 유화책에 당하여 끌려 다니게 된다. 그것은 매우 긴 시간이 소요되는 것이 아니라, 짧게는 몇 년 또는 십몇 년, 길게는 몇십 년이면 전국적 범위의 반혁명의 부활을 피할 수가 없다. 마르크스 · 레닌주의의 당은 반드시 수정주의의 당으로 변화될 것이고, 파시스트당으로 변하여 중국전체의 색깔을 변화시킬 것이다. 우리의 당과 국가의 변치 않는 색깔을 보존하기 위해서 우리는 확실한 방침과 정책이 필요할 뿐만 아니라, 수많은 무산계급 혁명사업의 후계자를 배양하고 육성시켜야 한다. 무산계급 혁명사업의 후계자를 배양하는 문제에 대하여 말하자면, 근본적으로는 앞 세대

무산계급 혁명가가 일으킨 마르크스 · 레닌주의 혁명사업의 뒤를
이을 만한 인재의 유무에 대한 문제이다. …… 마지막으로 우리의
자손과 후대가 마르크스 · 레닌주의의 올바른 길을 따라서 계속
전진할 수 있는가 하는 문제이기도 하다. 한마디로 말해서 이것은
우리 당과 국가의 운명을 건 생사존망의 매우 중대한 문제와 관계
가 있는 것이다. 바로 무산계급혁명사업의 백년대계, 천년대계 그
리고 만년대계를 이룩하는 문제이다. 제국주의의 예언자들은 소
련에서 발생한 변화에 근거하여 중국 또한 '평화로운 변화발전(化
平演變)'을 중국공산당의 제3대(代)와 혹은 제4대에 이르러서나
이룰 수 있을 것이라고 한다. 우리는 반드시 제국주의의 이러한
예언이 철저히 실패로 끝나게 해야 하며, 반드시 혁명사업을 위한
후계자의 양성과 배양을 위부터 아래까지, 언제나 끊임없이 중시
해야 할 것이다."

이 글의 대부분의 내용은 마오쩌둥이 친히 붓을 들어 써내려간
것으로, 이 글을 통해 그가 무산계급혁명사업을 위한 후계자 양성
에 얼마나 관심을 기울이고 있었는지를 알 수 있을 것이다. 혁명사
업을 위한 후계자의 배양과 육성을 중시해야 한다는 문제에 관한
이 글은 마오쩌둥이 1967년 중앙공작회의(中央工作會意)상에서
연설한 내용과도 일치한다. 여기서 그는 모두를 향해서 진지하게
'유향'이 지은 『전국책』 "조나라편, 촉룡이 조 태후에게 말하다"를
읽을 것을 추천했는데, 그 목적은 모두에게 엄격하게 후대를 교육
할 것을 요구하여, 앞 세대의 무산혁명가가 일으킨 혁명사업을 계
승할 후계자를 확보하는데 목적이 있다는 것을 잘 보여주고 있다.

이 『촉룡이 조 태후에게 말하다』라는 글의 내용은 다음과 같다.

"기원전 265년 전국시대 때, 조나라 혜 문왕이 붕어하고 그의 아들 효 성왕이 즉위했다. 혜 문왕이 자식을 늦게 얻는 바람에 효 성왕은 어린 나이에 왕이 되었다. 그래서 어린 왕을 대신하여 태후가 왕 노릇을 하고 있었는데, 여성이 조나라의 실질적인 권력을 누리는 것을 못마땅하게 여긴 진나라는 군대를 일으켜 공격을 해왔다. 이에 조나라는 제나라에 도움을 청했다. 그러나 제나라는 장안군을 인질로 보내야 조나라를 돕겠다는 전갈을 보내왔다. 장안군은 조나라 태후의 막내아들로 인물이 좋을 뿐만 아니라, 말도 잘 듣고 후덕해서 태후가 가장 총애하는 아들이었다. 죽을지도 모르는데 그런 귀한 아들을 어떻게 제나라로 보낼 수 있겠는가. 그러나 진나라 대군은 국경까지 접근해 오고 있었고, 제나라의 도움을 받지 못하면 조나라는 멸망할 수밖에 없었기 때문에 대신들은 몹시 초조했다. 모두들 돌아가며 태후에게 이해득실과 현재의 상황을 설명하고 이치를 논하면서 장안군을 제나라에 인질로 보내야 한다고 설득했으나 태후는 요지부동이었다. 어느 날, 좌사 촉룡이 태후를 만나러 갔다. 태후는 속으로 생각했다. '저놈이 감히 나를 설득하러 온 것은 아니겠지? 내가 침을 뱉는 것이 두렵지 않단 말인가? 저놈이 무슨 수를 쓰는지 어디 한번보자.' 그러나 그는 이것저것 안부만 물을 뿐 다른 대신들처럼 장안군을 제나라로 보내야 한다는 말을 꺼내지 않았다. 촉룡은 계속 태후와 일상적인 이야기를 나누고 그녀가 먹는 음식과 기거하는 곳이 어떤지 물어보았다. 태후는 다소 안심했다. '사실 소신은 태후마마께서 아들보다 딸을 더 소중히 여긴다고 생각합니다. 마마께서는 딸을 더 좋아하시지 않습니까?' '누가 그러는가? 내 아들들이 얼마나 귀엽고 말을 잘 듣는데……. 나는 딸보다 아들들을 더 좋아하네.' '부모가 자식을 사랑할 때는 당연히 자식의 장래와 먼 훗날을 고려해야 합니다. 자식의 장래와 먼 훗날을 고려한 사랑만이 진정한 사랑이라 할 수 있습니다. 마마께서는 눈물을 흘리시면서 공주를 멀리 연나라 왕에게 시집보냈습니다. 바로 장래 자손들로 하여금 왕위를 잇게 하기 위해서였습니다.' '그거야 그렇지! 나는 예쁜 딸들을 더 많이 낳아 모든 국가의 왕에게 시집을 보내지 못하는 것이 한스러울 뿐이오. 그렇게 되면 다음 세대의 왕들은 모두 우리 조나라 사람일 텐데…….' '그렇고말고요. 태후마마께서는 정말 기백이 대단하시고, 영웅적 기질이 있으십니다. 그런데 어째서 장안군을 제나라에 인질로 보내는 것에 대해서는 그리 섭섭해하십니까? 지금 어린 아들을 장안군에 봉하셨는데, 그는 나라와 백성들을 위해 어떤 공도 세우지 않았습니다. 마마께서 자리에서 물러나신 다음에는 그 누가 장안군을 받들어 황제로 모시겠습니까? 그러니 태후마마께서 아들보다 딸을 더 사랑한다고 말씀드리는 것입니다.' 이 말을 들은 태후는 뭔가를 깨달아 곧 장안군을 제나라에 인질로 보냈다. 마침내 제나라는 출병해서 조나라를 도왔고 진나라를 물리칠 수 있었다. "

이 글이 말하고자 하는 것은 자신의 아이를 사랑하여 단지 눈앞의 안전만을 고려해서는 안 되며, 당연히 장기적인 안목을 가지고 아이로 하여금 교육과 단련을 받을 수 있게 해야 한다는데 그 뜻이 있는 것이다. 그리고 그렇게 하는 것이 진정으로 아이를 위하고 보호하는 길이라는 것과 동시에 국가의 이익과 부합된다는 것을 보여주고 있는 것이다.

우사(右師) 촉룡은 사람을 끌어들이는 언변에 능했기에, 처음 태후를 알현했을 때는 절대로 "장안군(長安君)이 인질로써 제나라로 가야만 하는 상황"에 대하여 단도직입적으로 언급하지 않고, 얕은 곳에서부터 깊은 곳으로 가듯, 표면에서 내면으로 들어가듯, 진심으로 그 까닭을 깨달을 수 있도록, 이치로써 그것을 알게 하고, 사람을 움직일 수 있는 은유적인 우회전술을 사용하며 말했기에 그녀를 설득할 수 있었던 것이다.

이처럼 『전국책』은 전국시대의 종횡가와 책사들의 의견을 기술한 책이지만, 국가의 별사(別史)라고 할 수 있을 정도로 그 사료적 가치 또한 매우 크다. 주 내용은 동주(東周)·서주(西周)·진(秦)·제(齊)·초(楚)·조(趙)·위(魏)·한(韓)·송(宋)·위(衛)·중산(中山) 등 국가 별 12책(策)으로 나누어져 있으며, 주로 진(秦)·제(齊)·초(楚)·조(趙)·위(魏)·한(韓)·송(宋) 7국간의 쟁명과 암투, 설객(說客) 또는 책사(策士)들의 지혜를 겨루는 논쟁과 그들의 언변에 대해 기술하고 있다. 첨예하고 복잡한 사회의 모순과 정치투쟁 및 각 제후국 간의 상호 병탄과 멸망을 반영하고 있고, 동시에 각국 간의 승패를 결정하는 힘이 군사적인 역량에만 있는 것이 아니라, 모사와 책사가 동분서주하며 세운 계책과 종횡하는 세력의 성쇠에 있다는 것을 잘 보여주고 있다. 소위 "횡(橫)이 흥성해 진(秦) 황제가 되었고, 종(縱)이 흥성해 초(楚)왕이 되었다(橫成則秦帝, 從成則楚王)"고 하는 당시의 정치형세를 풍자한 시구에서도 엿볼 수 있다. 이처럼『전국책』은 전국시대 200여 년 동안의 사회 현실을 형상(形象)적이고 진지하게 반영하고 있는 것이다. 이처럼 『전국책』은 종횡가와 책사의 의견을 기술한 책인데, 서한(西漢) 말에 유향이 흩어져 있던 글을 수정하고 정리하여 총 33편으로 종합하여『전국책』이라 명명한 것이다.

『전국책』의 문장은 당시의 형상을 설명하는 것이 매우 생동적이며, 희극성도 매우 풍부하여 예술적 가치가 높은 산문이라고도 할 수 있다.『전국책』중의 글들은 사실을 논하고 체계를 세웠으며, 종횡으로 반복 연구하여 그 뜻을 충분히 표현하였는데, 형세를 꿰뚫어 볼 수 있게 이해관계를 분명히 분석한 다음 결론을 도출해 냈기에, 마오쩌둥이 이 책 읽기를 좋아했던 것이 아닐까 생각된다.

마오쩌둥은 만년에 특히 무산계급 혁명사업에 있어서 후계자의 배양과 선발에 대해 무척이나 관심을 기울였다. 업무시간 외의 남는 시간에 그는 항상 주변에 있는 직원들에게 이 문제에 대하여 언급했다. 동시에 계속해서 왕안석의『금릉회고(金陵懷古)』에 나오는 '패왕고신취이강, 자손다이백성강(覇王孤身取二江, 子孫多以百城降)' 시구를 인용하여 그들을 타이르면서, 앞의 세대가 창업하는 동안 당한 고통을 잊지 말아야 하고, 계속해서 앞 세대의 업적을 계승하여 앞길을 개척해야 한다고 강조하면서, 이렇게 해야 만이 중국의 형편을 좋게 하고, 인민의 사정을 좋게 할 수 있다고 했던 것이다.

왕안석의『금릉회고』4수 중 제1수를 보면 다음과 같다.

"패왕이 홀로 두 개의 강을 취했으나, 자손들이 수많은 땅(나

라)을 줄어들게 하였네,

　(覇王孤身取二江, 子孫多以百城降)

　성공한 후에 호화롭게 생활하면, 평안은 사라지고 큰 화가 온다
는 것을 알려주기라도 하듯,

　(豪華盡出成功后, 逸樂安知于禍雙)

　동부의 옛터는 사찰을 남기고, 옥수후정화(玉樹後庭花)의 노래
소리만이 선창가에 들려오네

　(東府舊基留佛利, 后庭余唱落船窓)

　서리와 맥수가 종래의 일이라지만, 흥망의 기로에 처해 있는데
도 술병만 가까이 하고 있네.

　(黍離[69]麥秀[70]從來事, 且置興亡近酒缸)"

　마오쩌둥은 생전 마지막으로 강남지역을 시찰한 후 북경으로 돌
아오는 전용열차 안에서 옆에 있던 간호장 우쉬쥔(吳旭君)에게 물
었다. "자네 인민영웅기념비에 쓰여 있는 비문을 기억하는가?" 우
쉬쥔이 답하기를 "단지 대략의 내용만 기억이 납니다"라고 했더
니, 마오쩌둥은 한 자도 틀리지 않고 인민영웅기념비의 전문을 아
래와 같이 암송했다.

　"3년 이래, 인민해방전쟁과 인민혁명 중에 희생된 인민영웅들

---

69) 黍離,『詩經 · 王風』: 나라가 망해서 옛 대궐 터에 기장 같은 식물이 무성한 것
　을 탄식한다는 뜻으로, 세상의 영고성쇠가 무상함을 탄식하여 이르는 말.
70) 麥秀,『史記 · 宋微子世家』: 보리이삭이 무성함을 탄식한다는 뜻으로, 곧 고
　국의 멸망을 탄식한다는 의미.

은 천추에 길이 빛나리라.

30년 이래, 인민해방전쟁과 인민혁명 중에 희생된 인민영웅들
이여 천추에 길이 빛나리다.

여기서부터 거슬러 올라가 1840년에 이르기까지, 그때부터 시
작된 내외의 적에 대한 반대(저항)와 민족독립과 인민 자주와 행
복의 쟁취를 위한 모든 투쟁 중에 희생된 인민영웅들이여! 천추에
길이 빛나리다."[71]

움직이는 기차 속에서 마오쩌둥 주위의 직원들은 그를 따라 인
민영웅기념비의 비문을 암송하면서 모두 함께 눈물을 흘렸다.

-시평-

군자의 품행과 가풍도 오대가 지나면 사라지는 법, 평안할수록
위기에 대비해야지 등한시해서는 안 되고,

(君子之澤五世斬, 居安思危非等閑)

격렬하고 치열한 전쟁에 나가는 것은 고통스럽지만, 피투성이
가 되도록 목숨을 다해 싸움으로써 새로운 하늘을 열었네.

(槍林彈雨征戰苦, 浴血█搏換新天)

안락에 빠지면 살아갈 수가 없고, 우환을 걱정하면 살 수 있는
법이니, 수많은 선열과 그 업적을 마음에 깊이 새겨,

(死于安樂生憂患, 牢記先烈萬萬千)

전대의 사업을 계승하여 분투하며 전진해야 하고, 자손과 후대

---

71) 『毛澤東文集』제 5권, 人民出版社 1996, 350쪽.

가 이를 계승해야 할 것이다.

(繼往開來當奮進, 子孫後代要接班)

8.『예기(禮記)』를 읽고 "활 당기는 이치"에 대해 말하다

−"긴장과 이완은 정도(程度)가 있는 법이다(張弛有度)'

1948년 3월 하순 마오쩌둥은 섬서 북동지방을 경유하여 황하를 건넌 후, 계속해서 북으로 향했다. 이때 산서성(山西省) 흥현(興縣)의 채가장(蔡家庄)에 잠시 들렀는데, 이곳은 허룽[賀龍(본명 : 하문상, 1896~1969), 무산계급혁명가, 군사전력가, 중국인민해방군 창설멤버, 중화인민공화국 원수, 호남 상직현 출신]이 이끄는 진수군(晉綏軍, 중화민국부터 산서성, 수원성, 화북성에 있었던 군대)이 자리한 곳이었다. 4월 2일 마오쩌둥은『진수일보』편집자와 담화했다. 그리고 그들에게 공산당 신문을 열심히 잘 만들고 있다고 격려해주었고, 무산계급의 신문이 해야 할 역할과 방침에 대해 분명하게 말했다. 담화 도중 마오쩌둥은 이렇게 말했다.

"반우경(反右傾) 투쟁 중 당신들은 매우 진지하게 일을 하여 군중운동의 실제상황을 충분히 반영했습니다. …… 당신들의 가장 큰 결점은 활시위를 너무 팽팽하게 당긴다는 것입니다. 당기는 것이 매우 강하면 활은 곧 부러지게 됩니다. 옛날 사람들이 '문왕과 무왕의 정치에는 긴장(緊張)과 완화(緩和)의 도리가 있다(文武之道一張一弛)'라고 했듯이, 지금은 느슨해야 할 때이고 동지들은 맑게 깨어 있어야 합니다. 과거에 이룬 일이 비록 성과가 있다고는 하지만 결점 또한 있습니다. 이중 가장 큰 결점이라면 바로 '좌편향' 되어 있다는 것입니다. 만약 이 '좌편향' 되어 있는 결점을 교정한다면 더 큰 성과를 가져올 수 있을 것입니다."[72]

마오쩌둥이 담화하는 중에 인용한 "문왕과 무왕의 정치에도 긴장과 완화의 도리가 있다(文武之道一張一弛)"고 한 구절은 서한(西漢)의 대성(戴聖)이 편찬한 『예기(禮記)』 중에 나오는 말이다. 『예기』는 진한(秦漢) 이전에 유가가 예법에 대하여 토론한 논집으로, 대다수가 공자의 제자 혹은 그 2대 제자나 3대 제자에 의해 기록된 것이며, 유가경전 중에서 첫 번째로 꼽는 저서이다. 주희가 『예기』에서 『대학(大學)』과 『중용(中庸)』을 떼내어 『논어(論語)』 『맹자(孟子)』를 합쳐 '사서(四書)'라고 이름 붙여 봉건제사회의 교과서처럼 여겼다. 여기서 말한 『예기』는 49편의 『소대예기(小戴禮記)』를 말하고, 서한(西漢) 사람 대덕(戴德)이 편찬한 예기는 『대대예기(大戴禮記)』라고 하는데, 원래 85편으로 되어 있던 것이 현재 전해지고 있는 것은 39편뿐이다. 『예기(禮記)·잡기하(雜記下)』 중에 다음과 같은 내용이 있다.

---

[72] 『毛澤東選集』 제4권 인민출판사, 1991, 1321쪽.

　　"공자의 제자인 자공이 어느 날 일반 백성의 제사활동을 참관했
다. 이에 공자가 자공에게 물었다. '즐거움을 느꼈느냐?' 자공이
대답하였다. '위와 아래 모두가 마음껏 즐기고 있는데, 저 자신도
어찌 즐겁지 않겠습니까?' 그러자 공자는 '백일의 시간을 들여 양
초를 만들었는데, 단지 하루 만에 연소되어 없어졌다. 여기에 들
어있는 의미를 너는 아느냐?' 다시 말해서 '늙은 백성이 긴 시간
동안 힘들어 만들었는데, 너희는 겨우 한 번 긴장을 풀 수 있는 기
회를 가질 수 있었던 것이다. 만약 항상 긴장만하고 느슨하지 않
는다면, 주(周)나라 문왕과 무왕도 성공할 수 없었을 것이다. 바
꿔 말해서 만약 항상 느슨하기만 하고 긴장하지 않는다 해도 주나
라 문왕과 무왕은 국가를 관리하기가 매우 어려웠을 것이다. 긴장
과 완화 사이의 상호 결합과 겸용이 주나라 문왕과 무왕이 나라를
성공적으로 다스일 수 있었던 근본원인이다(子貢觀於蜡, 孔子曰,
"賜也樂乎?" 對曰, "一國之人皆若狂, 賜未知其樂也." 子曰, "百日
之蜡, 一日之澤, 非爾所知也. 張而不弛, 文武弗能也. 弛而不張,
文武弗爲也. 一張一弛, 文武之道也.)"

　　1958년 5월 5일부터 23일까지 북경에서 '중국공산당 제8회 전
국대표대회'를 두 번에 걸쳐 열었는데, 마오쩌둥은 두 번째 회의를
주관했다. 5월 17일 마오쩌둥은 회의에서 다시 한번 『예기』에 나오
는 공자의 말을 인용하여 "문왕과 무왕의 정치도 긴장과 완화의 도
리를 따랐다"라는 말을 언급했다. 이 짧은 구절을 인용하여 긴장
만해서도 안 되고, 느슨해야 할 시간에는 당연히 느슨해야 한다고
강조하면서, 이렇게 일을 해야만 비로소 좋은 성과를 얻을 수 있을

것이라고 말했다.

1959년 7월 31일 여산(廬山)에서 열린 '중앙정치국위원회회의'에서 당 내의 비판과 자아비판을 이야기 할 때, 마오쩌둥은 재차 『예기·잡기 하』의 내용을 인용하였다.

> "비파(胡琴)를 당길 때 너무 팽팽하면 현이 끊어집니다. 주나라 문왕과 무왕도 팽팽함과 느슨함의 통치술을 겸용하였습니다. 느슨함은 바로 우경이고 보수입니다. 활을 쏠 때는 만월처럼 부드럽게 당기고, 화살이 날아가는 모습은 유성처럼 빨라야 합니다. '문무의 도(文武之道)'란 바로 이러한 변증법을 말합니다. 이틀을 쉬면서 공기를 환기시키도록 합시다. 곧바로 '틀렸어'라고 해서는 안 되며, '무엇 때문에?'라고 물어야 합니다. 충분히 해명할 기회를 주어야 한다는 말입니다.[73]

마오쩌둥은 '긴장과 완화의 겸용(一張一弛)'을 변증법이라고 표현하였는데, 이것은 매우 일리가 있는 말이었다. 인간은 일상정인 업무 중에 하루 종일 긴장만 해서는 안 된다. 왜냐하면 인간의 신체가 이를 받아들이지 못하기 때문이다. 바꿔서 말하면 하루 종일 항상 완화되어 있어도 안 된다는 것이다. 왜냐하면 이는 일의 진도에 영향을 미쳐 좋은 성과를 얻을 수 없게 하기 때문이다. '긴장'과 '완화'란 모순처럼 보이지만, 상호 의존하는 관계이기 때문에, 두 가지 중 어느 한 방향으로 치우치지 않고 똑같이 중시해야 한다.

---

73) 陳晉, 『毛澤東讀書筆記解析』, 광동인민출판사, 1996, 641쪽.

활과 화살도 이와 같은데, 활을 매우 팽팽하게 당기기만 하고 놓지 않는다면 화살을 영원히 쏠 수 없을 것이고, 어쩌면 활이 부러질 수도 있다. 반대로 단순하게 느슨한 활도 마찬가지로 화살을 쏠 수가 없고, 시간이 지난 활시위는 아마도 쓸모없게 될 것이다. '긴장'과 '완화' 양쪽 모두에 정도(程度)가 있어야만 비로소 화살이 그 본연의 소임을 발휘할 수 있는 것이다. 이렇게 '긴장'과 '완화'는 서로 대립하기도 하고 결합하기도 하는데, 이것이 바로 상호 의존하는 변증법적 관계라는 것이다.

마오쩌둥은 『모순론(矛盾論)』에서 다음과 같이 말하였다.

> "사물의 모순법칙은 곧 대립과 통일의 법칙이고 유물변증법의 가장 기본적인 법칙이다. 동일성, 통일성, 일치성, 상호 침투, 상호 관통, 상호 의존, 그리고 상호 연결 혹은 연합 등 이런 명사들은 모두 하나의 의미를 가진다. …… 모든 대립되는 성분 모두가 그렇다. 일정한 조건으로 인하여 한편으로는 상호 대립하고, 또 한편으로는 상호 연결, 상호 관통, 상호 침투, 그리고 상호 의존한다. 이런 성질을 동일성이라고 부른다. 그러나 일체의 모순되는 측면도 모두 일정한 조건으로 인하여 생성된 불(不)동일성이기 때문에 이를 모순이라고 한다. 그렇지만 동시에 동일성도 가지고 있기 때문에 서로 연결되고 있는 것이다. [74]

이것 또한 '긴장'과 '완화'의 관계이고, '긴장이 있어야만 완화도

---

74) 『毛澤東選集』 제1권, 인민출판사, 1991, 290쪽.

있다'는 말이다. 바꿔 말하면 '완화가 있어야만 긴장도 있다'는 의미와 같은 것이다. 긴장이 없으면 완화도 중요하지 않고, 완화가 없으면 긴장도 중요하지 않듯이 그 이치는 같은 것이다.

마오쩌둥은『모순론(矛盾論)』에서 또 다음과 같이 말하였다.

"모든 모순된 것들은 상호관계를 가지며, 일정한 조건 아래 하나의 통일체 속에 공존하고 있을 뿐만 아니라, 게다가 일정한 조건 아래 서로 반전하는데, 이것이 바로 모순적인 동일성의 전체적인 의의이다. …… 소위 모순이라 하면, 일정 조건 하에서의 동일성, 즉 우리가 말하는 모순은 여전히 현실적인 모순이고 구체적인 모순이다. 그리고 모순의 상호 반전도 현실적이고 구체적이다. 그러나 신화(神話) 중의 많은 변화, 예를 들어『산해경(山海經)』에서 말하는 '과보가 태양을 좇다(誇父追日)',『회남자(淮南子)』에서 말하는 '예가 활을 쏘아 9개의 태양을 떨어뜨리다(羿射九日)',『서유기』중에서 말하는 '손오공의 72변화'와『요재지이(聊齋志异)』에 나오는 수많은 귀신과 여우가 사람으로 변하는 고사 등, 이런 종류의 신화에서 말하는 모순의 상호변화는 여전히 무수하고 복잡한 현실모순의 상호변화가 인간이 일으킨 일종의 유치하고 상상적이고 주관적인 환상에 대한 변화이다. 이는 결코 구체적인 모순이 표현되어 나온 구체적인 변화가 아니다. …… 이는 바로 신화 혹은 동화 중에 모순이 구성한 영역이며, 결코 구체적인 동일성이 아닌 단지 환상의 동일성이다. 과학적으로 현실변화를 반영하는

동일성이란 바로 마르크스주의 변증법밖에 없다.[75]

마오쩌둥이 모순론에 인용한 『산해경(山海經)』에 나오는 '과보가 태양을 쫓다'의 고사와 『회남자(淮南子)』에서 말하는 '예가 활을 쏴 9개의 태양을 떨어뜨리다'라는 고사는 모두 중국고대의 신화전설에서 기원하는 이야기다. 그리고 『서유기』에서 말하는 '손오공의 72변화'와 『요재지이(聊齋志异)』에 나오는 수많은 귀신과 여우가 사람으로 변하는 고사는 각각 명대(明代) 오승은(吳承恩)의 장편소설과 청대(淸代) 송령(松齡)의 단편소설집에서 기원한다. 위의 신화전설의 줄거리는 대략 다음과 같다.

"과보가 해를 좇아 달려가는데, 태양이 떨어지는 데까지 좇아가
니 목이 말라 물이 마시고 싶어서 황하의 물을 마시고, 위수의 물
을 마셔도 물이 부족하여, 그는 또 북방으로 가서 대호수의 물을
마셨지만, 그래도 도착하지 못하였고, 결국 가는 도중에 목이 말
라 죽었다. 그리고 그 후에 그가 버린 지팡이는 그의 몸이 거름이
되어 복숭아 숲이 되었다."[76]

『산해경』은 고대의 지리를 다룬 작품이다. 모두 18편으로 되어 있는데, 작자가 명확하지 않으며 제작연대 역시 정확하지 않으나, 그 중 14편은 전국시대의 작품이 확실하다. 주요 내용은 민간전설

---

75)『毛澤東選集』제1권, 인민출판사, 1991, 330쪽.
76)『산해경 · 과보추일』

중에서 지리에 관한 지식을 위주로 구성되어 있는데, 산천(山川), 도로, 산물(産物), 약물, 제사, 무의(巫醫) 등 적지 않은 상고시대의 신화전설을 보존하고 있다. 그리고 고대 역사·지리·문화·대외교류(中外交通)·민속·신화 등에 대하여 연구하였으며, 그 모두가 참고할 만한 가치가 있다.

'과보가 태양을 쫓다'의 신화전설에 관하여, 『열자(列子)·탕문(湯問)』에서도 그 기록을 찾을 수 있는데 내용이 대략 일치한다.

"과보가 자신의 역량을 헤아리지 못하고, 태양을 쫓아가고 싶어해서 쫓아가는 도중에 우곡(隅谷)에 이르렀을 때 목이 말라 물을 마시려고 황하와 위수의 물을 마셨으나 그래도 물이 부족하여 북쪽으로 달려가 큰 호수의 물을 마셨는데, 그래도 도착하지 못하고 도중에 목이 말라 죽었다. 그가 버린 지팡이에 시체의 고기와 기름이 스며들어 정림(鄭林)이 생겨났다. 이 정림이 수천 리를 이루었다."[77]

"요임금 때에 이르러 열 개의 태양이 동시에 출현했는데, 벼와 곡식이 바싹 마르고 풀과 나무가 죽어, 백성들이 먹을 것이 없었다. 또 알유(猰貐), 착치(鑿齒), 구영(九嬰), 대풍(大風), 봉희(封豨), 수사(脩蛇) 등이 백성들을 괴롭혔다. 그리하여 요임금이 예(羿)를 보내 백성들을 위해 재해를 제거하게 했는데, 주화(疇華)에서 착치를 죽이고, 흉수(凶水)에서 구영을 죽였다. 청구(青丘)

---

77) 『열자·탕문(湯問)·과보추일』

의 연못에서 대풍을 죽이고, 또 열 개의 태양을 향해 활을 쏘았으며, 또 활을 쏴 알유를 죽였다. 그리고 동정(洞庭)에서 수사를 죽이고, 상림(桑林)에서는 봉희를 포획하니, 백성들이 매우 기뻐하여 요를 천자로 추천했다."[78]

『회남자』는 서한(西漢)의 회남왕(淮南王) 유안(劉安)과 그의 문객(門客)이 글을 모아 모두 21권으로 편찬한 철학서이다.『회남자』는 또 내편, 중편 그리고 외편으로 나뉘는데, 외편은 이미 실전되었고 현재 전해지는 21편은 내편이다. 작품 대부분이 도가의 이론인데, 진·한 사이의 세상에 알려지지 않은 일도 적지 않게 기록되어 있다. 그 내용이 풍부하여 진대 이후 서적 중 비교적 유명한 작품이다.

마오쩌둥은 구체적인 형상의 비유(比喩)를 통하여, 인간이 일을 하는 데 있어서 긴장과 완화의 관계를 명백하게 밝히고 있다. 그것은 인간이 작업의 척도와 노동과 휴식의 결합을 훌륭하게 파악하고 있었다는 데에 의의가 있는 것이며, 또한 인간들이 더 훌륭하게 일을 하게 하는데 그 목적이 있었던 것이다.

-시평-

형상의 비유하기 위해 활 당기는 것을 말했는데, 팽팽함과 느슨함에는 정도가 있기에 느슨함도 필요하다

(形象比喩說彎弓, 張弛有度待放松)

---

78)『회남자·본경훈(本經訓)·예사구일(羿射九日)』

활시위를 당기는 것은 만월처럼 부드럽게 쏘아야 하고, 화살이
날아가는 것은 유성처럼 빠르게 나가도록 해야 하네.

(拉得弓弦如滿月, 利箭飛出似流星)

세상의 만물에는 모두 순서가 있듯이, 대립하고 통일되는 모순
중에도,

(世間萬物皆有序, 對立統一矛盾中)

노동과 휴식이 결합하면 일하기가 좋고, '문무의 도'와 같은 재
능도 나타나는 것이네.

(勞逸結合工作好, 文武之道顯才能)

9. 회의 전에도 회의 후에도 송옥(宋玉)을 이야기하다

−가의(賈誼)의 고사를 말하며 전진할 것을 독려했다

1958년 1월 초에 마오쩌둥은 항주(杭州)에서 저우꾸청(周谷城), 탄쟈전(談家楨), 자오차오거우(趙超构) 등과 함께 이야기를 나누었는데, 어떻게 현재의 정세를 바라봐야 하는가에 대하여 언급하면서 이렇게 말했다.

"아홉 개의 손가락과 한 개의 손가락의 관계를 분명하게 구분해야 한다…… ."

그 다음에 그는 또 전국말기의 초(楚)나라 사람 송옥이 쓴 한 편의 『등도자는 호색하다(登徒子好色賦)』라는 이야기를 언급하면서, 유머스럽게 다음과 같이 말했다.

"등도자는 못생긴 부인을 얻었는데, 등도자는 항상 부인에게 한 마음 한 뜻으로 대했지요. 그는 모범적으로 '혼인법'을 준수했을

뿐인데, 송옥은 오히려 그가 호색하다고 말했습니다. 송옥이 사용
한 것은 다른 장점은 무시하고 한 가지 결점만으로 사람을 공격하
는 방법이었지요."[79]

1월 12일 난닝(南寧)에서 열린 '중앙공작회의'에서 마오쩌둥은
재차 송옥의 『등도자는 호색하다(登徒子好色賦)』를 언급하면서,
"9개의 손가락과 1개의 손가락의 관계"에 대하여 말하였다.

"어떤 지나치게 꾸민 것에 대하여 교정케 하는 것을 결코 반대
는 것은 아닙니다. 단지 그 어떤 일에 대하여 한 개의 손가락과 같
은 것을 열 개의 손가락과 같이 여겨 반대하는 것을 말하는 것입
니다. 송옥이 등도자를 공격한 것과 같은 방식처럼, 다른 장점은
무시하고 한 가지 결점만으로 사람을 공격하는 방식을 사용해서
는 안 되는 겁니다. 송옥은 이 논쟁에서 이겼지만, 그가 사용한 방
식은 곧 한 가지 결점을 전격적으로 확대한 것으로서, 그 밖의 방
법에 대해서는 생각하지를 못했던 것이지요. 결국 등도자는 호색
한의 대명사가 되었고, 지금까지도 이 사실을 뒤집지 못하고 있는
것이지요".[80]

마오쩌둥은 '중앙공작회의'에서 이렇게 이야기한 이유는 인간이
유물론과 변증법을 배워서 분명히 이해하고 운용할 수 있기를 희

---

79) 中國上海市委堂史研究室 편,『毛澤東在上海』, 中共黨史出版社, 1993, 133쪽.
80) 吳冷西, 『憶毛主席』, 新華出版社, 1995, 52쪽.

망했기 때문이다. 즉 단면적이고 기계적으로 문제를 바라봐서는 안 되고, 실제(현실)에서 출발하여 진지하게 조사와 연구를 진행하여 문제를 봐야 한다는 것이었다. 또 "길에서 주어들은 말"이나 혹은 "대충 보고 지나가거나" 하는 표면적 현상만을 가지고 평가를 하는 실수를 해서는 안 된다는 것이었다. 더 나아가 당을 이끄는 간부라고 한다면, 더욱 더 전체적으로 문제를 바라 볼 수 있어야 하고, "오로지 한 가지 이유로만 공격하고, 그 외의 것을 보지 못하는 것"처럼 표면적인 지적 혹은 비판에 의해 유혹당해서는 안 된다는 것을 강조했던 것이다.

송옥의 생애는 불분명한데, 역사적으로는 정확한 기록이 없고, 굴원(屈原) 이후의 사부(辭賦)문학가에 속하는 인물 정도로 알려져 있다. 음률에 능통하고 재기가 출중하나, 그 출신이 천한데 일찍이 굴원에게 사사했다. 초(楚)나라 회왕(懷王)과 양왕(襄王)의 시기에 문학시종(侍從)의 작은 관직에 종사한 적이 있었으나 크게 출사하진 못했다. 사부의 창작에 있어서 송옥은 굴원의 영향을 상당히 받았는데, 후세에 전해지고 있는 작품은 모두 14편이다, 『구변(九辯)』, 『조혼(招魂)』, 『고당부(高唐賦)』, 『신녀부(神女賦)』, 『풍부(風賦)』, 『등도자호색부(登徒子好色賦)』 그리고 『대언부(大言賦)』 등이 있는데 대표작으로 추천할 만한 작품은 『구변』이다.

『구변』은 한 편의 장편시인데 모두 225구로 되어 있고, 굴원 작품의 영향 아래 완성된 『초사(楚辭)』 형식의 장편 시부(詩賦)이다. 그 내용은 굴원에 대한 회상과 추모한 것을 제외하고 자신의 출신을 서술하였으며, 마음속의 억누름과 우울함에 대한 내심을 토로했다. 그리고 어느 정도 상류사회의 부패성도 폭로하였다.

1958년 5월 5일부터 23일까지, 마오쩌둥은 북경에서 '중공 제8
회 전국대표대회의 제2차 회의'를 주관했다. 5월 23일 그는 대회
폐막식에서 장시간에 걸쳐 연설하였다. 연설 중에 그는 또 한 번
송옥을 언급했으니 그 내용은 다음과 같다.

"송옥은『풍부(風賦)』라고 하는 글을 썼는데, 계급투쟁이라는
관점에서 보면 의의가 있는 글이라고는 하겠습니다. 그는 여기서
두 종류의 바람(風)에 대하여 말했는데, 하나는 귀족의 바람이고,
다른 하나는 빈민의 바람입니다. 송옥, 경차(景差) 그리고 굴원은
모두 초나라 사람입니다. 송옥이『풍부(風賦)』에서 '바람은 대지에
서 생긴 것이고, 푸른 풀의 끝에서 일어난다……'라고 말했습니다.
『풍부(風賦)』는『소명문선(昭明文選)』에 수록되어 있는데, 나는 어
제도 읽었습니다. 여러분들도 다시 한 번 보시기 바랍니다."[81]

『풍부』는 바람으로써 대상을 묘사하고 논의한 단부(短賦)이다.
모든 편이 일문일답의 방식을 취했는데, 그 내용을 살펴보면 바람
의 발생에서부터 시작하여 발전하는데 이르기까지, 바람을 두 종
류로 나누어 웅풍(雄風)과 자풍(雌風)으로 구별했으며, 또 대왕풍
(大王風)과 서민풍(庶民風)으로 나눈 것으로 볼 때, 이는 작자의
사회적 입장과 사상경향을 반영한 것이라고 하겠다. 송옥이『풍부
(風賦)』에서 그려낸 내용은 다음과 같다.

---

81) 陳普,『毛澤東讀書筆記解析』, 廣東人民出版社, 1996, 1203쪽.

　"초나라 양왕(襄王)이 란대궁(蘭臺宮)에서 송옥과 경차를 대동하고 유람을 즐기는데, 바람이 돌연 불어오자 왕은 옷자락을 풀고 불어오는 바람을 맞으며 말했다. '이 바람은 정말 시원하구나! 이 바람은 과인이 백성들과 같이 즐기는 바람이겠지?' 이에 송옥이 대답했다. '이 바람은 단지 대왕만이 누리는 바람입니다. 백성들이 어떻게 왕과 같이 누릴 수 있겠습니까?' 왕이 말했다. '바람은 천지간의 공기인데, 그것은 보편적으로 원활하게 불어오는 것으로 귀하고 천한 것을 구분하지 않고 모두에게 부는 것이다. 오늘 너희들이 과인만의 바람이라고 여기고, 그렇게 말하는 이유는 무엇인가?' 송옥이 이에 대답했다. '제가 스승에게 듣기를 나무는 구부러져 있어 새집을 만들기가 용이하고, 동굴에는 구멍이 있어 환경이 다르기 때문에 바람의 기세도 다릅니다.' 왕이 또 다시 물었다. '그럼 바람은 어디서부터 생기는 것인가?' 송옥이 대답했다. '바람은 대지에서부터 생성되는데, 푸른 풀의 끝에서 일어나 점점 커져서 산골짜기에 이르고, 동굴 입구에 닿으면 맹렬하게 바람이 불고, 큰 산을 따라서 산과 산 사이에서 불고, 송백나무 아래에서 춤을 춥니다. 강한 바람이 사물에 부딪쳐 소리를 내고, 바람이 매우 빠르게 불어 마치 분노처럼 빠르게 상승하면, 그 바람소리가 번개소리와 같습니다. 바람이 뒤섞여 매우 복잡하게 불어와 돌을 요동치게 하여 수목을 부러뜨리고 산림과 벌판을 상하게 한 다음 바람의 기세는 점점 약해집니다. 바람의 세기가 미약해져 사방으로 흩어지면서 구멍으로 들어와 문을 움직이고, 바람이 사라진 후에 사물이 매우 선명하게 나타나게 한 다음 미풍이 점점 사방으로 날려 흩어집니다.' '그래서 사람들이 청량함을 느끼는 웅풍(雄風)은 휘날리어 상승하여 높은 성벽을 올라 넘어가 깊은 왕궁으로 들어옵니다. 들어온 바람이 화초를 움직여 향기가 진동하게 하고 계수나무와 산초나무 사이를 배회하여 격류의 물위를 마음껏 선회하여 곧 물위에 떠 있는 연꽃의 꽃잎을 건드립니다. 바람은 혜초(蕙草)를 스치고 두형(杜衡)을 떠나 자목련(辛夷)에 고르게 불고, 새싹이 나는 초목의 위를 덮고 급하게 선회하여 구릉을 때립니다. 또 각종 방초와 향화를 시들게 하여 사라지게 합니다. 그런 다음 바람이 정원을 배회하고는 북으로 불어 궁 안으로 들어와 상승하여 실로 짠 장막을 선회하고, 궁전 안의 방(洞房)으로 들어오는데, 이것이 바로 대왕(大王)의 바람(風)입니다. 그런 바람이 사람의 몸에 불어오면 청량한 냉풍에 사람들을 감탄하게 됩니다. 이 매우 청량한 바람이 병을 낮게 하고 술을 해독시키니 눈과 귀가 밝아지고 신체를 편안하게 합니다. 이것이 바로 대왕만의 웅풍입니다.' 이에 왕이 말했다. '좋구나, 너의 말이 도리에 맞는구나! 그럼 백성(서민)들의 바람에 대하여 나에게 들려 줄 수 있겠느냐?' 송옥이 이에 말하였다. '백성들의 바람은 궁벽한 작은 골목 사이에서 홀연히 일어나는 바람입니다. 바람이 불어 먼지가 날려 마음이 분하고 답답하고 초조하게 선회하여 문틈에 부딪쳐 들어옵니다. 모래 먼지가 일어나 바람에 흩어져 쌓여 불결하고 더러운 것을 일으키니 부패한 것들도 일어나게 됩니다. 이런 부정한 것이 접근하여 창문(瓮牖)으로 불어 들어와 백성들의 방안에 이르게 되는데, 이런 바람이 사람에게 불어 들어와 그 상태가 그야말로 악하고 더럽고 우울하게 합니다. 들어온 기운이 매우 사람을 축축하게 하여 마음속이 참담하고 고통스러워 병이 생기고 열

병에 걸립니다. 바람이 입에 불어와 입에 병(脣瘡)이 생기고 눈에
불어와 눈병이 생깁니다. 또 입이 경련을 일으키고 이를 악물게
하거나 빨게 하여 죽지도 살지도 못하는 그런 상태에 빠지게 됩니
다. 이것이 바로 소위 서민의 자풍(雌風)입니다.'

1958년 4월 15일 마오쩌둥은 광주에서 『협동조합을 소개합니
다(紹介一個合作社)』라는 제목의 글을 썼다. 전국의 농촌과 도시
의 노동자들(工作人員)에게 하남성(河南省) 봉구현(封丘縣)에 있
는 응봉농업합작사(應擧農業合作社)를 추천하면서, "궁하면 곧 생
각을 변하게 하라(窮則思變)"와 "일을 해야 하고 혁명을 해야 한다
(要干, 要革命)"는 사상을 분명하게 밝혔다.
4월 27일 마오쩌둥은 그의 비서 톈쟈잉(田家英)에게 다음과 같
이 편지를 써서 그가 반고(班固)가 쓴 『가의전(賈誼傳)』과 가의가
쓴 『치안책(治安策)』을 읽어볼 것을 권유했다.

"쟈잉 동지에게,
만약 시간이 있다면 반고의 『가의전』을 읽어 보세요. 『조굴(弔
屈)』과 『복조(鵩鳥)』이 두 부(賦)는 읽지 않아도 됩니다. 가의의
글은 대부분 소실되어 단지 『사기』에서 2부(賦) 2문(文)을 볼 수
있는데, 책을 나눌 때 『과진론(過秦論)』이 생략되어, 2부 1문만이
존재합니다. 그 중 1문인 『치안책』은 서한시대에서 가장 훌륭한
정치이론서입니다. 가의가 남방에서 돌아와 이 책을 썼는데, 태
자를 논하는 절(節)의 진부하고 고지식한 글을 제외하고는 전체의
글이 당시대의 사리를 정확히 파악하고 있으며, 상당히 좋은 분위

기를 지니고 있어 읽을 만한 가치가 있습니다. 만약 바이다(伯達)
와 차오무(喬木)가 흥미 있어 하면, 그들에게도 한 번 읽어보라고
하세요![82]

마오쩌둥

4월 27일

5월 5일에서 23일까지 마오쩌둥은 북경에서 '중공 제8회 2차 회
의'를 주관하였는데, 이 회의에서 마오쩌둥의 제안에 근거하여 정
식으로 "최대한의 노력을 기울여 앞을 향하여 분투하자"와 "수량
이 많은, 속도가 빠른, 질량이 좋은, 자본을 절약하는 사회주의를
건설하자(多快好省地建設社會主義)"라는 방침이 통과되었다.

5월 8일 회의 진행 중에 마오쩌둥은 인간이 미신을 타파하고 사
상을 해방하고, 당당하게 상상하고, 말하고, 행동하는 창조정신을
강조했다. 그는 단숨에 몇 십 가지의 젊고 유망한 본보기를 이야기
하면서 그 중에 가의를 언급했다.

"한(漢)나라에 가의란 사람이 있었는데, 겨우 십 몇 세에 한나
라 문제(文帝)에 의하여 발탁되어, 그는 하루 만에 관직이 3계단
이나 올랐습니다. 후에 좌천하여 장사(長沙)에서 두 편의 부를 썼
는데, 바로 『조굴원부(弔屈原賦)』와 『복조부(鵩鳥賦)』입니다. 후
에 다시 조정으로 복귀하여 한 권의 책을 썼는데 『치안책』이라고
했습니다. 그는 10편의 작품을 썼는데 위 두 편의 문학작품(두 편

---

82) 中央文獻硏究室 編, 『毛澤東書信選集』, 中央文獻出版社, 2003, 539쪽.

의 부)과 다른 두 편의 정치와 관련된 작품으로『치안책(治安策)』
과『과진론(過秦論)』이 남아 있습니다. 그가 장사에서 죽을 때는
겨우 33세였습니다.[83]

마오쩌둥은 역사책을 탐독하고 그에 대한 비평을 쓰는 습관이
있었다. 이런 비평을 하면서 그는 여러 번 가의에 대해 언급했다.
마오쩌둥이 그에 대하여 말하기를 "역사학과 정치학 방면에서 매
우 깊은 조예가 있으며, 고대 진한(秦漢)시대에 대한 전문가이자
매우 뛰어난 천재"라고 했다.

가의(기원전 200년~기원전 168년)는 어리지만 재능이 많았다.
18세 때 이미 시를 읊고 책을 쓰는 것에 뛰어나 이름이 알려졌다.
한문제(漢文帝)는 그의 문학적 재능을 매우 좋아하여 박사(博士)
에 임명하였다. 한문제 아래서 문제를 논의할 때마다 가의는 항상
그 대답이 물 흐르듯이 자연스러웠고 여러 방면에 재주가 많았다.
1년이 되지 않아 어린 가의는 곧 승진하여 태중대부(太中大夫 : 진
한(秦漢)시대에 논의를 주관한 관직, 한나라 이후에도 여러 번 사
용된 관직으로, 당송(唐宋)시기에는 문학과 산문관직으로 일반적
으로 종4품보다 높은 제8급이었고, 금나라 때는 대중대부(大中大
夫)라 하고 종4품의 직위에 있는 관직임)에 봉해졌다. 그야말로 어
린 소년이 뜻을 얻었다고 할 수 있다. 가의는 정치개혁을 주장했
기 때문에 보수세력의 질시와 비방을 받음으로서 좌천당해야 했는
데, 이때 장사(長沙)에 온 그는 장사를 담당하고 있는 장사왕(長沙

---

83) 陳普 편,『毛澤東讀書筆記解析』, 廣東人民出版社, 1996, 1210~1211쪽.

王)의 태부(太傅)로 있었다. 한문제 7년(기원전 173년)에 한문제의 마음이 여전히 멀리 장사에 있는 가의에게 있어, 곧 그를 다시 경사(京師)로 불러들여 양회왕(梁懷王)의 태부에 임명했다. 이 기간에 가의는 누차 한문제에게『논적저소(論積貯疏)』와『진정사소(陳政事疏)』를 포함한 상소들을 올렸다. 즉『진정사소(陳政事疏)』의 다른 이름인『치안책』은 바로 마오쩌둥이 톈쟈잉에게 보낸 편지에서 말한 "남방에서 돌아와 쓴 이것"이었다.

『치안책』은 가의가 서한왕조를 장기적으로 다스리고 오랫동안 평안하게 만들기 위하여 제시한 치국안민(治國安民)의 큰 정치적 방향이었다고 할 수 있다. 이『치안책』에서 가의가 한문제를 위하여 치국에 대한 방향과 전략을 모색하였다는 것을 알 수 있다. 당시는 서한왕조의 40년이라는 통치기간 동안, 경제가 발전하였고 사회도 비교적 안정되었으나, 가의는 편안한 처지에 있는 것이 오히려 위험이 발생할 수 있다고 생각하였다.『치안책』에서 가의는 한문제에게 잠재적인 여러 종류의 위기가 발생할 가능성에 대해 말하고 있다. 그는 직간하여 한문제로 하여금 경계심을 강화하도록 일깨웠다. 즉 한고조 때에 지방의 제후세력이 확대되어 그들에게 견제 당했던 전례를 다시 밟지 않도록 방지하려 했던 것이다.

마오쩌둥은 톈쟈잉에게 보낸 편지에서 언급한『과진론』은 가의가 쓴 또 한편의 영향력을 갖춘 정치이론서라고 했다. 상·중·하 세 편으로 나뉘는데, 이 논문의 주제가 한문제의 큰 관심을 받았고, 그 글을 쓰는 기교 또한 역대 문인들이 추종 받을만한 본보기가 되었던 것이다.

마오쩌둥은 제자백가를 어떻게 보았나?

-시평-

송옥의 문헌은 천하에 전해지는데, 추리가 뛰어나고 빈틈이 없
으며 논리가 엄격하네만,

(宋玉文辭天下傳, 推理縝密邏輯嚴)

단지 하나만을 크게 확대하여 공격하니, 사람을 죽음에 이르게
하고 생환을 어렵게 하네.

(攻其一端復誇大, 致人死地難生還)

가의는 어리지만 재주와 학문이 넓어, 글을 논하고 글을 쓰는
것도 평범하지가 않았지,

(賈誼年輕才學廣, 論賦筆墨實不凡)

몇 구의 치안책을 이야기하여, 제왕이 다른 시각을 갖도록 하기
에 충분했다네.

(聊聊幾句治安策, 足令帝王別眼觀)

10. 문예인들은 사마상여(司馬相如)와 같은
"새 바람을 일으켜라"

　1942년 4월 9일 마오쩌둥은 문예좌담회의 개최를 준비하면서 중앙연구원(中央硏究院) 문예연구실 주임인 어우양산(歐陽山)에게 편지를 보내 그와 중앙연구원 문예연구실 특별연구원 차오밍(草明)이 함께 양가령(楊家嶺 : 중공중앙지도자들이 1938년 11월부터 1947년 3월까지 머물렀던 곳)을 방문해 줄 것을 다음과 같이 부탁했다.

　"만일 동의한다면 면담하는 형식으로 오늘 왕림해 주세요! 차오밍 동지와 함께 왔으면 합니다."[84]

　그날 오후 어우양산과 차오밍이 양가령에 도착했다. 그들은 문학예술의 제반문제에 대한 방침과 관련하여 마오쩌둥과 장시간에

---

84) 邸延生, 『역사의 전적(歷史的眞適-毛澤東風雨沈浮十五年』, 신화출판사, 2002, 630쪽.

걸쳐 담화하였다. 담화 중에 마오쩌둥은 다음과 같이 강조하였다.
"중국의 문학예술은 반드시 혁명적 문학예술이어야 하고, 인민대
중의 문학예술이어야 하며, 혁명 문학에 종사하는 모든 사람과 예
술에 종사하는 모든 사람은 반드시 중국 인민대중을 위하여 봉사
해야 하고, 노동자, 농민 그리고 병사들을 위해 봉사해야 한다"고
말했다…….

중국 문학예술발전의 새로운 지평을 어떻게 창조해야 하는가에
대해 언급하였을 때, 마오쩌둥은 먼저 중국의 선진문학(先秦文學)
과 양한문학(兩漢文學)을 언급했고, 계속해서 악부민가(樂府民歌)
와 남북조민가(南北朝民歌)를 언급했다. 그리고 당시(唐詩)와 송
사(宋詞)를 말한 후에는 원대(元代) 관한경(關漢卿 : 원대 희곡작
가)의 잡극과 왕실보(王實甫)의 희극에 대하여 말했다. 그리고 춘
추전국시기의 산문(散文)과 양한문학의 발전시기를 언급하면서
마오쩌둥은 굴원의 『이소(離騷)』와 한부(漢賦) 문학에 큰 공헌을
한 사마상여(司馬相如)를 중점적으로 말하면서, 사마상여는 누구
와도 비교할 수 없는 천재라고 했다. 심지어 한나라 부(賦) 문학의
대표작가라고도 칭송했으며, 그가 창작한 『자허부(子虛賦)』와 『상
림부(上林賦)』는 역대 부(賦) 문학 작품 중에서 가장 전형적인 걸
작이라고 평가했다. 동시에 사마상여와 같은 시기에 속한 동박삭
(東方朔), 왕포(王褒) 그리고 양웅(揚雄) 등이 쓴 부(賦)조차도 모
두 사마상여에 미치지 못한다고 평가했다.

마오쩌둥은 당당하고 차분하게 말했다. 어우양산과 차오밍이 그
의 말을 열심히 기록하고 있었는데, 마오쩌둥은 그들이 단지 머리

를 숙이고 기록하기만 하는 것을 보고는 그들에게 이렇게 말했다. "당신들도 이야기를 좀 해 보세요! 항상 나 혼자만 이야기하게 해서는 안 되는 것이며, 당신들 개개인 마음속의 이야기를 마음껏 말할 수 있어야 합니다……."

마오쩌둥의 지적에 어우양산과 차오밍도 중국 문학예술 발전의 방향(방침)에 대하여 약간의 의견을 말했다. 그리고 선진(先秦)문학과 양한(兩漢)문학의 발전에 대한 견해와 인식에 대해서도 말하였다. 또 제자백가의 산문을 계승한 굴원과 사마상여의 작품에 대해서도 약간의 의견을 말했다.

그러자 마오쩌둥이 다음과 같이 말했다. "사마상여는 한 세대를 열었지요. 그의 『자허부』는 한대(漢代)문학의 발전에 매우 큰 공헌을 했으며, 나아가 우리 공산당원이 어떻게 중국의 인민혁명을 이끌어야 하는지, 어떻게 적들과 무장투쟁을 전개해야 하는지, 또 어떻게 하면 진지하고 자세하게 각 항목의 일을 잘할 수 있는지를 이해할 수 있게 지도해 주었습니다. 그리고 동시에 어떻게 문학예술의 작업을 전개해야 하는가를 이해할 수 있게 해주었습니다. 마지막으로 몇천 년을 이어온 봉건통치계급이 점령한 문학예술을 "어용문인(御用文人)"의 손에서 빼앗아 왔다는 것은 인민을 위하여 더 좋게 봉사하게 하고, 수많은 노동자, 농민 그리고 병사를 위해 봉사하게 한다는 것을 깨닫게 했습니다……."

마오쩌둥이 언급한 사마상여(기원전 179년~기원전 117년)는 서한시대의 사람으로, 자는 장경(長卿)이고, 촉군(蜀郡) 성도(成都) 사람이었다. 어렸을 때 그는 독서와 격검(擊劍)을 좋아하였으며, 한나라 경제(景帝) 때에는 무기상시(武騎常侍)를 담당하였다. 당시 사마상여의 사부문학은 이미 그 명성이 매우 높았다. 그러나 경제가 사부를 좋아하지 않았기 때문에, 그는 곧 병을 이유로 관직에서 내려왔고 곧바로 양(梁)나라로 갔다. 그는 양나라 효왕(孝王)의 문학시종(文學侍從)인 추양(鄒陽)·매승(枚乘)과 함께 유람하면서 『자허부』를 썼다. 양나라 효왕이 죽은 후 사마상여는 촉(蜀)으로 돌아가는 길에 공래(邛崍 : 사천지방의 산) 근처에서 그 지역의 부자인 탁왕손(卓王孫)의 독녀 탁문군(卓文君)을 만나 서로 사랑하게 되었다. 탁문군이 그와 야반도주하여 성도(成都)에 도착하고 보니 "매운 가난한 집"이었다. 이후 그는 다시 공래 근처로 돌아가 탁문군과 함께 술을 팔면서 생계를 이어갔다. "탁문군에게 주점 앞에서 손님을 응대하게 하고, 사마상여 자신은 짧은 바지를 입고 점원들과 함께 바쁘게 일하면서 시장에서 술그릇을 씻었다"고 했다. 한나라 무제(武帝)가 즉위한 후 사마상여가 쓴 『자허부』를 읽고 매우 칭찬하자 사마상여는 한무제를 알현하게 된다. 이후에 『상림부』를 본 한무제가 크게 기뻐하여 그는 무제를 또 알현하고 랑(郎)이 된다. 후에 중랑장(中郎將)이 되어 사신으로 서남(西南)에 파견되어, 한나라와 서남의 소수민족간의 우호관계를 형성하는데 큰 역할을 하였다. 동시에 『유파촉격(喻巴蜀檄)』과 『난촉부노(難蜀父老)』 등을 썼다. 후에 해임된 다음 1년이 지나서 다시 부름을 받아 랑에 임명되었다. 그 후에는 효문제 릉(陵)의 작은 관직에서 일하게 되자 좌절하여 침울해 했다. 이후 "항상 병을 핑계로 한가롭게 집에만 있었다"가 병으로 죽었다.

『한서·예문지(文藝志)』의 기록에 보면, 사마상여의 사부는 모두 19편이었다. 한무제 시대는 사부가 가장 흥성한 시대라고 말할 수 있는데, 사마상여는 사부창작에 매우 뛰어난 사람이었는데, 그의 작품 중 『자허부』와 『상림부』가 가장 뛰어난 대표작이다. 이 두 편의 부는 비록 동일 시간대의 작품은 아니지만, 그 내용의 앞뒤가 연결되어 있어 항상 사람들이 그들을 한편의 작품으로 생각하게 했다. 『자허부』는 허구의 이야기로 초(楚)나라의 '자허(子虛)' 선생이 제(齊)나라 '오유(烏有)' 선생의 면전에서 초나라 운몽(云夢)의 크기가 큰 것과 초왕의 사냥행사를 자랑하면서 과시하는데, 이에 오유 선생이 그것은 초왕의 덕이 아니라고 하면서 운명의 크기가 큰 것이 흥성하다고 하니, 사치스러운 말과 음탕한 음악이고 아주 사치스러움을 나타낸다고 그를 비판했다. 그와 동시에 오유 선생 자신도 제나라 토지의 넓음과 산물이 풍부함을 지나치게 자랑했다는 내용이다. 『상림부』는 '망시공(亡是公)'이 '자허'와 '오유'의 대화를 듣고 쓴 것으로 한나라 천자가 있는 상림원(上林苑)의 웅장함과 천자가 사냥할 때의 성황을 자유롭게 배열한 작품이다. 그 의도는 제나라와 초나라를 압박하기 위한 것이다. 또 제후의 일은 얘기할 만한 가치가 없다는 것을 나타내기 위함이다. 이 사부의 끝에는 천자를 불현듯 깨달아 뉘우치게 하여 "그것이 매우 사치스러운 것"이라고 느끼게 하고 "술에서 깨어나 사냥을 멈추게 하는 것"으로 작품의 결론을 내렸다. 그리고 제나라와 초나라의 "제후에 대하여 상세하게 설명하고, 천자의 사치스러움"과 같은 예를 벗어나는 행동과 그것이 백성들에게 미치는 위험에 대해서도 어느 정도 비판했다.

부(賦)는 초사(楚辭) 이후 한대에 문학창작활동 중 발전한 일종의 새로운 문학이다. 형식상으로 반은 시이고, 반은 글인 운문과 산문이 뒤섞인 글이다. 그것은 시가의 정서와 다르며, 또 산문의 서사와도 다른 일종의 화려하고 세련된 매력적인 아름다운 소리이자, 단순히 지나치게 과장하는 작문형식이다. 유협(劉勰)은 그의 『(문심조룡)文心雕龍·詮賦』에서 이렇게 말했다. "부는 '늘어놓다'는 뜻인데, 화려하고 산뜻한 색채를 늘어놓아, 사물을 묘사하여 그 뜻을 쓴 것이다." 이 말은 한대 '부' 문체의 주요한 특징을 잘 말해준 것이라 할 수 있다.

　사마상여의 '부' 문학은 단어의 사용이 부드럽고 매끄러우며 문장이 아름답고 훌륭하여, 이전의 문학작품과 비교하여 확실히 보기 드문 걸작이다. 그는 '부'를 창작하는 방법에서 "여러 가지 잡스러운 것들이 모여 글이 되고(合綦組以成文), 아름다운 것들을 배열하여 작품의 질을 높인다(列錦綉以爲質)"와 "우주를 포괄하고, 인물을 완벽히 파악해야 한다(包括宇宙, 總攬人物)"라는 주장을 했다. 그는 '부'를 창작할 때 비교적 광범위한 소재의 수집과 사조 선택의 운용을 중시했다. 그래서 『한문사강요(漢文史綱要)』에서는 그에 대하여 말하기를 "이전의 것을 답습하지 않고, 스스로 뛰어난 재주를 발휘하여, 매우 해박하고 웅장하고 아름다워 한대(漢代) 문학 중에서 매우 뛰어나다"라고 평했다. 또 마오쩌둥이 사마상여를 칭찬하면서 말한 "한 시대의 처음을 열다"라고 하는 평가를 내린 원인이 아닐까 한다.

-시평-

　선진문학은 화려함과 정수가 충만하고, 제자백가는 함께 다투어 겨루는데,

(先秦文學載華精, 諸子百家齊爭鳴)

이를 이어서 양한문학의 처음을 열었으니, 사마상여가 새로운 바람을 일으켰다네.

(延續兩漢開先河, 司馬相如樹新風)

선대의 업적을 계승하여 발전을 모색했고, 이전 사람의 사업을 계승하여 농민과 노동자를 위했으며.

(承前啓后謨發展, 繼往開來爲工農)

좌담회에서 방향을 제시하니, 사회에 특수한 공로를 세웠다네.

(座談會上指方向, 面向社會建殊功)

11. 오랜 벗을 초대하여 한부(漢賦)를 말하다

— 세상의 불합리에 대하여 분노한 조일(趙壹)을 찬양하다

1939년 3월 14일 마오쩌둥은 청년시절의 오랜 동창이자 친구인 사오즈장(蕭子暲)이 옌안(延安)에 왔다는 소식을 듣고 매우 기뻐했다. 그리고 막 외국에서 귀국하자마자 혁명에 투신한 오랜 친구인 그를 양쟈령(楊家嶺)에 초청하여 연회를 베풀었다.

며칠 후 마오쩌둥은 직접 노예문학원(魯藝文學院)으로 가서 그를 만났다. 사오즈장은 이 만남을 기회로 여기고, 자신이 소련에 있을 때 썼던 마오쩌둥의 전기에 대해 말하면서 계속 보충·수정하여 다시 쓰고 싶다고 했다. 사오즈장은 마오쩌둥에게 다음과 같이 말했다. "만약 당신이 '옛날 일을 들추는 것'을 반대하지 않는다면, 바로 이에 대하여 자세하게 이야기 해보고 싶습니다."

마오쩌둥이 말했다. "당신은 지금 편집자가 아닌가? 옛날 일을 들추는 것은 상관없습니다. 오히려 매우 좋은 일이지요! 나는 정치적으로 당신을 도와 줄 수가 있지만, 옛날 일을 쓰려면 반드시 역사적 사실을 연구조사 해야만 그것을 쓸 수 있을 겁니다." 또 말

하기를 "역사적 사실을 이용하여 한 권의 책이 나오는 것과, 한 사람의 경력을 꺼내 연결을 하는 것은 매우 흥미 있는 일입이다"라고 했다.[85)

이렇게 하여 마오쩌둥의 전기를 보강하여 다시 쓰게 되었는데, 이일은 매우 역사적인 성격을 가지고 있다.

이후에 사오즈장은 여러 차례 양쟈령을 방문하여 마오쩌둥을 만나면서, 마오쩌둥이 말한 본인의 경력을 들으면서 마오쩌둥과 함께 문학창작에 있어서 약간의 문제에 대하여 토론을 하였다.

문학창작에 대하여 이야기를 나눌 때, 마오쩌둥은 매우 깊은 관심을 보이면서 중국의 양한문학에 대하여 이야기 했다. 그는 두 사람을 중점적으로 이야기했는데, 그중 한 명이 사마상여(司馬相如)이고, 또 다른 한 명이 조일(趙壹)이다.

마오쩌둥 사오즈장에게 이렇게 말하였다. "당신이 이해하고 있는 바와 같이, 조일은 이름을 알 수 없는 고서적에 심취해 있었소. 그는 사실문학에 매우 조예가 있었는데, 그가 쓴 『자세질사부(刺世疾邪賦)』는 그가 그렇다는 걸 보여주는 아주 훌륭한 증거지요." 그는 계속해서 이야기했다. "나는 장사(長沙)에서 공부할 때 이 『자세질사부』가 매우 마음에 들었는데, 이 글 전체 속에는 분노가 충만되어 있지요. 그는 대담하게도 동한(東漢) 말기에 당시 사회의 추악함을 규탄한 모습이, 내가 『상강평론(湘江評論)』을 창간할 때의 심정과 매우 비슷하다는 것을 느꼈지요!" 그가 계속해서 말했다. "현재는 국공합작의 시기이므로 우리 공산당 사람들은 지금

---

85) 邱延生, 『역사의 전적(歷史的眞適-毛澤東風雨沈浮十五年)』, 신화출판사, 2002, 568쪽.

전국에 있는 모든 항일의 힘을 모아야 합니다. 그리고 이 힘을 사용하여 일본 침략자를 중국 땅에서 몰아내는 것이 최종 목적입니다!"

사오즈장은 이를 분명하게 알고 있었다. 마오쩌둥이 호남성(湖南省)에 있는 제1사범학교를 졸업한 후『상강평론』을 창립하고 발간한지 5기 만에 군벌 장징야오(張敬堯 : 북양군벌, 1881년~1933년)에게 강제로 폐쇄 당했었다는 것을…….

마오쩌둥이 말한 조일은 자는 원숙(元叔)이고, 한(漢)나라 양서현(陽西縣)[86] 출신이다. 사람이 바르고 곧아, 어떤 것에도 구애받지 않고 하고 싶은 대로 해서 고향사람들에게 배척당하였다. 한나라 환제(桓帝)와 영제(靈帝) 시기에 조일은 누차 조정에 죄를 짓고 거의 죽을 처지에 봉착했으나, 후에 친구들의 도움으로 겨우 재난을 피하였다. 영제 광화(光和) 원년(서기 178년)에 경사(京師)에서 사도(司徒) 원봉(袁逢)을 만났는데, 그의 직위는 아랑곳 하지 않는다는 듯이 간단히 읍 만하고 허리를 굽히지 않자 원봉이 그의 태도를 보고 존경했다고 한다. 이러한 일로 인해 그의 이름이 경사(京師) 전체를 떠들썩하게 되었다. 후에 고향으로 돌아왔을 때, 조정에서 열 번이나 조서를 내렸으나 모두 사양하고 집에서 생을 마감했다. 그의 저서로는 부(賦)·송(頌)·잠(箴 : 훈계)·뇌(誄 : 공덕을 칭송)·서(書)·논(論) 등 총 16편이 있다. 그 중『자세질사부』는 그의 대표적인 걸작이다. 이 작품에서 그는 이상할 정도로 격분한 감정을 일으켜 동한(東漢)말기의 어두운 정치통치와 사회의 몰락과 부패를 예리하게 폭로하고 비판했다. 즉 "무엇이 백성의 생

86) 지금의 감숙(甘肅) 천수(天水) 지방

216

사를 생각하는 정치인가? 오직 자신만의 이익에 대해서만 만족하려 할 뿐……"이라고 하면서 통치자들의 탐욕스러운 본질만을 질책하였다. 『자세질사부』(발췌)에서 당시 부패로 가득 차 있던 관료 사회의 각종 추악한 현상을 신랄하게 풍자한 내용을 보면 아래와 같다.

"그때부터 지금까지 거짓된 현상이 만방에 일어나고 있는데, 위선과 아첨이 날로 심해지고, 강직하고 정직한 품성은 점점 사라지고 있다. 후안무치하게 아첨하는 사람은 결국 사두마차를 타는데, 정직한 사람은 단지 걸어서만 움직일 수 있을 뿐이다. 굽히지 않는 패기마저 미미하여 폭군에 아첨한다. 이 더러운 기운에 오만하게 저항하면 곧바로 재앙과 조우하게 된다. 부정한 수단으로 이익을 쫓는 사람은 날로 부유하고 흥성한다. 완전히 그것에 유혹되는데 좋고 나쁨을 구분하기가 힘들다. 간사한 사람은 빠르게 출세하고 정직한 사람은 단지 은거하여 숨는다.

이러한 질병들이 일어나는 것은 사실 집정자들이 현명하지 못하기 때문이다. 여인과 관리는 황제의 눈과 귀를 막고, 그들과 가까운 사람들이 국가의 권력을 차지하고 있다. 그들이 좋아하는 사람들을 갖가지 수단을 동원하여 출세하게 하고, 그들이 싫어하는 사람은 갖은 수단을 동원해 결점과 병을 찾는다. 성의를 다하여 충을 다하는 사람은 매우 험한 국면에 처하고 그 해결방법을 찾지 못한다. 궁중의 대문은 이미 열 수가 없고, 한 무리의 개들만이 짖어댈 뿐이다."

조일의 사부를 보면 그가 당대 사회의 위기에 대하여 통찰하고 있었음을 알 수 있으며, 날카롭게 동한 왕조가 이미 막다른 길에 다다랐음을 느끼고 있었다. 이것 때문에 그는 이렇게 말했다. "국가의 멸망이 눈앞에 있는데, 아직도 자신의 안위와 욕망을 추구하고, 단지 눈앞의 즐거움만 쫓으니, 바다를 건너는 배가 방향키를 잃은 것과 같고 마른 장작 위에 앉아 타버리길 기다리는 것과 무엇이 다른가?" 그는 또 맑은 정신으로 이렇게 생각했다. "영광스럽게 등용된 자는 모두 아첨하는 자들뿐이니, 그 누가 그들의 추악함을 판별할 수 있겠는가? 그래서 법률이나 금령이 모두 부유한 귀족에게 굴복하니 황제의 은덕이 어떻게 빈곤한 집까지 닿겠는가!" 그는 계속해서 다음과 같이 주장했다. "요순시대에 있었던 흉년의 기아와 추위는 참을지언정, 지금이 풍요로운 세월에 있다고 해도 입고 먹지 않겠다. 진리를 지키는 것은 죽어도 사는 것이고, 정의를 배반하는 것은 살아도 죽는 것이다." 이렇게 그는 아주 강렬하게 세상의 모든 불합리한 현상에 대하여 분개하고 증오하는 저항 정신과 자신의 성품을 지키고 확고부동한 신념을 표출했다. 이 사부의 끝에서 또 그는 진객(秦客)과 노생(魯生)의 시구를 빌려 "풍향에 따라 방향을 조정하고 물길을 따라 배를 밀듯이 부와 권세가 있는 자들이 현인이라 말하니, 배 안에 학문이 가득 차 있어도 한 보따리의 돈만 못하다. 비굴하고 아첨하는 자가 부귀한 세가가 되고 강직한 사람은 단지 더러운 집에 기대어 있을 뿐이다"라든가, "부귀한 권세가는 마음 내키는 대로하고, 침을 뱉어도 진주라고 생각하고, 빈곤한 사람이 아름다운 이상과 재능을 가지고 있어도 향기로운 화초가 소를 먹이는 마른 풀이 되는 것과 같다"라고 하면서 불합리한 사회현실을 규탄했다. 또 가난한 집안 출신 지식인의 분노와 불공평을 표현했다. 이 작품은 전체적으로 표현이 신랄하고 감정이 격렬하며, 태도가 분명하게 폭로하고 있다. 그래서 한말의 정서를 드러내는 사부 중에서 매우 보기 드문 작품이라고 평가되고 있는 것이다.

-시평-

오랜 친구가 서로 만나 깊게 이야기 하니, 고대 이론을 이야기 하면서 깊은 정을 쌓네.

(故友相交話語濃, 談古論今載深情)

우연히 이전의 일을 말하다 보니, 한의 부를 이야기하는데 그 의미를 알기가 어렵다네.

(偶然說起從前事, 引出漢賦意難平)

세상의 불합리에 대하여 분노하고 사회를 비판하니, 민족의 대의가 전쟁을 일으키네

(憤世嫉俗抨社會, 民族大義起戰爭)

민중을 이끌고 침략자에 저항하니, 혁명을 믿고 지켜 결국은 성공했다네.

(率領民衆抗敵寇, 堅信革命終成功)

12. 많은 책을 탐독하여 능력을 키우다

– 회의 중에 반고(班固)의『한서(漢書)』를 언급하다

1940년 5월 한 달 동안 마오쩌둥은 연안(延安)에 있는 항일군정대학(抗日軍政大學 : 이하 '항대'라 한다)에 자주 가서 연설을 하였고, '항대' 교직원의 학습에 대하여 자세히 이해하고 있었다. 그는 모두에게 이렇게 말했다. "선생이 되고 싶으면, 반드시 먼저 학생이 되어야 합니다."

'항대'의 1차 교무회의에서 마오쩌둥은 회의에 참가한 모든 사람들에게 이렇게 말했다. "우리는 독서대회를 해야 합니다! 누가 가장 많이 책을 읽는지와 이해한 지식이 많은지를 봐야 합니다. 책이기만 하다면 그것이 중국과 외국의 것, 고전과 현재, 정면(正面)과 반면(反面)을 막론하고 모두 읽을 수 있습니다."[87]

이에 어떤 사람이 "국민당(國民黨)의 책은 어떻습니까?"라고 묻자, "그것도 읽어야 합니다! 혁명 서적도 읽어야 하고 반혁명 서

---

87) 邸延生,『역사의 전적(歷史的眞適－毛澤東風雨沈浮十五年)』, 신화출판사, 2002, 596쪽.

적도 읽어야 합니다. 그렇지 않고 우리는 어떻게 반혁명(反革命의 세력)이 무슨 생각을 가지고 있고 무엇을 하고 있는지 알 수 있습니까?" 그는 한발 더 나아가 말했다. "반혁명을 타도하기 위해 우리가 반혁명의 서적을 읽어야 한다는 것을 나는 여러 분들이 이해하고 있다고 생각합니다."

독서를 하는 방법에 대하여 언급하고 있을 때 마오쩌둥은 모두에게 이렇게 말했다. "독서는 반드시 진지해야 합니다! 한눈에 열 줄씩 읽듯이 대충 봐서는 안 됩니다! 삼국연의(三國演義)에서 나오는 방통(龐統)은 한 번에 열 줄씩 봤다고 했지만, 나는 이것을 믿은 적이 없으며 과장이라고 생각합니다. 책을 읽을 때는 먼저 빨리 대충 읽고, 대략의 인상을 느낀 다음에 다시 읽어 중요한 장과 절을 되새겨야 하는데 이게 바로 정독입니다. 이러한 기초 위에서 다시 독후감을 써봐야 하고, 몇 가지 '무엇 때문에'라는 의문을 가지고 현실과 연결지어 주위의 사정을 생각해 봐야 합니다. 이런 다음에서야 비로써 교조주의(敎條主義)를 방지할 수 있는 것입니다."[88]

또 어떤 사람이 고서 중에 어떤 책을 읽어야 하는지를 물었을 때, 마오쩌둥은 먼저 사마천(司馬遷)의 『사기(史記)』와 반고(班固)의 『한서(漢書)』를 언급하면서, 이 두 고서는 중국문학사상 걸작일 뿐만 아니라, 사람들이 중국역사를 가장 직접적이고 가장 효과적으로 이해하는 방법을 알려주는 책이라고 했다.

반고의 『한서』를 언급할 때 마오쩌둥은 『한서』의 간결한 언어구사, 구조의 신중함, 인물묘사의 섬세함을 칭찬하면서, 이후의 전

---

88) 위의 책, p596~597쪽.

기(傳記)문학에 대하여 비교적 큰 영향을 미쳤을 뿐만 아니라, 동
시에 후세의 역사학에도 모범적인 역할을 했다고 평했다.

반고(서기 32년~92년)는 자가 맹견(孟堅)이고 부풍안릉(扶風
安陵)[89]사람이다. 동한(東漢) 초기의 저명한 역사학자이며 사부가
(辭賦家)이다. 반고는 어렸을 때부터 총명하고 지혜로웠으며 공부
를 잘했다. 9세에 글을 짓는데 익숙했고 시서를 암송했다. 16세 때
는 낙양(洛陽)의 태학(太學)에 입학하여 수많은 제자백가의 책을
폭넓게 읽었다. 그는 "마음이 너그럽고 포용력이 있으며, 재능으
로 사람을 판단하지 않아서" 당시 유학자들의 칭찬을 받았다. 23
세에 그의 부친 반표(班彪)가 죽자 6년 동안 고향에 머물렀다. 반
표는 한대(漢代)의 저명한 학자로 100편에 달하는『사기후전(史
記后傳)』을 썼다. 이런 기초 아래 반고는 명제 영평 원년(明帝永
平元年, 서기 58년)부터 집에서『한서』를 집필하기 시작했다. 5년
후 어떤 사람이 사사로이 국사를 고친다고 그를 고발하여 체포되
어 감옥에 들어가게 된다. 그의 아우 반초(班超)가 상소를 올려 해
명하고 명제(明帝)가 그 초고를 읽어보고는 그것이 죄가 되지 않음
을 알게 되어 오히려 반고의 재능을 매우 칭찬하고, 그를 불러들여
란대영사(蘭臺令史)에 임명했다. 1년 후 관직이 올라 랑(郎)이 되
었고 전교비서(典校祕書)의 일을 담당하면서 조서를 받들어 계속
『한서』를 집필했다. 그 후 20여 년이 경과하여 장제 건초 7년(章
帝建初 : 82년)에 '지(志)'와 '표(表)'의 미완 부분을 제외하고,『한
서』의 기초를 대부분 완성했다. 화제영원원년(和帝永元元年 : 89

---

89) 안릉, 지금의 陝西省 咸陽市 동쪽

년) 반고는 중호군(仲護軍)에 임명되어 대장군 두헌(竇憲)을 따라
흉노(匈奴)로 출정했다. 영제 4년(92년)에 두헌이 모반으로 인하
여 살해당하고 반고는 이에 연루되어 체포당하여 옥중에서 세상을
떠나니 그의 나이 61세였다. 반고의 사후, 그의 여동생 반소(班昭)
와 마속(馬續)이 계속해서 조서를 받아 『한서』의 '8표'와 『천문지
(天文志)』를 썼다. 『한서』의 편찬은 반표, 반고, 반소 그리고 마속
의 순서로 이렇게 4인에 의하여 편찬된 것이다. 그렇지만 반고는
『한서』의 주요 편찬자라고 할 수 있다.

　『한서』는 중국 제일의 기전체(紀傳體)로 쓴 단대사(斷代史)이다.
『한서』는 역사적 사실을 기록하고 있는데, 한고조(漢高祖) 원년(기
원전 206년)부터 왕망(王莽)이 황제에 오른 뒤 4년(23년)까지 모
두 229년간이 서한시대(西漢時代)의 역사이다. 『한서』는 전체 100
편(篇)으로 120권(卷), 12기(紀), 8표(表), 70열전(列傳)으로 나뉜
다. 한서의 형식은 기본적으로 사마천의 『사기』를 따르며 좀더 발
전적이다. 그 내용은 『사기』와 비교하여 더욱 풍부하고 완전하며,
더 많은 사회·문화적인 사료를 보존시켰다.

　『한서』는 중국문학사에 있어서 매우 높은 지위를 차지하고 있고,
그 예술적 가치도 매우 높다. 묘사 방법에서 비록 사기처럼 생동적
이고 활발한 변화가 그다지 많지는 않지만, 여전히 그 자체만으로
의 특색이 있다. 이 책은 글의 재료가 풍부하고 구성이 엄격하고
세밀하며, 서사가 상세하여 완벽하다. 또 주제가 세밀하게 묘사되
어 있고 언어가 사부의 영향을 받았으며 복잡하고 아름다우며 간
결하다. 또 어떤 사람의 전기는 소리와 모습을 묘사하고 매우 선명
하게 형상화하여 『사기』와 견줄 만하다. 아래는 『한서·장석지전

(張釋之傳)』에서 발췌한 내용이다.

"그 후 얼마 안 되어 황제가 출행하여 장안 성북의 중위교(中渭橋)를 지나는데, 어떤 사람이 갑자기 다리 아래서 뛰어나오자 황제가 탄 마차의 말들이 놀랐다. 그리하여 마부에게 그 사람을 잡으라고 명을 내리고 정위(廷尉)에게 맡겨 장택이 그를 심문하였다. 그 사람이 말했다. '저는 장안현(長安縣)에 사는 시골사람으로 사람의 통행을 금지한다는 명령을 분명히 들었습니다. 그래서 다리 아래에 숨어 있었습니다. 시간이 지나 황제의 행차가 이미 지나간 줄 알고 다리 아래에서 나왔는데, 순간 황제의 행렬을 보고 즉시 뛴 것입니다.' 후에 장택이 황제에게 그 사람이 죄를 지었다고 보고하면서 그가 길을 비워야 하는 금령을 어겼으니 벌금을 내게 해야한다고 했다. 이에 문제(文帝)가 격노하여 말하였다. '이 사람은 짐의 말을 놀라게 하였는데, 나의 말이 다행이도 순하고 온화했기에 아무 일 없었지, 만약 그런 말이 아니었다면 아마 내가 떨어져서 다쳤을 것이다. 그런데 정위는 그에게 겨우 벌금이라니!' 장택이 이에 대답하였다. '법률은 천자와 하늘 아래 있는 사람 모두가 공동으로 준수해야 하는 것입니다. 지금의 법률이 그렇게 규정되어 있는데, 도리어 더 가중하여 처벌한다면 이러한 법률은 곧 백성들의 믿음을 얻을 수 없습니다. 이런 때에 황제께서 사람을 시켜 그를 죽이면 안 됩니다. 현재 이미 정위에게 이 사람을 맡겼으니 정위가 공정하게 법을 집행하는 사람입니다. 조금이라도 편파적인 실수를 한다면 천하의 모든 집정자들이 임의로 경중을 따질 것인데, 백성들이 어찌 당황하지 않겠습니까? 폐하께서

는 이를 생각해 주십시오!' 한참 후에 황제가 말했다. 정위의 판결
이 정확하도다!"

아래의 내용은 『한서 · 곽광전(霍光傳)』에서 발췌하였다.

"곽광은 사람이 냉정하여 침착하고, 섬세하며 신중하다. 키가
7척 3촌이고 피부는 희고 깨끗하며 눈과 눈썹이 뚜렷하고 수염
이 매우 아름답다. 매번 전문(殿門)을 통해 출입하고 멈췄다가 항
상 일정한 곳으로 다녔다. 랑복사(郎僕射 : 랑관의 수장)가 암중
에 표시를 해보니 한 치의 오차도 없었다. 그의 자질과 본성은 이
렇게 단정하였다. 어린 주인을 보좌하기 시작하여 정부의 명령이
그로부터 나왔다. 모든 사람이 그의 풍모를 선모했다. 하루는 궁
전에 이상한 일이 일어났는데, 하룻밤 동안 대신들이 서로 소란
을 피워 곽광이 옥새를 담당하는 사람에게 옥새를 달라고 하자,
이 옥새를 담당하는 랑관(郎官)이 옥새를 곽광에게 주지 않았다.
곽광이 계속 옥새를 달라고 하자 옥새 담당관이 검을 들고 '신하
의 머리는 얻을 수 있으나, 나라의 옥새는 얻을 수 없을 것입니다'
라고 말했다. 곽광이 그의 충의를 매우 칭찬하면서 다음날 명령을
내려 이 랑관의 급수를 두 계급이나 올려 주었다. 이에 백성들이
그를 매우 칭송하였다."

반고의 『한서』는 기타 전기문학과 다른 현저한 특징이 있다. 그
것은 기록 중에 전체 글에 나오는 전기적 인물에 대해 본인이 쓴
수많은 중요한 상소(奏疏)와 사부(辭賦)가 기록되어 있어서, 양한

시기의 수많은 중요 문장과 사부를 보존시키게 했다는 것이다. 이 것으로 인해서 『한서』는 역사학과 문학사상 모두 중요한 위치를 차 지하고 있다고 평가되는 것이다. 이것은 마오쩌둥이 후세의 역사 학에 대하여 "중요한 모범적인 역할을 하는 책"이라고 하면서 『한 서』를 칭찬한 하나의 원인이었던 것이다.

-시평-

한 권의 한서가 오랜 세월 전해지는데, 내용이 풍부하고 그 영 향이 깊다.

(一部漢書傳千載, 內容豐富影向深)

인물의 전기를 세밀하게 묘사하고, 시대의 발전에 그 흔적을 남 겼고,

(人物傳記詳細寫, 時代脈搏留痕迹)

많은 책을 두루 읽고 재능을 키우니, 시야가 트이고 정신이 성 장한다.

(博覽群書增才幹, 開闊視野長精神)

역사의 길고 긴 과정을 조리 있게 탐색하여, 대업을 같이 계획 하며 인민을 위한다네.

(歷史長河順探索, 同謀大業爲人民)

제**3**편

1. 어려움을 극복하려면 '사마천'이
『사기』를 쓴 것처럼 분발하라

『사기』는 마오쩌둥이 가장 많이 읽은 역사책이다. 업무와 일상생활을 막론하고 마오쩌둥은 항상 『사기』의 저자 사마천을 언급하거나 혹은 『사기』의 내용을 인용하여 어떠한 문제에 대해서도 분명히 말했다.

사기의 저자인 사마천(기원전 145년~기원전 90년)의 자는 자장(子長)이고, 서한(西漢)의 하양(夏陽)사람으로 중국 고대의 위대한 역사학자이다. 기원전 99년 한무제(漢武帝)는 이릉(李陵)을 파견하여 흉노를 공격하게 했는데, 그가 흉노에게 패하여 포로가 되자 적에게 투항했다. 이에 한무제가 대노하자 사마천이 이릉을 위하여 변호하면서 한무제의 노여움을 샀다. 그 결과 사마천은 투옥되고 궁형(宮刑)에 처해졌다. 이후 기원전 96년에 감옥에서 나와 발분하여 전력을 다하여 노신(魯迅)이 "사학자의 최고 경지이자 압

운이 없는 이소(離騷)이다"라고 평한 중국 제일의 기전체 통사인
『사기』를 탄생시켰던 것이다.

1944년 9월 8일 마오쩌둥은 중공중앙직속기관(中共中央直屬機
關)에서 장스더(張思德) 동지를 추도하기 위한 집회를 열고, 그 회
의에서 한 편의 『인민을 위하여 봉사하다(爲人民服務)』라는 제목
의 연설문을 발표했다.

이 연설 중에 마오쩌둥은 다음과 같이 말했다.

> "사람은 결국 죽어야 한다. 그러나 죽음의 의미는 다름이 있다.
> 중국 고대에 한 명의 문학가가 있었는데, 그를 사마천이라고 했
> 다. 그가 이렇게 말했다. '사람은 반드시 한 번은 죽는데 그 죽음
> 의 가치가 태산과 같이 무거울 때도 있고, 기러기의 깃털처럼 가
> 벼울 때도 있다.' 이와 같이 인민의 이익을 위하여 죽는다면 곧 그
> 죽음이 태산과 같이 무거울 것이고, 파시즘을 위하거나 인민을 착
> 취하고 인민을 억압하다가 죽는 사람은 그 죽음이 기러기의 깃털
> 처럼 가벼울 것이다."[90]

마오쩌둥이 연설 중에 인용한 "사람은 반드시 한번은 죽는데 그
죽음의 가치가 태산과 같이 무거울 때도 있고 기러기의 깃털과 같
이 가벼울 때도 있다"는 말은 사마천의 『보임안서(報任安書)』에서
나온다.

『보임안서』는 사마천이 그의 친구 임안(任安)에게 쓴 한통의 편

---

90)『毛澤東選集』제3권, 人民出版社, 1991, 1004쪽.

지이다. 임안은 성이 임이고, 이름은 안이며, 자는 소경(少卿)으로, 서한의 형양(滎陽)사람이다. 처음에는 대장군 위청의 추천으로 한무제에게 발탁되어 익주자사(益州刺史)와 북군사자호군(北軍使者護軍)의 관직에 오른다. 후에 한무제가 신임한 강충(江充)을 토벌하기 위해 병사를 일으켰을 때, 그 일에 연루되어 감옥에 들어갔다.

사마천은 소위 "이릉의 화"에 의하여 체포되어 감옥에 갇히고 궁형을 당했다. 감옥에서 나온 후 그는 전적으로 역사책을 편찬하는 중서령(中書令)을 담당하게 되는데, 표면적으로 볼 때는 궁중의 기밀 직무라고 할 수 있으나, 실제적으로는 환관의 신분으로 내정(內廷)을 보살피는 것으로 일반 사대부가 부끄러워하는 직책이었다. 이때 그는 임안이 보낸 편지를 한 통 받게 되는데, 편지에서 그는 사마천이 중서령의 신분으로 현자와 인재를 추천해 주길 희망했다. 이전의 매우 고통스러운 교훈과 암울한 현실을 심각하게 인식하고 있던 사마천은 사실상 임안의 말에 따라 하는 것이 어렵다는 것을 느끼고 답신을 보내지 않았다. 후에 사마천은 임안이 곧 극형에 처해질 것이라는 소식을 듣게 된다. 그는 만약 임안이 죽으면 영원히 그에게 답신을 보내지 못하여, 평생의 한으로 남을 수 있음과 동시에 다시는 오랜 친구에게 자신의 차가운 가슴속에 쌓인 분노를 말하지 못할 것을 걱정하여 결국 이 『보임안서(報任安書)』를 썼던 것이다.

편지 속의 1단락과 4단락의 내용을 보면, 작자의 영욕관(榮辱觀)과 생사관(生死觀)을 잘 설명하고 있다. 그 모욕이 "세상을 구차하게 살아가게(苟活于世)"된 원인임을 표현했다. 저자는 어떻게 하면 영광이고 어떻게 하면 모욕인지 말하면서 영광과 모욕에 대한 자신의 생각을 표현했다. 그리고 이렇게 말했다. "나는 비록 겁이 많고 나약하며 구차하게 인세에 살고 싶지만, 아주 미약하게 생을 버리고 죽는 경계를 구분할 줄은 안다. 어떻게 스스로 기쁘게 감옥에 들어가 생활하고 모욕을 참을 수 있겠는가?" 그러나 저자는 분명한 생사관도 가지고 있었다. "사람은 반드시 한 번은 죽는데, 그 죽음의 가치가 태산과 같이 무거울 때도 있고 기러기의 깃털과 같이 가벼울 때도 있다." 그리고 자신의 지위가 낮음을 다음과 같이 표현했다. "만약 내가 사형집행을 당하여 죽음을 당한다면, 그것은 마치 9마리의 소에서 떨어진 한 올의 털과 같은데 개미와 무슨 차이가 있겠는가?" 또 "가치 있게 죽기 위해 발분하여" 저서를 남겼던 것이다. "이름이 후세에 전해지기를 바라면서" 이 길을 간다. 그렇기 때문에 "모욕을 참을 수 있다." 저자는 이 글에서 자신의 마음속에 있는 격렬하고 복잡한 사상의 충돌을 자세하고 감동적으로 묘사했다. 그리고 자신의 불굴의 투쟁의지와 강한 정신을 충분히 표현했다. 일반적으로 죽음을 두려워하지 않으면 감격적이고 눈물을 나게하는 훌륭한 행동을 하게 된다. 그러나 저자가 쓴 글 중에는 오히려 상식적이지 않게 "극형으로 인한 분노가 없이" 써서, 강하게 삶을 구하는 이 "작은 뜻을 버리고", "큰 모욕을 풀어내는" 행위는 더욱 더 사람의 마음을 북돋아 준다. 그리고 아마도 이것이 이 편지가 강한 감염력을 가질 수 있게 된 원인이 되었을 것이다!

　사마천이 쓴 『보임안서』의 문학적 가치는 역사 이래 사람들에게 두루 공인되었다. 적지 않은 사람들이 이글을 "천하기문(天下奇

文)"이라고 했으며, 그것이 굴원의 대표작인 『이소』와 필적할 만하다고 했다.

1962년 1월 11일부터 2월 7일 까지, 마오쩌둥은 인민대회당에서 중공중앙공작 확대회의를 주관했다. 중앙·중앙국(中央局)·성(省)·지(地)·현(縣)(주요 공장과 광산을 포함)의 5급 지도자와 간부가 회의에 출석했는데, 총 7,118명이었다. 사람들은 이 대회를 통상적으로 "7천인대회"라고 한다.

이 대회에서는 정세와 임무문제, 민주집중제 문제, 당의 풍격(作風)과 군중에 대한 방침문제에 대해 중점적으로 토론했다. 대회의 목적은 대약진 이래 얻어진 경험과 교훈을 종합하여, 객관적으로 상황을 인식하고 전 공산당의 사상을 통일하여, 이후 각 부서의 업무에 편리하도록 하기 위해서였다.

같은 해 1월 30일 마오쩌둥은 이 대회에서 연설을 하였다. 여기서 그는 매우 많은 말을 하였는데, 그중에는 다음과 같은 내용이 있었다.

"하급기관에 내려가서 일을 하는 것과 혹은 다른 지방으로 전출되어 일을 하는 것이 무엇 때문에 안 된다는 것인가? 사람이 무엇 때문에 상승하기만 하고 하강할 수는 없는 것인가? 또 무엇 때문에 이 지방에서만 일을 하려고 하고, 전출하여 다른 지방에 가서 일할 수는 없다는 말인가? 나는 이런 종류의 하강과 이동은 맞고 안 맞고를 막론하고 모두 좋은 점이 있다고 생각한다. 이것은 혁명의 의지를 단련할 수 있고 수많은 신선한 상황을 조사연구할 수 있고, 유익한 지식을 많이 쌓을 수 있다. 나 자신은 이런 방면에서 경험이 있는데, 많은 유익한 것을 얻었다. 못 믿겠으면 당신들이 시험해 봐도 무방하다. 사마천은 다음과 같이 말한 적이 있다. 주나라 문왕은 구금당했기에 『주역』을 발전시킬 수 있었고, 공자는 가난하였기에 『춘추』를 썼으며, 굴원은 추방당함으로써 『이소』를 썼고, 좌구명은 시력을 잃은 다음에 『국어』를 쓸 수 있었다. 그리고 손빈(孫臏)은 슬개골이 잘린 다음 『병법』을 편찬했고, 여불위(呂不韋)는 좌천당하여 촉에서 후세에 전해진 『여씨춘추(呂氏春秋)』를 썼으며, 한비자(韓非子)는 진나라의 감옥에서 『설난(說難)』과 『고분(孤憤)』을 썼고, 『시경』의 삼백 편 또한 훌륭한 사람들이 비분강개하여 쓴 것이다. 이 몇 구의 말 중에는 소위 주 문왕이 주역을 발전시켰다는 것과 공자가 『춘추』를 썼다는 것은 사실인지 아닌지도 모른다. 우리는 지금 그것에 대해서는 관여하지 말고 전문가들이 해결하게 두자! 그러나 사마천은 그러한 사실을 믿었다. 문왕의 구금과 공자의 가난함은 확실히 사실이다. 사마천은 이런 사정을 이야기하면서 좌구명이 실명당하는 것을 제외하고 모두 당시의 높은 계급의 사람들이 그들에게 잘못을 범했다는 것을 밝혔다. 우리도 과거에 간부들을 잘못 처리한 적이 있는데, 이 사람들에 대하여 전부 잘못 처리했든지, 혹은 부분적으로 잘못 처리했든지, 모두 구체적인 정황에 따라 자세히 검토하여 바로잡아야 한다. 그러나 일반적으로 말한다면, 이런 종류의 사실을 잘못 처리하여 그들을 좌천시키거나, 혹은 일하는 곳을 바꾸게 하는 것은 그들의 혁명의식에 있어서 일종의 단련이다. 게다가 인민과 민중들에게서 많은 지식을 흡수 할 수가 있다. 나는 여기서 분명하게 밝힌다. 나는 간부에 대하여나 동지에 대하여 혹은 어떠한 사람에 대해서 옳고 그름을 구분하지 않고 잘못에 대하여 처벌할 수 있다는 것이고, 이는 곧 고대인들이 주 문왕을 구금했던 것과 공자의 가난함, 추방된 굴원, 뼈를 잘려야 했던 손빈 등과 같은 것이다. 나는 이렇게 하자고 주장하는 것도 아니고, 오히려 이렇게 하는 것을 반대한다. 하지만 인류사회의 각 역사의 단계에서 항상 이렇게 잘못을 처리하는 일이 있어왔다. 계급사회에서 이러한 정황은 매우 많다. 사회주의 사회에서도 이것을 피할 수는 없다. 그러나 하나 다른 점이 있는데, 정확한 방침이 이끄는 시기에는 잘못 처리한 사실이 있으면 바로 자세히 검토할 수 있고 잘못을 바로 잡을 수 있어, 그들에게 예를 갖추고 사과하여 그들의 마음을 홀가분하게 하고 다시 고개를 들 수 있게 한다."[91]

마오쩌둥의 연설에서 언급된 사마천이 말한 "주나라 문왕은 구금당하여『주역』을 발전시켰고, 공자는 가난하여『춘추』를 썼다" 등 7가지의 사건은 사마천의『보임안서(報任安書)』에 나오는 내용이다.

글에서 열거한 7개의 사건은 다음과 같다. "주나라 문왕은 구금당하여『주역』을 발전시켰다"는 주 문왕 희창(姬昌)이 일찍이 상(商)나라 주왕(紂王)에 의해 유리(羑里)에 있는 감옥에 구금되었을 때, 그는 감옥에서의 시간을 활용하여 8괘를 다시 조합하고 추론하여 64괘로 발전시키고『주역』을 만든 것을 말한다. "공자는 가난하여『춘추』를 썼다"는 것은 공자가 일생을 유세하면서 다녔지만

---

91)『毛澤東著作選讀』하권, 人民出版社, 1986, 816~817쪽.

도처에서 난관에 부딪치고, 자신의 정치 포부를 실현하기 어려움을 느끼고, 게다가 곤궁하여 옛 땅으로 돌아온 다음, 마음을 바로잡고 노(魯)나라의 역사를 저술하기 시작하는데, 이후 마침내『춘추』라는 작품을 완성한 것을 말한다. "굴원은 추방당하여『이소』를 썼다"는 것은 굴원의 초(楚)나라 회왕(懷王)의 배척을 받아 추방당하여 한북(漢北) 강남(江南)에서 나라의 안위를 생각하며 울적한 심정으로『이소』를 쓴 것을 말한다. "좌구명은 시력을 잃은 다음『국어』를 썼다"는 것은 노나라 사관(史官)인 좌구명이 사서인『국어』를 편찬할 때 이미 그의 양 눈이 실명됐음에도 썼다는 말이다. "손빈은 슬개골이 잘린 다음『병법』을 편찬하다"라는 것은 손빈이 위(魏)나라에서 어떤 사람의 모함에 빠져 슬개골이 잘리고 후에 제나라로 도망을 쳤는데, 제나라와 위나라의 전쟁 중에 전기(田忌)와 함께 손빈은 "위나라를 포위하여 조나라를 구한다(圍魏救趙)"는 계책을 써서 위나라 군대를 마릉도(馬陵道)에서 대파한 후 제후들에게 그 이름을 알렸다. 손빈의 쓴『병법』은 이 때문에 세상에 전해지게 되었다. "여불위는 좌천당하여 촉에서 후세에 전해지는『여씨춘추』를 썼다"는 것은 진나라 승상 여불위가 진(秦)나라 왕 영정(嬴政, 진시황)에게 파직당하여 자신의 무리를 촉으로 옮긴 후 문객들과 속내를 감추고『여씨춘수』란 책을 편찬한 것을 말한다. 책 안에 "8람(八覽)"이 있는데 이를『여람』이라고도 한다. "한비자는 진나라의 감옥에서『설난(說難)』과『고분(孤憤)』을 썼다"는 말은 한비자가 진나라에서 이사 등의 함정에 빠져 해를 입고 감옥에 수감된 후 독살당했는데, 그는 사후『한비자』를 남겼고, 그중에서도『설난』과『고분』이 가장 가치 있는 작품이라는 말이다. 마오

쩌둥은 연설 중에 사마천이 예를 든 '7가지 사건'을 통해 사람들이
직무가 내려가거나 혹은 근무 이동에 대해 불만이 있더라도 이에
대처하는 능력을 키워야 한다는 말로써 독려하려 하였던 것이다.
설령 상급 지도자의 일처리가 틀렸을지라도 의기소침해지지 않아
야만 이러한 역경 속에서 의지를 단련할 수 있다고 했고, "게다가
인민과 군중들로부터 수많은 새로운 지식을 흡수할 수 있고", 일
을 열심히 하면 성과를 얻어낼 수도 있다고 했다. 그리고 마오쩌둥
은 자신이 스스로 쌓은 경력을 통해 대중을 격려했는데, 그는 "나
는 이런 방면에서 경험이 있고, 거기서 매우 많은 것을 얻었다"고
했다. 그 내용은 다음과 같다.

　정강산 시기 마오쩌둥은 일찍이 오해를 받아 당적을 박탈당하고
홍군(紅軍)의 사장(師長)을 맡게 된 적이 있었다. 이때 마오쩌둥은
의기소침하지 않고 계속해서 홍군의 작전을 지휘하였으며, 1929
년에서 1930년까지 사이에 그는 『당내의 잘못된 사상을 바로잡는
것에 관하여(關于糾正黨內的錯誤思想)』와 『한 점의 불꽃이 들판
을 불태울 수 있다(星星之火可以燎原)』고 하는 등의 유명한 글을
써서 발표했다. 1931년부터 1934년 사이는 소위 "서금시기(瑞金
時期, 강서성 서금지역)"라고 하는데, 왕밍(王明 : 중국공산당 초
기 지도자, 1904~1974)의 잘못된 방침을 따른 지도자가 마오쩌
둥의 당내와 홍군에서의 지휘권을 박탈했다. 마오쩌둥은 바로 이
때 배척과 공격을 받아 어려운 상황에 처하게 되었는데, 이러한 역
경 속에서도 그는 의기소침하지 않고 항상 마르크스-레닌주의의
원칙을 고수하는 입장을 취하면서 지속적으로 왕밍과 같은 '좌경
(左傾)' 기회주의 노선에 대해여 결연히 투쟁하였다. 동시에 토지

조사운동을 적극적으로 시행하고 이끌었다. 또 마르크스-레닌주의를 운용하는 방법을 분석하여 『경제활동을 할 때는 반드시 주의해야 한다(必須注意經濟工作)』, 『농촌계급을 어떻게 분석해야 하는가?(怎樣分析農村階級)』, 그리고 『군중의 생활에 관심을 갖고, 일하는 방법에 주의해야 한다(關心群衆生活, 注意工作方法)』 등의 글을 썼다. 마오쩌둥은 어떠한 사정이라도 그것이 모두 이중성을 갖고 있어 일이 잘못 처리되는 것은 피하기가 힘들다고 생각했다. 그래서 잘못 처리된 것을 바로잡는 태도가 필요하고, 좌절을 극복하고 역경 속에서 자신의 재능을 키우고 방법을 생각하여 나쁜 일을 좋은 일로 만들어야 한다고 강조했다. 이것은 이미 마오쩌둥이 사람들에게 일단 역경과 조우하면 낙담하지 말고 고난을 극복하려는 용기를 가지고 있어야 하며, 고난을 이겨낼 수 있는 방법을 생각해야 한다는 말을 통해서 확인되었고, 동시에 용감하게 현실을 마주하고 용기 있게 진취적으로 개척하려는 강경한 성격의 소유자였음을 알 수 있다. 마오쩌둥이 평생토록 강하게 살아왔던 그의 경력이 바로 이런 생각에서 비롯되었다는 것을 확인할 수 있을 것이다.

1975년에 마오쩌둥은 이미 82세의 고령이었다. 그는 병사에 있으면서도 간호사 멍진윈(孟錦雲)과 함께 사마광(司馬光)을 주축으로 편찬된 『자치통감(資治通鑑)』에 대하여 담론하면서 재차 사람은 역경 속에 처하게 됐을 때 용기를 가지고 곤란한 문제를 이겨내야 한다고 했다. 그 내용은 다음과 같다.

"사마광은 굳은 의지와 결단력을 가지고 있던 사람이라고 말할 수 있어요! 그는 48세부터 60여 세까지 그의 황금시기에 하나의 큰 업적을 달성했지요. 당연히 이 시기의 그는 정치적으로 뜻을 이루지 못했고, 배척당하고 있었어요. 이것 또한 그가 이 책을 완성하게 된 하나의 원인이라고 할 수 있어요.

중국은 두 개의 위대한 저작(著作)물을 가지고 있는데, 그 하나가 『사기』이고 다른 하나가 『자치통감』이에요. 이 두 책 모두 재능 있는 사람이 정치적으로 뜻을 이루지 못한 상황에서 편찬된 것입니다. 그래서 사람이 공격을 받고 고난을 만나는 것이 결코 나쁜 일인 것만은 아니라는 것을 알 수 있지요. 당연히 이는 약간의 재능과 포부가 있는 사람을 두고 하는 말입니다. 만약 이 두 가지 조건이 충족되지 않는다면 당연히 별도로 논의해야 할 겁니다. 사마광은 말년에 3개월 동안 승상의 위치에 있었는데, 이후 1여 년의 시간이 지나서 죽고 말았지요. 그러나 죽음으로만 끝난 것이 아니라 죽은 후에도 또 안 좋은 일을 당하게 되지요. 정말 인생무상 아닌가요?"[92]

"비분(悲憤)은 시인(詩人)을 나오게 하고, 발분(發憤)은 업적(成績)을 이루게 한다." 자고이래 약간의 사람만이 공을 이루고 역사에 공헌을 하였는데, 그들 모두 역경 속에서 그들의 위대한 창작을 완성했던 것이다. 대자연은 인간에게 시련을 주는 것과 동시에 인간에게 용기와 지혜도 준다. 무릇 의기가 있고 포부가 있는 사람은 곧 이 용기와 지혜를 사용해서 시련을 이겨내고 승리를 쟁취해야 한다. 이는 굴원이 쓴 『이소』 중에서 말한 "가야 할 길이 멀고 요원

---

92) 陳普 편, 『毛澤東讀書筆記解析』, 廣東人民出版社, 1996, 977쪽.

하지만, 나는 계속 끊임없이 진리를 찾아 갈 것이다(路漫漫其修遠兮, 吾將上下而求索로)"라는 말과 같은 의미인 것이다.

　-시평-

사람이 역경을 만나 순탄치 못한 일이 많지만, 갖가지 어려움을 다 말할 필요는 없다.

(人逢逆境坎坷多, 千難白困毋須說)

발분하여 의지를 일깨워 용기 있게 싸우면, 의기가 가슴 속에 가득 차 산하를 손에 쥘 수 있게 된다.

(發憤賞志爭奮勇, 豪情滿懷攬山河)

가슴 속에는 앞날의 밝은 길이 있는 것이니, 시기를 잘 잡아 세월을 허비하지 말지어다.

(胸中有陽關道, 把握時期莫蹉跎)

가야할 길은 멀고 요원하기는 하겠지만, 언제나 스스로 위아래 상관없이 탐색하고 찾아야만 한다.

(路漫漫其修遠兮, 自當上下而求索)

2. 상고시대의 시가를 깊이 이해하라

—총명과 지혜는 백성의 삶 속에 있다

1917년 초여름 어느 날 밤, 장사(長沙)의 하늘에 먹구름이 낮게 깔리고 끊임없이 큰 비와 천둥번개가 치는 한밤중이었다. 악록산(岳麓山)의 울창한 숲이 비바람을 맞으며 큰소리를 내고 끊임없이 몹시 흔들리고 산간의 작은 길이 빗물에 의해 침식되어 질퍽거렸다. 마침 이런 때에 어린 마오쩌둥과 그의 학우 차이허썬(蔡和森)은 온몸이 젖은 채로 산위로 미친 듯이 뛰어 올라갔다. 그들은 빠르게 달리면서 고성을 지르며 고대시가(古代詩歌)의 한 구절을 암송했다.

"갈대가 무성하고, 하얀 이슬은 서리가 되네. 소위 저 사람은, 강 저편에 있네
(蒹葭蒼蒼, 白露爲霜. 所謂伊人, 在水一方.)"

두 사람은 질퍽거리는 산정성에 올라, 사나운 바람과 모진 비바

람이 그들의 온몸을 때리는 것과 상관없이, 양팔을 벌리고는 사납고 고집스러운 하늘을 맞이하면서 보이지 않는 광활한 대지를 향해 힘껏 소리를 질렀다.

"아…… 아……."

비바람 속의 두 사람은 비틀거리면서 산을 뛰어 내려와 전신에 흙탕물과 빗물로 범벅이 된 채 차이허썬의 집으로 뛰어들어 갔다. 그의 어머니가 그것을 보고 크게 놀라면서 급히 물었다.

"너희들 뭘했길래 그런 모습이냐?"

마오쩌둥이 그의 어머니에게 말했다.

"우리는 하늘과 싸웠는데 그 즐거움이 끝이 없었어요! 그리고 땅과도 싸웠는데 그 즐거움이 끝이 없었어요! 또 사람과도 싸웠는데, 그 즐거움이 끝이 없었어요!"

마오쩌둥과 차이허썬이 산위에서 비바람을 맞으며 암송한 고대시가는 바로 『시경 · 겸가(詩經 · 蒹葭)』의 한 부분이었다.

"갈대가 무성한데, 하얀 이슬이 서리가 되네. 소위 저 사람은, 강의 저편에 있네. 강을 따라 거슬러 올라가니, 길은 험하고 멀기만 하네. 물길을 따라 올라가니, 마치 그 사람이 물 한가운데 있는 것 같네(蒹葭蒼蒼, 白露爲霜. 所謂伊人, 在水一方. 溯洄從之, 道阻且長. 遡遊從之, 宛在水中央)"

『시경』은 고대시가 중에서 중국 제일의 시가집(詩歌集)이다. 시간을 거슬러 올라가 서주(西周) 초기부터 춘주시대(春秋時代) 중엽까지(기원전 11세기부터 기원전 6세기까지) 500여 년간의 시가를 모은 책인데, 그 중 대부분이 서주 말기와 동주 초기의 작품이다. 『시경』을 탄생시킨 지역은 위수(渭水), 한수(漢水), 황하(黃河) 및 장강(長江)유역을 포함하는 지역인데, 그 시의 대부분이 민간에 의한 구전 창작물이다. 모두 305편으로 되어 있고, 구체적으로는 풍(風) · 아(雅) · 송(頌) 이렇게 세 종류로 나뉜다. '풍'은 『국풍(國風)』160편으로 나뉘고, '아'는 『대아(大雅)』와 『소아(小雅)』를 합쳐서 105편으로 나뉘며, '송'은 『주송(周頌)』·『상송(商頌)』·『노송(魯頌)』을 합쳐 모두 40편으로 나뉜다. 풍 · 아 · 송은 모두 음악의 명칭이다. 『시경』은 일찍이 진시황의 명령으로 불타버린 적이 있고, 한대(漢代)에 이르러 조정에서 남아 있던 것을 수집 정리하게 함으로써 다시 전해지게 되었다.

『국풍』에는 당시 사회의 불평등한 현상을 폭로하는 작품이 많이 실려 있는데, 노동자들의 착취자에 대한 저항하는 사상이 표현되어 있다. 예를 들면 『위풍(魏風) · 벌단(伐檀)』편에 나오는 것이 그것이다.

"박달나무 벌목하는 소리가 탕탕 아!
자른 나무를 강가에 쌓아두니,
하수의 맑은 물결이 일렁이네.
씨를 뿌리지 않으면 걷을 수도 없는데,
어찌하여 삼백 묶음의 곡식을 내라하는가?
겨울에 사냥을 하지 못했는데,
어떻게 너의 집에 오소리가 있게 하겠는가?
그런 주인나리님들아!

그렇게 헛되이 밥만 축내지(빈둥거리지) 말거라!

(坎坎伐檀兮, 寘之河之干兮, 河水淸且漣兮.

不稼不穡, 胡取禾三百廛兮？不狩不獵,

胡瞻爾庭有縣貆兮？彼君子兮, 不素餐兮!)"

마오쩌둥이 장사에서 공부할 때 수업 중에 쓴 강의기록을 보면
이 내용이 다음과 같이 기록되어 있다.

"농사를 상관하지 않는다는 것은 농사의 어려움을 모른다는 것
이고, 누에를 짜는 것을 쉬면 의복이 어디서 나오는지 모르는 것
이다. 『빈전풍(豳前風)』은 오업(五業)의 근본을 말하고, 『칠월』 8
장의 짧은 곡에서는 의(依)와 식(食) 두 글자를 논하였다……."[93]

『빈풍(豳風)·칠월(七月)』은 농민의 노동에 대해 전반적으로 묘
사한 긴 시(詩)이다. 전체 시가 춘하추동에 따라 농사짓는 절기를
순서대로 묘사하고 있다. 또 이글은 일 년 사계 안에서 노동을 하
는 사람들이 성실하게 일하고 고달프게 생활하는 것에 대해 사실
적으로 기술하고 있다. 이는 당시 노예사회의 생활전경이라고 할
수 있다.

1936년 12월 21일, 스탈린의 60세 생일을 축하하기 위해 마오
쩌둥은 연안에서 『스탈린은 중국인민의 친구(斯大林是中國人民的
朋友)』라는 글을 썼는데, 그 중 이러한 내용이 있다.

---

93) 陳普 편, 『毛澤東讀書筆記解析』, 廣東人民出版社, 1996, 1185쪽.

"중국인민은 역사상 가장 심각한 재난의 시기에 처해 있다. 사람들의 도움이 가장 절박하게 필요한 시기이다. 『시경』에서 "작은 새가 어찌 소리를 내면서 우는가? 그것은 오직 지음(제짝)을 부르는 소리다(嚶其鳴矣 求其有聲)"라고 말한 것처럼, 우리도 마침 이러한 때에 처해 있다."[94]

문중에서 "작은 새가 어찌 소리를 내면서 우는가? 그것은 오직 친구(짝)를 부르는 소리다"의 구절은 『소아(小雅)·벌목(伐木)』편에 나오는 내용이다.

『국풍』을 살펴보면 애정시가 비교적 다수를 차지하는데, 마오쩌둥은 일찍이 이런 류의 시작(詩作)을 자주 인용했다.

1956년 3월 27일, 마오쩌둥의 전용열차에서 일하는 여종업원 야오수셴(姚淑賢)은 그녀의 남자친구와 토요일 저녁에 중남해 동남쪽에 있는 중산공원에서 만나기로 약속했다. 그런데 갑자기 명령을 받아 출발준비를 해야 했다. 마오쩌둥이 북대하(北戴河)에서 회의를 하러가야 했기 때문이다. 오후 3시, 마오쩌둥이 막 전용열차에 올랐고 열차는 움직이기 시작했다. 마오쩌둥이 손님용 객실에 들어가려 할 때, 그가 갑자기 걸음을 멈추고 주변의 직원들을 둘러보면서 물었다.

"오늘이 토요일인데 자네들 중 혹 약속이 있는 사람 있는 것 아닌가?"

다른 사람은 모두 대답을 안 했지만, 오직 야오수셴만이 대답했다.

---

94) 『毛澤東選集』 제2권, 人民出版社, 1991, 675쪽.

"있습니다, 접니다!"

마오쩌둥이 그녀를 향해 몸을 돌리면서 얼굴에 친절한 미소를 지으며 물었다.

"누구와 약속했지요?"

아직 21세가 안 된 야오수셴이 머리를 숙이고, 빨개진 얼굴로 웅얼거리는 투로 말했다.

"남자친구입니다……."

"아! 내가 자네들 좋은 일을 방해했구려!"

마오쩌둥이 열차 밖을 보면서 다시 수줍어하는 야오수셴을 보더니 눈썹을 찡그리면서 말했다.

"어떻게 하지? 자네 어디서 만나기로 약속 했나요?"

"중산공원 정문에서 만나기로 했습니다……."

야오수시엔은 머리를 들어 작은 소리로 말했다.

"그러나 괜찮습니다……."

"어떻게 그것이 괜찮은 일인가요?"

마오쩌둥은 야오수시엔을 대신하여 조급하면서 물었다.

"자네는 그에게 말했나요?"

"시간이 없었습니다."

"아! 이 작은 아가씨야……."

마오쩌둥은 열차 밖을 보고는 마치 열차를 멈출 수 있기를 바라듯이,

"만약 그가 계속 기다리면 어떻게 하지요? 자네는 전화조차도 그에게 하지 않았잖아요!"

"전화하지 못 했습니다"

야오수셴의 얼굴이 다시 한 번 빨개졌다.

"우리는 임무를 수행하는데 있어서, 다른 사람들에게 말해서는 안 됩니다……."

마오쩌둥은 습관적으로 자신의 아랫입술을 빨며 낮게 말하였다.

"그렇지만, 좀 미안한데……."

이때 야오수셴이 오히려 마오쩌둥을 위로하기 시작했다.

"괜찮습니다. 그 사람은 제가 항상 임무가 있다는 것을 알고 있습니다. 그는 이해할 겁니다."

"음……."

마오쩌둥은 고개를 저으며, 창가에 있는 테이블로 가서 앉고는 낮은 목소리로 말했다.

"내가 그들에게 영향을 미치는 것은 아니겠지? ……."

저녁 무렵에 야오수셴은 열 몇 개의 연필을 깎아서 마오쩌둥에게 주었는데, 마오쩌둥이 무슨 생각에 잠긴 듯 고개를 들고 그녀를 바라보다가 눈에 빛을 내면서 말했다.

"작은 야오 아가씨! 잠깐 기다렸다 가게나, 내가 뭐 하나 줄 테니 받아가서 남자친구에게 주게나. 그럼 그가 화를 내지 않을지도 몰라요."

야오수셴이 웃으면서 말했다.

"무슨 물건인가요?"

마오쩌둥은 연필 하나를 들고는 한 장의 백지를 펼치면서 그녀에게 말했다.

"내가 자네에게 글을 하나 써줄 테니 자네는 이것을 그에게 주면 되네, 약속을 깨게 된 원인을 그에게 알려주려는 걸세……."

곧 마오쩌둥의 입에서 작은 소리가 흘러나오기 시작했고, 종이에는 4구의 고시(古詩)기 쓰여졌다. 그리고는 그는 쓴 종이를 그녀에게 건네주었다.

　"얌전하고 침착한 아름다운 아가씨를, 성 모퉁이에서 은밀하게 기다린다네. 하지만 숨어 있는 그녀를 보지 못하고, 머리만 긁적이며 배회만 하네.

　(靜女其姝 俟我于城隅 愛而不見 搔首蜘躕.)"

야오수셴이 그 시를 한참이나 보고 나서야 겨우 그 시 안에 들어 있는 뜻을 이해할 수 있었다. 얼굴색이 다시 붉어지며 작은 목소리로 말했다.

"주석님! 써 주신 글을 반드시 전달하겠습니다."

마오쩌둥 말했다.

"자네는 왜 그렇게 고지식한가? 현재 아무도 보지 않는데……. 나는 작은 소리로 보고받은 적이 없다네……."

라고 유모를 곁들인 말투로 손짓하며 말했다.

"숨길 것 없네, 뭐 사랑하는 게 그리 부끄러운 일이라고 그러나……. 그에게 보여주면 이해할 걸세!"

마오쩌둥이 써준 4구의 고시는 『패풍(邶風)·정녀(靜女)』편에 나오는 내용이었다.

　"얌전하고 침착한 아름다운 아가씨는, 성 모퉁이에서 나를 은밀하게 기다린다네.

하지만 숨어 있으니 그녀를 보지는 못하고, 머리만 긁적거리며 배회를 하네.

얌전하고 침착한 아름다운 아가씨여! 나를 배웅하는 건 하나의 붉은 피리 소리일 뿐……

이 붉은 피리 소리는 음색이 아름답고 선명하여, 마치 그녀의 아름다움을 노래하는 듯하네.

그녀가 교외에서 풀을 따다 주었는데, 정말 아름답고 신기하기 그지없다네.

하지만 이 풀이 아름다운 것이 아니라, 그녀가 준 것이기 때문이라는 것을 나는 알고 있네.

(靜女其姝, 俟我于城隅. 愛而不見, 搔首蜘躕. 靜女其孌, 貽我彤管. 彤管有煒, 說懌女美. 自牧歸荑, 洵美且異.匪女之爲美, 美人之貽.)"

1964년 8월 마오쩌둥은 북대하에서 철학자들과의 담화를 하면서 시경에 대해 다음과 같이 언급했다.

"사마천은 『시경』에 대하여 매우 높은 평가를 내렸다. 시 삼백 편이 모두 옛 성현들이 발분하여 만들어진 것이라고 말했다. 대부분이 『풍』시이고 일반 백성의 민가이다. 일반 백성도 성현이다. '발분하여 생겨난 것' 같이 마음속에 기운이 없이 그들이 시를 어떻게 썼겠나? '씨를 뿌리지 않으면 걷을 수도 없는데, 어찌하여 삼백 묶음의 곡식을 내라 하는가? 겨울에 사냥을 하지 못했는데, 어떻게 너의 집에 오소리가 있게 하겠는가? 그런 주인 나리님들아! 그렇게 헛되이 빈둥거리지 말거라!' 및 '일은 하지 않고 자리만 차지하고 봉록을 축내다(尸位素食)!' 이것은 바로 여기에서 부터 나온 것이다. 이것은 하늘을 원망하고 통치자를 반대하는 시이다.……"95)

마오쩌둥은 중국의 고시를 좋아 했는데, 그 원인은 "중국의 고시의 연원이 생활에서 나왔기 때문이다. 그리고 그 안에는 수많은 노동자들의 진실한 정서가 담겨있으며, 언어가 간결하고 세련되며 정확하다. 그리고 사람을 생동감이 있게 형상화하고 음운이 아름답다. 또한 다채로운 시구(詩句)를 중첩하여 사용하였다. 목소리는 또랑또랑하고 유창할 뿐만 아니라 내용이 충실하고 수수하고 질박하다"는 데 있기 때문이라고 했다.

-시평-

중국고대 문학사는, 민간의 노동생활에서 발원했다.

(中國古代文學史, 源于民間勞作時)

희노애락이 모두 사건이 되고, 이를 여유롭게 노래한 것이 시가 되었다.

(喜怒哀樂皆爲事, 款款而歌詠其詩)

중국의 문화는 찬란하고 다채로운 색을 가지고 있으며, 그 현란함과 다채로움 안에는 또 소박함이 있다.

(華夏文化斑爛色, 絢麗多姿具朴實)

---

95) 陳普 편, 『毛澤東讀書筆記解析』, 廣東人民出版社, 1996, 1183쪽.

일하는 사람은 지혜가 많고, 한 곡조 한 곡조에 지식을 발휘하고 있다.

(勞動人民多智慧, 一腔一韻盡知識)

3. 『반중찬(盤中餐)』에는 매우 깊은 정이 있다

- 특히 『상사(上邪)』라는 시를 중시하다

1949년 12월 6일 10시 30분, 마오쩌둥은 처음 모스크바를 방문하는 단체를 이끌고 베이징을 떠났다. 니에룽전(聶榮臻), 뤄루이칭(羅瑞卿), 리커농(李克農), 예즈룽(葉子龍), 천바이다(陳伯達), 왕둥싱(汪東興)과 중앙반공청(中央辦公廳) 부주임 겸 러시아어 통역사 스저(師哲) 등이 마오쩌둥을 수행하고 열차에 올랐다.

저녁 무렵, 열차는 요녕성(遼寧省)에 진입했다. 열차는 한밤 중에도 계속해서 나아갔다.

시간은 이미 자정을 넘었는데, 마오쩌둥은 여전히 쉬지 않고 일했다. 그는 오히려 그의 아들 마오안잉에게 재촉하듯 말했다.

"안잉아 너 먼저 가서 자거라!"

마오안잉이 부친에게 다가가 말했다.

"저는 젊어요, 피곤하지 않습니다! ……."

마오쩌둥이 귀엽다는 듯이 입가에 미소 지으며 말했다.

"젊은 사람이니까 쉽게 피곤할 거다!"

그런 아버지가 미더웠든지 마오안잉은 부친의 곁에 앉아 부친의 어깨에 기댔다. 그러자 마오쩌둥이 말했다.

"안잉아! 내년 봄에 너와 안칭(岸靑)은 호남(湖南)에 가서 너희들 외할머니를 뵙고 너희 어머니의 묘를 살펴 보거라! 나를 대신해서 향을 피워 드렸으면 좋겠구나!"

그 말을 들으며 마오쩌둥의 손에 들려 있는 편지를 보면 마오안잉이 낮은 소리로 물었다.

"아버지 이 편지는 누구에게 쓰신 건가요?"

마오쩌둥이 말했다.

"너의 할머니와 외할머니에게 슨 편지다……!"

그 말을 들은 마오안잉은 감격해 하면서 말했다.

"아버지 말씀을 기억해 두었다가 내년에는 반드시 안칭과 함께 가겠습니다. 아버지! 정말 누워서 좀 주무세요!"

마오쩌둥이 다정하게 말했다.

"이제 너도 다 컸구나! 결혼도 하고 그래서 나는 정말 기쁘다…….내년 봄에 호남에 가면 너희 어머니 분묘에 이 두 장의 종이를 태워 줬으면 한다."

그러면서 마오쩌둥은 손에 들고 있던 두 통의 편지를 아들에게 주었다.

"너의 어머니가 만약 저 세상에서 알고 있다면, 이해할 것이다……."

마오안잉이 편지를 보니, 그의 부친이 친히 연필로 쓴 한 수의 사(詞)와 한 수의 고시(古詩)였다. 그 내용은 다음과 같았다.

"슬픔이 베개 위에 쌓인다는 것이 어떤 것인지 알듯하오! 마치
강과 바다의 물결이 뒤집히는 것 같구려. 깊은 밤의 하늘은 이렇
게 어두운데, 어쩔 수 없이 옷을 걸치고 일어나 추운데 앉아 있소
이다. 새벽에 깨어보니 온갖 생각이 재가 되어, 남은 것은 사람이
떠난 자리일 뿐. 그믐달이 떠 서쪽으로 흐르건만, 그것을 지나치
지 못해 눈물만 그치지 않는구려.(堆來枕上愁何狀? 江海翻波浪.
夜長天色總難明, 無奈披衣起坐數寒星. 曉來百念都灰燼, 剩有離
人影, 一鉤殘月向西流, 對此不拋眼淚也無由.)"

"하늘아! 나는 너와 서로 알기를 갈망한다. 오랜 그 마음이 영원
히 사라지지 않기를 바란다. 산이 없어지고, 강물이 마르고, 겨울
에 천둥이 치고, 여름에 눈이 오고, 천지가 합해져도 여전히 나는
너에 대한 정을 지키리라(上邪, 我欲與君相知, 長命無絶衰. 山無
陵, 江水爲竭, 冬雷震震, 夏雨雪. 天地合, 乃敢與君絶.)"[96]

단지 한 번 보았을 뿐인데도 마오안잉의 눈에서는 하염없이 눈
물이 흘러내렸다…….
이 마오쩌둥이 쓴 이 사(詞)는 그가 예전에 쓴 작품인『우미인(虞
美人)』에 있는 글이었다. 그리고『상사(上邪)』라는 시는 한대(漢
代) 악부(樂府) 안에 있는 민가(民歌)에서 따온 것이다.
'악부'란 원래 한 대(漢代) 음악기구의 명칭으로 관청이 설치한
음악기관을 가리킨다. '악부' 속의 '민가'는 "현실생활의 슬픔과 즐

96) 邱延生,『歷史的眞情-毛澤東兩訪莫斯科』, 新華出版社, 2006, 55쪽.

거움을 느껴야 모든 일이 일어난다(感于哀樂, 緣事而發)"는 평가
처럼 강렬한 현실주의 정신과 참신한 형식으로 인해 중국 고대시
가의 발전에 새로운 생명력을 부가시켰다.『한서(漢書)·예문지
(藝文志)』에 실린 목차에 근거하면, 서한(西漢) 악부 속의 '민가'
138수와 동한(東漢) 악부 속의 '민가' 30~40수 등 많은 수는 당시
하층사회 사람들이 쓴 것이었다.

　한대(漢代) 악부 속의 민가에는 남녀 간의 애정과 혼인, 그리고
부녀자들의 생활을 묘사한 작품들이 적지 않다. 그 중 "고취사곡
(鼓吹辭曲)"에 나오는『상사(上邪)』가 바로 남녀 간의 애정을 묘사
한 매우 유명한 작품이다. 시(詩)의 처음에 나오는 사람은 하늘에
게 맹세를 하는 강렬한 염원과 강인한 의지를 표시하고 있다. 그
내용을 보면, "나는 당신과 서로 사랑하기로 결심했다. 우리들의
사랑은 영원히 사라지지 않을 것이오!(上邪, 我欲與君相知, 長命
無絶衰.)" 그리고 사랑에 대하여 변함없는 충성과 지조를 다하고
있음을 나타내기 위하여, 시 속의 사람은 단숨에 천지간의 절대 발
생하지 않을 다섯 가지의 사실을 말하며 맹세를 한다. 그것은 "산
이 붕괴되고 물이 마르고 겨울에 천둥이 치고 여름에 눈이 내리고
천지가 훼멸하지 않는 한 우리의 사랑은 절대 끝나지 않을 것이다
(山無陵, 江水爲竭.冬雷震震, 夏雨雪. 天地合, 乃敢與君絶.)"라는
내용이다. 시에 나오는 화(火)는 열정을 말하고 철(鐵)은 맹세를
말한다. 시 안의 사람은 참된 사랑에 대하여, 그리고 자유로운 생
활에 대한 용감한 욕구를 충분히 표현하고 있다. 그리고 동시에 노
동자들에게 일상생활 중의 진정성과 담백한 마음을 잘 드러내고
있다.

1962년 6월 3일 마오쩌둥은 사오화(邵華, 마오쩌둥의 아들 모안 칭(毛岸靑)의 처)에게 편지를 썼다

"충분히 요양하세요, 뜻을 세웠으니 미래를 향해 달려가야 합니다. 여자애 같은 기운은 줄여야 하고 남자애 같은 기운은 늘려야 합니다. 그리고 사회를 위해 사업을 해야 합니다. 발꿈치를 들어 먼 곳을 바라봅시다. 『상사』이 글을 많이 읽으세요!"[97]

이것으로 마오쩌둥의 『상사』이 시에 대하여 얼마나 많은 관심을 가지고 있었는지를 알 수 있다.

사랑을 표현하는 다른 악부 속의 민가인 『반중시(盤中詩)』도 마오쩌둥이 여러 차례 읽은 적이 있다. 『고시원(古詩源)』에 수록되어 있는 『반중시』의 한 페이지에 "숙독(熟讀)"이라는 마오쩌둥의 방점이 남아 있다.

『반중시』는 소백옥(蘇伯玉)이라는 사람의 부인이 쓴 것이다. 오랜 동안 떠나 돌아오지 않는 남편을 생각하는 정을 표현하고 있는데, 이 사의 내용이 십분 소박하여 읽으면 직접 경험한 것처럼 느껴질 정도로 애틋하다.

"산에는 나무가 높이 솟아 있고, 새는 구슬피 울음 우누나. 흐르는 샘물은 깊기도 한데, 뛰노는 잉어는 살이 올랐네. 텅빈 창고에 사는 참새가, 언제나 주림으로 괴로워하듯, 벼슬살이 떠나간 이

---

97) 陳普 편, 『毛澤東讀書筆記解析』, 廣東人民出版社, 1996, 1213쪽.

의 아내는, 지아비 만나보기 정말 힘드네. 문을 나가 멀리를 바라
보자니, 흰 옷 입은 사람이 멀리 뵈길래, 바로 우리 님이야 소리쳤
더니, 가까이 와서 보니 다시 아닐세. 돌아와 문 닫고 들어서자니,
이 내 마음은 슬퍼만지네. 북으로 당(堂) 위에 올라가서는, 서편
의 계단으로 들어온다오. 서둘러 님께 보낼 비단을 짜니, 북 소리
요란히 바쁜 소릴세. 길게 한숨 쉬며 탄식하지만, 누구와 더불어
이야길 할까. 그대 마음 언제나 변치 않을 줄, 저는 그렇게 믿고
있지요. 나갈 제는 곧 오마 하시고서는, 도리어 가마득히 기약도
없네. 수건과 띠를 묶고 지내며, 길이 언제나 그리는 마음. 그대
가 저를 잊으신다면, 하늘이 가만있지 않을 거예요. 또 제가 그대
를 잊는다 해도, 그 죄를 마땅히 받아야지요. 제 마음 교교(蹻蹻)
히 변치 않음은, 그대도 마땅히 아시겠지요. 누런 것은 금이요, 흰
것은 옥. 높은 것은 산, 낮은 것은 골짜기. 님의 성은 소씨(蘇氏)
요, 이름은 백옥(伯玉). 사람이 재주도 많이 지녔고, 속에 든 지혜
와 꾀 충분하지요. 장안에 집 두고도 촉(蜀)에 가 있어, 말달려 자
주 못오니 얼마나 애석하리. 양고기 천 근에다 술이 또 천 말, 거
기에 보리 콩을 먹여서 말이 살찌도록 준비해 놓았건만……. 지금
세상 사람들은 지혜가 부족해서 이 편지를 주어도 능히 읽지 못하
리. 마땅히 중앙에서 사방으로 돌도록.(山樹高, 鳥啼悲. 泉水深,
鯉魚肥. 空倉雀, 常苦饑. 吏人婦, 會夫稀. 出門望見白衣. 謂當是
而更非. 還入門, 中心悲. 北上堂, 西入階. 急機絞, 杼聲催. 長歎
息, 當語誰. 君有行, 妾念之. 山有日, 還無期. 結巾帶, 長相思. 君
忘妾, 未知之. 妾忘君, 罪當治. 安有行, 宜知之. 黃者金, 白者玉.
高者山, 下者谷. 姓者蘇, 字伯玉. 人才多, 知謀足. 家居長安身在

蜀, 何惜馬蹄歸不數. 羊肉千斤酒面斛, 令君馬肥麥與粟. 今時人, 智四足. 與其書, 不能讀. 當從中央周四角.)

『반중시』가 쓰여 있는 페이지에 마오쩌둥은 방점을 찍어 놓았는데, "제가 당신을 잊었다면 그 죄를 받겠습니다. 제가 품행이 단정하다는 것을 당신은 알지요?(妾忘君, 罪當治. 安有行, 宜知之.)"의 사구(四句) 옆에는 남색연필을 이용하여 곡선을 그려놓은 것 외에, 또 빨간색 연필을 사용하여 직선을 그어놓았는데, 이는 마오쩌둥이 이미 수차례나 이 시를 읽었다는 것을 알게 해준다.

마오쩌둥이 읽은 또 다른 책인 『고시원』에도 그는 『반중시』가 나오는 쪽에다 연필로 아주 선명하게 큰 빨간 원을 그렸고, 작가가 쓴 "소백옥의 아내(蘇伯玉妻)" 옆에는 빨간색과 남색으로 두 줄의 선을 그어놓았다. 『반중시』의 제목이 쓰여 있는 부분 옆에는 직선이 그어져 있으며, 전체 시에 남색연필로 곡선을 그려놓았다. 시의 끝에 나오는 편찬자의 주석에다가는 "소백옥을 감동시키고 후회하게 만들었으며, 글 전체는 온화하고 원망이나 화가 없이 애정이 깊게 담겨 있다(使伯玉感悔, 全在委婉, 不在怨怒, 此深于情)"고 써놓았고, 4구 옆에는 또 빨간색 연필로 직선을 그려놓았다. 이러한 점들이 마오쩌둥이 이 시를 매우 중시했음을 충분히 알려준다.

- 시평 -

한대 악부는 옛날에 유행했는데, 지은이가 아래에서 많이 나와
(漢代樂府舊流行, 作者多自出下層)
이 작은 시는 할 말이 없다는 듯이, 자와 행에 정이 깊게 쌓이네

(一首小詩似無語, 字里行間載深情)

세간에 사랑에 빠진 여자들이 많이 있는데, 원망과 후회 없이
정절을 지키네.

(世間多有痴情女, 無怨無悔恃貞忠)

한마디 한마디가 눈물짓게 하는데, 읽고 나니 집에 가고 싶어
견딜 수 없구나!

(聲聲句句催人淚, 讀罷欲舍似不能)

4. 나라를 다스림에는 "소하의 법(蕭何律)"이 있다
― 장막 안에서 전략을 수립한 장자방(張子房)

 1952년 10월 25일 마오쩌둥은 몇 명의 수행원과 함께 전용열차를 타고 베이징을 떠났다. 10월 29일 오후 5시 마오쩌둥은 하남성(河南省) 란고현(蘭考縣)에 도착하여 시찰을 하였다. 란고현에서 마오쩌둥은 그의 옆에 있던 몇 명의 수행원들에게 말했다. "서한(西漢) 제일의 책략가는 이름이 장량(張良)이고 자가 자방(子房)이라 하는데 여기에 묻혀 있습니다."

 옌창린(閻長林)이 물었다.

 "장량의 능력이 정말 책에 쓰여진 것처럼 그렇게 뛰어났습니까?"

 마오쩌둥이 그렇다고 하면서 말했다.

 "음! 내가 볼 때는 책에 쓰여진 것보다 좀 더 뛰어나다네……. 전혀 과장하지 않고 말한다면, 만약 역사적으로 장량이라는 사람이 없었다면 한고조 유방도 없었을 것이네……."

 또 다른 수행원이 말했다.

"제가 누구에게 들었는데, '소하(蕭何)가 달 아래서 한신(韓信)을 쫓지 않았으면, 어떻게 한(漢) 왕조 4백년을 얻었겠는가?'라고 했습니다. ……"

마오쩌둥이 미소를 지으며 말했다.

"문신(文臣)이 있고 무장(武將)이 있네! 천하와 싸우기 위해서 유방(劉邦)은 한신 등 무장에게 의지했고, 천하를 다스리기 위해서 유방은 주로 장량과 소하 등의 문신에 의지했다네. 중국 전통극에서 '나라를 다스리는 데는 소하의 법이 있다(治國自有蕭何律)'라고 노래했지."[98]

마오쩌둥이 담화 중에 언급한 장량과 소하는 한고조 유방이 천하를 도모할 때 곁에 있었던 유능한 조수라고 중국역사는 인정하고 있다.

『사기 · 한고조(漢高祖) 본기』에 장량과 소하에 대한 유방의 평가가 나오는데 다음과 같다.

한고조가 말했다. "너희들은 하나만 알고 둘은 모르는구나. 만약 장막 뒤에서 계획을 세우는 것을 말한다면, 승패를 결정짓는 것 외에 어떤 것도 나는 장자방에 미치지 못한다. 또 군대로 수비케 하여 국가를 지키고 백성들을 보호하고 군량과 급료를 지급하고 보급을 유지하고 하는 것은 나는 소하에게 미치지 못 한다. 백만 대군을 통솔하여 전쟁에서 반드시 승리하는 것과 공격해서 반드시 전공을 획득하는 것은 나는 한신에게 미치지 못한다. 이 세

---

98) 邱延生, 『歷史的眞情−毛澤東兩訪莫斯科』, 新華出版社, 2006, 296쪽.

사람은 모두 인중준걸이고 나는 오히려 그들을 충분히 활용한 것
에 불과하다. 이것이 바로 내가 천하를 얻을 수 있었던 이유이다.
항우는 비록 범증(范增)이라는 사람이 있었지만 그를 믿지 않았기
에 그가 나에게 잡히게 된 이유이다."

소하 및 "소하(蕭何)가 달 아래서 한신(韓信)을 쫓다"의 고사에
관해서는 『사기 · 회음후열전(淮陰侯列傳)』에서 볼 수 있다.

한신과 수차례 이야기를 나눈 소하는 그에게 매우 탄복했다. 왕
의 부하들 중에 많은 수가 동방사람으로 모두 고향으로 돌아가
고 싶어 했다. 그래서 군대가 남정(南鄭 : 지금의 섬서 서남)에 이
르렀을 때 수십 명의 군관이 도망쳤다. 한신은 소하가 이미 왕에
게 수차례 그를 천거하였으나 왕이 계속 자신을 중용하지 않았다
고 여겨 그도 도망쳤다. 소하가 한신이 도망쳤다는 소식을 듣고
그 사실을 미처 왕에게 보고하지 못하고 바로 임의대로 한신의 뒤
를 쫓았다. 자세한 사정을 알지 못한 어떤 신하가 왕에게 보고했
다. '승상 소하가 도망을 갔습니다.' 왕은 대노하였고 양손을 잃
은 것같이 생각했다. 하루 이틀 뒤 소하가 돌아와 왕을 알현하자,
왕이 화가 나기도 하고 기쁘기도 하여 욕을 하면서 말했다. '자네
가 도망갔다는데, 왜 그랬는가?' 소하가 대답하였다. '제가 어떻
게 감히 도망가겠습니까? 저는 도망간 사람을 쫓았을 뿐입니다.'
이에 왕이 말했다. '자네가 쫓은 사람이 누구인가?' 소하가 대답했
다. '한신입니다.' 왕이 성내면서 말했다. '도망간 군관이 몇십 명
인데, 그들을 쫓지 않고 한신을 쫓다니, 거짓말 아닌가?' 소하가

말했다. '그런 군관들은 쉽게 얻을 수 있습니다. 한신과 같은 인재는 천하에서 다시 찾을 수가 없습니다. 왕께서 만약 단지 한중(漢中)의 왕으로 만족하신다면 당연히 그가 필요 없습니다. 그러나 만약 천하를 도모하고 싶으시다면 한신을 제외하고는 그 대계를 의논할 사람이 없습니다. 그것은 단지 대왕의 결정에 달려 있습니다.' 왕이 말했다. '나도 동방으로 돌아가고 싶다. 어떻게 이런 지방에서 썩고 싶겠는가?' 소하가 말했다. '왕께서 만약 동방을 공격하여 돌아가기로 결심하셨다면 한신을 중용하시여 그가 머물게 해야 합니다. 만약 그를 중용하지 않는다면, 한신은 결국 도망갈 것입니다.' 왕이 말하였다. '나는 너의 얼굴을 봐서 그를 장군에 임명하겠다.' 그러자 소하가 말했다. "설사 그가 장군이 될지라도 한신이 반드시 남을지 모르겠습니다." 왕이 말했다. "그럼 그를 대장군에 임명하겠다." 소하가 말했다. "그럼 너무 좋습니다." 왕은 즉시 한신을 불러 장군으로 삼고 싶어 했다. 이에 소하가 말했다. "왕께서 오만 무례하게 대장군으로 임명하신다면, 마치 아이같이 말하는 것처럼 여겨져 한신이 떠나게 되는 원인이 될 것입니다. 왕께서 성심껏 그를 대하고 길일을 택하시고 스스로 깨끗이 하여 제단을 설치하고 의식에 따라 처리하시는 것이 가장 좋습니다!" 이에 왕이 허락하였다.

위의 내용을 종합해 보면, 마오쩌둥은 장량과 소하가 전심전력을 다해 유방을 보필하여 국가를 다스린 공로에 대하여 매우 긍정적으로 보았음을 알 수 있다.

-시평-

한중의 왕 유방은 그 세력이 미비하여 항우와 자웅을 겨루기 어려웠는데.

(漢王劉邦勢力窮, 難與項羽爭雌雄)

장량의 계책에 따라 군대를 부리고, 소하의 계획에 따라 공훈을 세웠다네.

(文韜借以張良策, 更籍簫何謀助功)

한신은 일찍이 사타구니를 지나는 모욕을 당했지만, 제단에 올라 장군이 되니 그 재능이 발휘되었고.

(韓信胯中曾受辱, 登壇拜將展才能)

한고조는 이로 인해 패업을 달성하니 그 위세가 내외에 큰 바람처럼 울려 퍼졌네.

(高祖因之成霸業, 威加海內唱大風)

5. 『한서』를 주면서 조충국(趙充國)을 논하다

― 진리를 고수하여 끝까지 원칙을 지켜라

1956년 6월 15일 전국인민대표대회(全國人民代表大會) 제1회 3차 회의가 북경에서 열렸다. 그 다음날 북경에 도착하여 회의에 참가 중인 복단대학교(復旦大學校) 교수 저우꾸청(周谷城)은 마오쩌둥의 지극한 응대를 받으며 중남해에서 마오쩌둥을 만났다. 두 사람은 직원의 안내를 받으며 수영장에 도착하여 한동안 수영을 했다.

수영이 끝나고 올라와 휴게실에서 마오쩌둥은 직원을 시켜 『한서(漢書)』라는 큰 책을 가져오게 했다. 마오쩌둥은 제56권 『조충국전(趙充國傳)』을 펼치고는 저우꾸청에게 말했다.

"이 사람은 진리를 단호히 지킬 줄 압니다. 그는 군을 이용하여 둔전(屯田)을 만들 것을 주장했는데, 처음에는 겨우 열에 하나둘이 찬성하고, 반대하는 사람이 열에 여덟아홉이었습니다. 그는 진리를 단호히 지켰기 때문에 후에 승리를 얻을 수 있었는데, 그러자 열에 여덟아홉이 찬성했고, 반대하는 이는 열에 하나둘이었습

265

니다."[99]

마오쩌둥은『한서』를 저우꾸청에게 주면서 말했습니다.

"진리의 관철은 항상 하나의 과정이지만 단호히 지켜야 합니다."[100]

저우꾸청은 마오쩌둥이 자신을 격려해 주고 있음을 알았다. 왜냐하면 당 중앙에서 "백화제방(百花齊放), 백가쟁명(百家爭鳴)"의 문예방침이 제시되었는데, 저우꾸청이 이를 열렬하게 옹호하면서, 연속해서 다수의 논리학과 미학(美學) 방면에 관련된 독특한 견해의 문장을 발표하여 국내 학술계에 매우 큰 논쟁을 일으켰기 때문이었다.

그러는 가운데 얼마 전 임시 중공중앙정치국(中共中央政治局)의 후보위원인 캉성(康生)이 자신의 권력을 이용하여 저우꾸청에 대한 비판을 하라는 명령을 내렸다. 그리하여 '큰 모자'가 저우꾸청의 머리에 씌워져 압박하였고, '큰 몽둥이'가 그의 몸을 때리는 것 같은 고난을 당하게 되었다. 이런 상황에 처해진 그를 마오쩌둥이 불러 만난 것이다. 마오쩌둥의 격려를 받은 저우꾸청은 격동과 용기로 가슴 속이 꽉 차올랐다. 그래서 마오쩌둥이 준『한서』를 양손으로 움켜쥐고 중남해를 떠나게 되었다.

---

99) 邸延生,『歷史的眞情-毛澤東和他的衛士長』, 新華出版社, 2006, 498쪽.
100) 위의 책.

제1회 인민대회 제3차 회의가 아직 진행 중일 때, 마오쩌둥은 몇 명의 수행원들만 대동하고 비행기를 올라 상해에 도착했다. 상해에서 마오쩌둥은 재차 저우꾸청을 불러 그에게 같이 전람회에 가서 저녁을 먹자고 청했다. 저녁을 먹으면서 마오쩌둥은 저우꾸청에게 말했다.

"당신의 글은 말하고자 하는 바가 매우 분명하니, 계속 논쟁하고 토론해야 합니다."

그러나 저우꾸청은 여전히 두려움에서 벗어나지 못하고 있다는 듯이 말했다.

"주석님! 저는 매우 고립되어 있습니다. 마치 로켓포와 충돌하는 것 같아 저는 조금도 견딜 수가 없을 지경입니다. ……."

마오쩌둥이 그를 격려하면서 말했다.

"당신은 고립되지 않았습니다. 당신의 의견을 찬성하는 사람이 있습니다!"

저우꾸청이 다시 말했다.

"제 의견을 비록 찬성하는 사람이 있지만, 로켓포가 날아오는 것은 언제나 참기가 힘듭니다. ……."

마오쩌둥이 계속 격려하며 말했다.

"그렇게 대단한 것이 아닙니다. 논쟁일 뿐입니다!"

마오쩌둥의 이 말을 들은 저우구청의 눈에는 눈물이 맺혔다.

마오쩌둥이 볼 때, 진리는 어떤 때는 반드시 다수의 손 안에서만 주도되는 것은 아니고, 종종 소수의 사람에 의해서 주도되기도 한다고 생각했다. 이런 상황에서 진리를 주도하는 소수의 사람은 종종 각종 방해와 공격을 받기 때문에, 진리를 주도하는 소수인은 단호하고 용감하게 원칙을 지켜야 하며, 단호하고 용감하게 진리를 지켜야 한다고 보았다. 그리고 또 외부의 압력과 시련을 견뎌내야 한다고 생각했다. 마오쩌둥이 『한서』의 『조충국전』을 추천하여 저 우꾸청에게 준 이유는 매우 분명했다.

조충국은(기원전 137년~기원전 52년) 자가 옹손(翁孫)이고, 롱서(隴西) 상규(上邽)사람[101]이다. 한무제(漢武帝) 때에 그는 이광리(李廣利) 장군을 따라 흉노로 출병하였는데, 함정에 빠져 겹겹이 포위당했지만, 그가 백여 명의 철기병과 부대를 이끌고 포위망을 뚫고 나온 공으로 한무제의 상을 받고 차마장군(車馬將軍) 장사(長史)에 임명되었다. 한소제(漢昭帝) 때에 조충국은 다시 전공을 세워 후장군(后將軍)에 임명되었다. 한선제(漢宣帝) 즉위 후에는 영평후(營平侯)에 봉해졌다.

조충국은 기사(騎射)에 능하고 용감했으며 지략이 뛰어난 군사가였다. 위인이 침착하고 용기가 있었으며 모든 일을 심모원려(深謀遠慮)하여 처리했다. 당시 국경을 방비하기 위해서 둔전병을 두어야 한다는 정책을 제안하여 중국의 군사사에 지대한 공헌을 했다. 조충국이 어렸을 때부터 변방에 살면서 병법과 군사행정에 대해 깊이 연구했던 결과였다. 기원전 119년, 한무제 22년, 한무제가 흉노에 대해 세 번째 행한 대대적인 정벌전 결과 대승을 거두고 점령한 땅에 70만 명에 달하는 백성들을 이주시켜 살게 함으로써 북방의 변경수비를 강화하려고 했다. 동쪽의 삭방(朔方)에서 시작

---

101) 隴西上邽, 지금의 감숙 천수서남부.

하여 서쪽의 영거(슈居)[102]에 이르는 광대한 지역 내에 거주시키면서 모두 군사로 편입시키고 이주민들에게 소와 농기구 및 곡식과 종자를 공급하여 광대한 북방의 목초지를 농업지구로 개변시켰다. 이때 조충국의 전 가족은 모두 함께 영거로 이주했다. 기원전 99년, 한무제 42년, 이사 장군(貳師將軍) 이광리(李廣利)가 흉노를 정벌하기 위해 출전했다가 흉노기병에 의해 포위되어 진지에 갇혀 식량이 바닥나고 사상자가 많이 났다. 이때 조충국이 장사 100여 명을 이끌고 흉노의 포위망을 향해 앞으로 돌진하자 이광리와 대군이 그 뒤를 따랐다. 선두에 선 조충국은 전신에 20여 군데의 부상을 입었지만 마침내 흉노의 포위망에서 탈출할 수 있었다. 이광리가 조충국의 활약상을 상세하게 적어 황제에게 보고하자 황제가 조충국을 불러 접견하고는 친히 그의 상처를 어루만지며 진실로 용사라고 칭송했다. 황제는 조충국의 군공을 기려 중랑(中郎)[103]에 임명했다가 다시 수형도위(水衡都尉)로 임명했다.

　무제 말년, 지금의 청해성 경내에 거주하던 강족(羌族)들은 시시때때로 중국의 내지를 침략하여 성을 함락시키고 노략질을 일삼았다. 흉노가 그 사실을 알고 강족과 연합하여 한나라를 협공하려고 계획했다. 그와 같은 정황 하에서 한무제는 흉노의 오른쪽 팔을 잘라내고자 군대를 파견했으나 오히려 강족에게 패퇴하고 말았

---

102) 영거(슈居), 지금의 감숙성 성도 란주(蘭州) 북서 약 7~80킬로의 영등현

103) 중랑(中郎), 진나라가 설치하고 한나라가 답습한 관직이름으로 광록훈(光祿勛)의 속관이다. 문호를 지키고 거기(車騎) 인원을 보충한다. 녹봉은 비육백석이다. 중랑에는 5관(官)과 좌우(左右) 및 삼서(三署)가 있었다. 중랑의 장관은 중랑장(中郎將)으로 녹봉은 비이천석이다.

다. 그 결과 강족들은 중국의 내지에 더욱 깊숙이 들어와 황수(湟水) 이북으로 이동하여 한나라 농민들이 경작을 포기하고 떠난 땅을 점령했다. 기원전 61년 한선제 13년, 그때 나이가 70세를 갓 넘고 있었던 조충국은 서수(西陲)의 군사를 이끌고 출전하여 강족을 무찌르고 그들의 동진을 막았다. 장안으로 복귀한 그는 세 번에 걸쳐 조정에 상서를 올려 강족의 이주 상황을 상세하게 분석하여 미연에 변란을 방지할 수 있는 대책을 건의했다. 그가 제출한 둔전병에 대한 계책은 한선제의 인정을 받았다. 나이가 든 조충국을 향해 한선제가 물었다.

"누구에게 군사를 주어 보내야 하는가?"

조충국은 주저하지 않고 곧바로 대답했다.

"노신 말고 누가 있겠습니까?"

한선제가 다시 물었다.

"병마는 얼마나 필요한가?"

"백문불여일견(百聞不如一見)입니다. 신은 원컨대 지금 즉시 금성(金城)으로 달려가 지형을 관찰하고 그 대책을 마련해보겠습니다. 폐하께서는 단지 저로 하여금 일을 잘 처리할 수 있도록 조치만 해주시면 됩니다."

그는 만 명도 채 안 되는 기병을 이끌고 곧바로 달려가 황하를 건너 진영을 은밀히 세우고 전투태세를 갖추었다. 이윽고 황수의 양쪽 강변에서 강족들이 여러 차례 도발을 해왔으나 조충국은 굳게 지키기만 할 뿐 응전하지 않고 단지 위엄과 성실한 자세로 강족에게 항복을 권유하고 부락을 해산하라고 할 뿐이었다. 한편으로는 조정에 건의하여 황수 양쪽 강변에 둔전을 행하여 군사들로 하여

금 농사를 지으며 지구전을 벌여 군량을 스스로 해결하는 방법을
취해야 한다는 계책을 조정에 건의했다. 이처럼 그는 여러 차례나
깊고 원대한 전략을 가진 안목으로 선제에게 건의하여, 흉노와 서
강의 각 부족에 공격과 투항이라는 이중전략을 채용하여 대응하였
고, 동시에 병사를 주둔시켜 경작하게 하는 둔전정책(屯田政策)을
실시하였던 것이니 바로 그 계책이 『둔전12편(屯田十二便, 留屯田
得十二便, 出兵失十二利)』이었던 것이다.

마오쩌둥은 『조충국전』을 읽으면서 책의 수많은 곳에 방점표시
를 했는데, 이를 통해 그가 이 글을 매우 중시했음을 알 수 있다.
예를 들면, 마오쩌둥은 이 글에 기록되어 있는 조충국의 "작전에
능한 사람은 적을 다스릴 수 있어 적에게 제압당하지 않고(善戰者
致人, 不致于人)", "군사와 말을 정비하고, 군사를 훈련시켜 그들
이 오기를 기다려 앉아서 적을 제압하는 전술로 힘을 비축했다가
피로한 적을 맞이하는 것이 전쟁에 승리하는 방법이다(飭兵馬, 練
戰士, 以須其至, 坐得致敵之術, 以逸擊勞, 取胜之道也)"와 "병사
를 이용하는 것이 계책의 근본이니 이런 계책이 많아야 승리하기
가 편하다. 전쟁에서 반드시 승리한다고는 할 수 없기 때문에 쉽
게 전쟁을 해서는 안 되며, 공격을 한다고 해서 반드시 성공한다고
할 수 없기 때문에 쉽게 많은 군대를 동원해서는 안 된다(兵以計爲
本, 故多算胜少算. 戰不必胜, 不苟接刃, 攻不必取, 不苟勞衆)" 등
에 방점을 찍으면서 중요하게 생각했던 것이다.

-시평-

백가쟁명의 풍조를 믿어, 학술토론에서 공격을 받는데서,

(百家爭鳴恃風氣, 學術討論遭打擊)

원칙을 지키니 진실이 되어, 광풍과 폭우가 이상하지 않다.

(堅持原則爲眞理, 狂風暴雨不足奇)

책을 주면서 솔직하게 말하고 성의를 다하니, 대 학자가 주석에게 감동하네,

(坦言送書多誠意, 一代學者感主席)

세상에는 온갖 견디기 어려운 일들이 많은데, 강철 어깨의 지지를 받으니 그 어려움이 흩어진다.

(世間盡有難堪事, 鐵肩擔得勢披靡)

6. 이고(李固)가 황경(黃瓊)에게 편지를 쓰다

– 사람은 자신의 상황과 결점을 정확히 알아야 한다

1966년 7월 8일 마오쩌둥은 "백운황학(白雲黃鶴)"이라 불리는 무한(武漢)에서 장칭(江靑)에게 한 통의 편지를 썼다. 그 편지의 내용이 매우 긴데, 그중 아래의 몇 문단의 글을 보면 다음과 같다.

장칭에게,

나는 이번 달에 두 번이나 외국손님을 맞이했소. 회견 후 행동을 멈추고 다시 당신에게 알리오. 6월 15일에 무한을 떠난 후에 서쪽의 산동에서 십몇 일을 보냈고, 정보가 매우 느려 28일에야 백운황학이라는 곳에 도착했는데 이미 10일이나 지났소. 매일 정보자료를 보는데 모두가 재미가 있소. ······ 진나라 사람 원적(阮籍)은 유방을 반대하며 그는 낙양(洛陽)에서 성고(成皐)로 달려와 한탄하였소. "세상에 영웅이 없어, 이름도 없는 나쁜 놈이 호걸이 되다니!(世無英雄, 遂使竪子成名)" ······. 나는 이 말을 믿기도 하지만 안 믿기도 하오. 나는 어렸을 때 일찍이 이렇게 말한 적이 있

273

소. "이백 년을 살 수 있는 자신감을 가진 사람은 당연히 삼천 리를 헤엄쳐 갈 수 있다(自信人生二百年, 會當水擊三千里)." 이는 더없이 용감한 말 같지 않소. …… 나는 일찍이 후한(後漢) 사람인 이고가 황경에게 보낸 편지내용 중에 다음과 같은 몇 마디의 말을 한 적이 있소. "높으면 무너지기 쉽고 깨끗하면 더러워지기 쉬우며, 『양춘』의 곡에 화답할 수 있는 사람은 매우 적고, 명성이 비록 높지만 그 명성에 부합하는 사람은 별로 없다(嶢嶢者易缺, 佼佼者易汚『陽春』之曲, 和者必寡, 盛名之下, 其實難副)" 이 몇 마디 말은 바로 나를 말하는 듯하오. …… 사람은 누구나 자기 자신을 정확히 아는 것이 중요하오. …… 사물은 늘 안 좋은 곳을 향하여 달려간다오. 높이 올라갈수록 떨어질 때는 더욱 더 무겁듯이 나는 떨어져서 분쇄될 준비를 하고 있소. 그러나 질량불변의 법칙처럼 이 또한 그리 중요하지는 않소. 나는 당신에게도 이 문제에 대해 주의 깊게 생각하기를 권하오. 승리에 판단력이 흐려져서는 안 되오. 항상 자신의 약점과 결점, 그리고 잘못을 생각해 봐야 하는 것이오. 이 문제를 내가 당신에게 얼마나 많이 말했는지는 모르겠소만, 4월에 상해에서 말했던 것은 기억할 것이오. …… 결론적으로 앞날은 밝겠지만 그 길은 매우 복잡하다오."[104]

마오쩌둥

마오쩌둥이 편지에서 언급한 이고(李固 : 서기 94년~서기 147년)와 황경(黃瓊 : 서기 86년~서기 164년)은 모두 동한(東漢) 사

---

104) 『毛澤東評點二十四史』, 時事出版社, 1997, 668쪽.

람이다. 비록 이 두 사람의 성격이 같지는 않지만, 둘 다 강직하여 아첨하지 않았으며 국사를 중하게 여기고 용감하게 간언하는 것으로 유명하다. 외척과 환관이 권력을 쥐고 있었던 한순제(漢順帝) 2년(동한시대 : 서기143년)에 황경은 추천을 받아 조정에 관직을 얻었으나, 병을 핑계로 계속해서 관직에 나가려 하지 않았다. 이런 상황을 알게 된 조정에서 사람을 파견하여 그에게 빨리 부임하라고 재촉하여 그는 어쩔 수 없이 경성으로 서둘러 갔다. 낙양이 가까워지자 황경은 또 침울해졌다. 그래서 그는 바로 근교에 머물렀다. 황경에게 탄복한 이고가 이 소식을 듣고 바로 황경에게 한통의 편지를 썼다. 한편으로는 차근차근 잘 일깨우듯이 그를 설득하고, 다른 한편으로는 전력을 다해 그를 충고하고 타일러서, 결국 황경으로 하여금 이고의 의견을 듣게 하여 조정에 들어가서 일했다.

마오쩌둥의 편지에 쓰인 이고가 황경에게 편지를 보내 말한 "높으면 무너지기 쉽고 깨끗하면 더러워지기 쉬우며『양춘』의 곡에 화답할 수 있는 사람은 매우 적고, 명성이 비록 높지만 그 명성에 부합하는 사람은 별로 없다"는 것과 마오쩌둥이 편지에서 말한 "사람은 누구나 자기 자신을 정확히 아는 것이 중요하다"는 말은 그의 의도를 매우 분명히 말해주고 있다. 그것은 자기 자신을 분석하기 위함이고, 동시에 "사람은 누구나 자기 자신을 정확히 아는 것이 중요하다"라는 이치를 장칭에게 충고해 주었던 것이다.

다음은『후한서』의 제91권에 있는『황경전』이다.

"수건(水建, 한순제) 년간에 신하들이 모두 조정에 황경을 추천하여, 그는 회계(會稽, 춘추시대의 지명으로 절강성에 있다)의 하순(賀純)과 광한(廣漢 : 사천지방)의 양후(楊厚)와 함께 관에서 보낸 마차를 타고 상경하였으나 륜씨(綸氏)에 도착하여 황경은 병을 핑계로 가지 않았다. 신하들이 그가 불경하다고 탄핵하고, 조서를 내려 그를 달래고 불러들여 어쩔 수 없이 움직였다. 이전에 조정에서 선비(處士)를 초빙했으나 모두 유명무실하였고 이고는 이전부터 황경에 대하여 탄복하고 있었기 때문에 편지를 보내 맞이하면서 말했다. "듣기에 당신이 이미 이수(伊)와 낙수(洛)를 건넜다고 하는데, 만세정(萬歲亭)에 가까이 와서 어찌 즉시 빨리 와서 왕명에 따르지 않습니까? 어떤 군자가 말하기를 백이(伯夷)는 속이 좁고, 유하혜(柳下惠)는 매우 불공경하다고 하였으니 '백이처럼 하지 않고 유하혜처럼 하지 않는 절충이 필요합니다.' 무릇 성현이 입신하는 것은 매우 중요합니다. 만약 정말로 심산유곡에서 잠을 자고 싶어 소부(巢父)와 허유(許由)를 따라 가겠다면 그것 또한 어쩔 수 없습니다. 그러나 만약 조정을 돕고 백성을 위한다면 지금이 그때입니다. 자고이래 깨끗한 정치는 적고 나쁜 풍속이 많아 반드시 요순시대를 기다려 세상에 나와야 하는데, 이것은 지사(志士)의 입장에서 볼 때 나올 수 없는 시기입니다. 우리가 자주 듣는 말인 '높으면 무너지기 쉽고 깨끗하면 더러워지기 쉽다.'와 『양춘』의 곡에 화답할 수 있는 사람은 매우 적고, 명성이 비록 높지만 그 명성 부합하는 사람은 별로 없습니다. 최근 노양(魯陽)의 번군(樊君)이 황제의 부름을 받아 경성에 왔습니다. 조정은 그를 위하여 누각을 짓고 자리를 만들어 마치 신을 받들듯이 대우했습니다. 그가 비록 큰 능력을 발휘하고 있지는 않지만 언행이 바르고 결점이 없습니다. 그러나 번군을 비방하고 헐뜯어 그 이야기가 퍼져서 그의 명성도 잠시 떨어졌습니다. 근래 조정에서 호원안(胡元安), 설맹상(薛孟嘗), 주중소(朱仲昭)과 고이홍(顧季鴻) 등의 인재를 뽑았는데, 그들이 관리가 되어 세운 공로가 모두 취할 만한 점이 없자, 조정의 여론이 모두 은거하여 출사하지 않는 사람은 모두 허명을 도둑질한 능력 없는 사람이라고들 말합니다. 저는 당신이 넓고 원대한 계획을 펼쳐 중인들을 탄복하게 하기를 희망합니다. 또 그것을 이용하여 허명을 얻은 선비를 한 번에 가려내야 한다고 생각합니다." 이에 황경은 바로 의랑(議郎)에 임명되고, 조금 있다가 다시 상서(尙書) 복사(僕射)에 임명되었다."

이고는 한중군(漢中郡) 남정(南鄭)[105] 사람이다. 어렸을 때 그는 공부를 잘했고 재능이 많았다. 고대의 전적(典籍)에 대하여 정통했고 학계에서 매우 높은 명성을 누렸다. 한순제 때에는 의랑의 직책에 있었으며, 형주자사(荊州刺史)와 태산태수(泰山太守)로도 있었다. 한중제(漢沖帝) 때에는 양기(梁冀)와 같이 승상이 되었으며, 마지막에는 강직하고 아첨하지 않은 그의 성품 때문에 양기와 충돌을 하여 살해당하였다.

『후한서』에 기록된 내용 중에서 알 수 있듯이 마오쩌둥이 이고와 황경을 칭찬한 이유는 이 두 사람이 모두 용감하게 현실에 저항하고 용감하게 책임을 다 하였으며, 강직하여 아첨하지 않고 권력자에 기대지 않는 성격을 가졌기 때문이었다.

1974년 11월 20일 마오쩌둥은 재차 장칭에게 편지를 썼다.

---

105) 남정, 지금의 섬서성에 속한다.

"장칭에게,

이고가 황경에게 쓴 글을 읽어보시오. 글의 사상에 논리가 있다
오. 당신의 직무는 국내외의 동태를 연구하는 것인데, 이는 매우
큰 임무라오. 이 사실을 나는 당신에게 여러 번 말했댔소. 할 일이
없다고 해서는 안 된다오. 이것은 부탁이오."[106]

마오쩌둥

1974년 11월 20일

마오쩌둥은 이 편지에서 "이고가 황경에게 쓴 편지"를 매우 높게
평가하면서 장칭이 다시 한 번 알아들을 수 있도록 "스스로를 정확
히 알아야 한다"고 신신당부하고 있는 것이다.

마오쩌둥이 읽은 역사서 중에, 『신오대사(新五代史)』제6권『당
명종본기(唐明宗本紀)』에는 이런 말이 있다. "외쳐라! 예로부터 태
평성세가 적으면 난세가 많다!(自古治世少而亂世多)" 이 말이 적
혀 있는 페이지의 옆에는 마오쩌둥이 "후한 이고의 말(後漢李固之
言)"이라고 주석을 달아놓았다. 이처럼 『후한서 · 황경전』에 쓰여
있는 "자고이래 깨끗한 정치는 적고 나쁜 풍속은 많다(自生民以
來, 善政少而亂俗多)"는 내용은 마오쩌둥이 다른 문장을 읽다가도
익숙한 문구가 나오면 자연스럽게 이고의 이 말을 떠 올렸다는 것
을 알게 해준다. 그 정도로 "이고가 황경에게 쓴 편지"는 마오쩌둥
에게 매우 깊은 인상을 준 내용이었던 것이다.

---

106) 陳普 편, 『毛澤東讀書筆記解析』, 廣東人民出版社 1996, 1006쪽.

-시평-

이고가 편지를 써서 황경을 설득하니, 오만하여 남을 깔보는 것을 없애기가 어렵다네.

(李固惠書戒黃瓊, 恃才傲物斷難行)

상황을 잘 파악하여 천하를 바라보니, 이해득실을 따지는 것이 신중하다.

(審時度勢觀天下, 利弊得失愼權衡)

양춘백설의 곡에 화답하는 자는 드물고, 통속적인 것만을 듣는다.

("陽春白雪"和者寡, "下里巴人"或可廳)

자신을 인격자라고 여기며 만족하는 사람은 민중을 잃을 것이고, 스스로를 정확히 안다는 것은 매우 어렵다네.

(孤芳自賞失民衆, 難能可貴是自明)

7. 제왕에 굴하지 않는 그 덕이 고상하다

– '절개가 있는 선비' 엄광(嚴光)을 찬양하다

1913년 마오쩌둥이 장사에서 공부할 때 쓴 『강당록(講堂錄, 어린 시절 마오쩌둥의 일기를 모은 책)』 중에 이러한 내용이 있다.

"세상의 바람을 변화시키려면 두 가지가 중요하다. 하나는 '두껍게', 다른 하나는 '실하게' 하는 것이다. '두꺼움'은 사람을 두려워하거나 기피 또는 시기하지 않는 것이고, '실하다'고 하는 것은 큰소리(허풍)를 치지 않는다는 것이다. 허명 얻기를 좋아해서는 안 되고, 기초가 없는 일을 해서도 안 되며, 지나치게 큰일을 해서도 안 된다."

"엄광은 동한시대의 절개 있는 선비이다. 광무제가 즉위하면서 그를 불렀으나 거절했다. 황제가 방문하여 침상에 앉아 출사를 부탁할 때도 엄광은 침상에 누워서 말했다. 대사도(大司徒 : 승상)인 후패(學友)가 그를 출사하도록 설득하려 했다. 그러자 엄광은 '요순시대에는 소유가 있었는데, 지금은 내가 있다오. 군방 선생! 당

신은 삼공의 위치에 있어 좋겠군요. 만약 당신이 인덕까지 가지고
있다면 사람들이 모두 기뻐할 것입니다. 당신이 만약 단순히 아첨
만하며 황제의 교지를 따른다면, 참수되고 말 것입니다'라고 말해
주었다. 황제는 이런 그를 보면서 '이 미친놈이 아직도 이전과 같
구나' 하고 생각했다. 그러나 후세 사람들은 엄광에 대해 논할 때,
그가 잘못했다고 말하지 않는다. 엄광은 바로 제왕을 가르쳤음을
알기 때문이다. 태학에서 광무제와 같이 공부할 때 광무제가 배운
것이 비록 적지 않았을지는 모르지만, 결국은 엄광의 가르침에 의
해서 천하를 얻었던 것이다. 엄광은 언제나 절개 있게 말했고, 그
절개는 후세에까지 전해졌다. 제왕에게 굴하지 않는 그의 고상함
은 퍽이나 대단하다."[107]

청년 마오쩌둥의 눈에는 재능과 학문이 풍부한 엄광이 광무제
를 보좌하여 신하가 되는 것을 원하지 않았고, "당시에 맞는 풍속
을 바로하여(正風俗于當時)" 행동을 취했던 것이고, "전심전력하
여 후세에 전해지도록 가르쳤다(專心傳敎于後世)"고 하면서 이러
한 엄광의 태도를 매우 자연스러운 일이었다고 보았다. 그리고 광
무제가 침상에 앉아 엄광이 출사하여 조정을 도와주기를 청했을
때, 엄광은 오히려 침상에 누워 버릇없이 광무제와 큰소리로 대화
를 나누면서도 추호도 광무제의 위엄에 어떤 아첨도 하지 않는 태
도로 비굴함 없이, "절개가 있는 선비"의 고상함과 자신감을 충분
히 표현했다고 보았던 것이다.

---

107) 中共中央文獻研究室편, 『毛澤東早期文稿』, 호남인민출판사, 2008,
591~592쪽.

엄광은 자가 자릉(子陵)이고, 회계(會稽) 여요(余姚) 사람이다. 원래의 성은 장(庄)씨인데 한명제(漢明帝) 유장(劉庄)의 이름을 피하기 위하여 『후한서』에는 그의 성을 바꾸어 '엄(嚴)'이라 했다. 소년시절 엄광은 총명하고 공부를 잘했으며 시와 서에 정통했다. 그는 고향에서 명성이 높았다. 그는 다른 사람들과 문제를 토론할 때마다, 언어를 구사함에 있어서 세밀하고 논리적으로 했을 뿐만 아니라, 단어의 사용이 괴이했고 뛰어났다. 그의 고향사람들은 그를 남다른 시각으로 바라보았으며, 그가 장래에 반드시 재상이 될 재목이라고 생각하면서 자신의 고향에 무한한 영광을 가져다 줄 것이라고 여겼다. 어른이 된 후에는 자신이 언젠가는 책을 많이 읽어 학식이 깊은 박식한 선비가 되기를 희망했다. 그리하여 인재가 모이는 경사(京師)의 태학(太學)에 가서 공부했다. 이 시기에 그는 남양(南陽)에서 온 태학동문과 친분을 나누었는데, 그의 이름은 유수(劉秀)로 서로 막역한 친구가 되었다. 당시 사회는 계급이 불안정하였고 서한왕조가 이미 붕괴하여 와해되는 상황에 처해 있었다. 그리고 외척 왕망(王莽)이 기회를 틈타 '신(新)'왕조를 건립하는 시기였고, 계속해서 대규모 '녹림(綠林)'과 '적미(赤眉)'라 불리는 농민봉기가 폭발했기 때문에 엄광은 자신이 "때를 잘못 타고 났다(生不逢時)"고 여겨 어쩔 수 없이 불안한 마음을 품은 채 우울하게 경사를 떠났다.

후에 유수가 동한 왕조를 건립하였다는 소식을 듣게 된 엄광은 곧 성과 이름을 숨기고 출사를 거절했다. 광무제 유수가 사람을 파견하여 그를 경사로 불러 그에게 출사하여 조정을 도와주기를 청하고 자신과 동등한 권위를 주겠다고 했는데도, 그는 여전히 어떤

관직도 받지 않았고, 결국 부춘강(富春江)에 은거했다.[108]

아래 범엽(范曄)이 저술한『후한서』제83권『일민열전(逸民列傳) 엄광』에는 엄광의 고사에 대해 다음과 같이 기술하고 있다.

"엄광은 자가 자릉이고 또 엄도(嚴道)라고도 하는데, 회계 여요 지방 사람이다. 엄광은 어렸을 때부터 매우 높은 명성을 가지고 있었고, 광무제와 동문수학한 사이이다. 광무제가 즉위했을 때 그는 이름과 성을 바꾸고 숨어서 광무제가 찾을 수 없게 했다. 광무제가 그의 재능을 아깝게 여겨 사람을 파견하여 그의 형상을 가지고 그를 찾았다……. 사도 후패가 엄광과 줄곧 친분이 있어 사람을 파견하여 엄광에게 편지를 보냈다. 편지에는 '공이 듣기에 선생이 오셨다는데, 본래 즉시 가서 뵈어야 하겠지만, 공이 일이 많아 바빠서 찾아뵙지를 못했습니다. 밤에 찾아뵙고 싶은데 불편하지 않으시다면 찾아뵙겠습니다.' 엄광이 이에 답하지 않고 사람을 시켜 말로 회답케 했다. '군방 선생! 당신은 삼공의 지위에 있어 좋겠소이다. 부탁하건대 당신이 인덕까지 가지고 있다면 사람들이 기뻐할 것입니다. 당신이 만약 단순히 아첨하여 황제의 교지를 따른다면, 참수될 것입니다.' 후패가 답신을 받고 황제에게 보고하였다. 황제가 웃으면서 말했다. '이 미친놈이 아직도 이전과 같구나!' 광무제는 그날 엄광이 머무는 곳에 갔다. 엄광이 침상에 누워 일어나지 않자 광무제는 엄광의 침상에 앉아 그의 흉부를 만지면서 말했다. '야! 엄자릉, 정말 출사해서 나를 도와 나라를 다

---

108) 부춘강, 지금의 절강성 錢塘江 중류

스리지 않겠나?' 엄광은 눈을 감은 채 그를 무시했다. 잠시 시간
이 지나자 그는 눈을 뜨고 광무제를 바라보면서 말했다. '이전에
요 임금은 덕으로써 천하를 다스리고자 소부를 청했는데, 소부(巢
父)는 이를 거절하였네. 선비는 각자 자신이 지향하는 바가 있는
데 너는 어찌 나를 핍박하는가?' 광무제가 말했다. '자릉! 나는 여
전히 자네가 나를 따르게 할 수 없다는 것인가?' 이렇게 말하면서
광무제는 마차에 올라 탄식하며 돌아갔다."

옛부터 지금까지, 이렇게 엄광과 같이 절대 권력을 가진 황제 앞
에서 황제가 여러 차례 요청하고 부탁하는데도 시종 무관심한 태
도를 보이는 사람은 아마도 몇 사람 없을 것이다. 아마도 이것이
마오쩌둥이 엄광을 칭찬한 이유일 것이다.

마오쩌둥의 『강당록』의 내용에서 이러한 점을 엿볼 수가 있는 것
이다. 청년 마오쩌둥은 엄광에 대하여 "전력을 다해 후세에 전하
고 가르쳐야 한다(專心傳敎于後世)"고 하면서 매우 긍정적으로 표
현하였다. 그러면서 그는 "엄광의 이런 행동이 제왕의 '일'과 절대
비교할 수 없이 중요하다고 생각했다"고 썼다. 이것은 아마도 청
년 마오쩌둥이 일찍이 '선생님'이 되어 "후인들에게 전하고 가르치
고 싶어 했던 다른 이유"였을지도 모른다.

다른 시각에서 보면, 광무제와 같이 이렇게 황제의 지고 무상한
존엄을 내려놓고, 이전의 동문에게 비굴하게 부탁하는 것도 지금
까지 많이 볼 수 있는 것은 아니다. 이것 또한 아마도 신분이 높은
사람으로서 인재를 예로써 대우할 줄 알았던 광무제 유수가 한나
라 황실을 중흥시킬 수 있었던 이유 중의 하나였을 것이다.

-시평-

불굴의 절개는 엄광을 말하는데, 자신의 재능을 믿고 오만하여 제왕을 무시하네.

(不屈氣節說嚴光, 恃才傲勢藐帝王)

권세와 마주하며 자유로움을 느끼며 여유로워, 상의를 벗고 배를 대고 넓은 침상에 누워있네.

(面對權威悠自得, 襢胸疊肚臥寬床)

높은 관리의 녹봉이 많아도 움직이지 않고, 자신의 의견을 지켜 흔들리지 않는 것을 가르쳐 주네

(高官厚祿不爲動, 執意于敎毋彷徨)

자고이래 매우 많은 일이 있었는데, 과연 몇 명이나 예전의 사나운 기질을 본받게 하겠는가?

(古往今來多少事, 幾人能效"故態狂")

8. 생일축하 연회에서 '유향(劉向)'을 말하다

-"촛불이 밝히는 밝음" 역시 밝음이다

1940년 1월 15일 당중앙조직부(中國共産黨中央委員會組織部)에서 당정군(中國共産黨政府軍隊) 간부대회를 연안에서 개최하였다. 이 대회에서 우위장(吳玉章)의 60세 생일을 축하했다.[109] 마오쩌둥은 여기서 축하연설을 하면서 몇십 년 동안 중국혁명에 미친 우위장의 공헌에 대하여 열렬히 칭송했다. 그는 다음과 같이 말했다.

---

109) 吳玉章(1873년~1966년), 중국 무산계급혁명가이자 교육자. 사천(四川)영현(榮縣) 사람이다. 어려서 손중산이 이끄는 동맹과 신해혁명에 참가했고, 1925년 중국공산당에 가입했으며, 1927년 8.1남창봉기에 참가하여, 혁명위원회 위원 겸 비서장을 역임했다. 1928년 소련, 프랑스와 서유럽에 파견되어 일했고, '공산국제 제7차 대표회의(1935년 7월 25일~8월 20일, 모스크바)'에 참가한 적이 있다. 1938년 귀국하여 연안노신예술학원 원장, 연안대학 교장, 산서·감숙·녕하 지역 정부문화 위원회 주임, 중공사천성위원회 서기, 화북대학 교장 등을 역임했다. 신 중국 성립 후 중국인민대학교 교장, 중국교육공회 주임, 중국문자개혁위원회 주임 등을 역임했고, 제1, 2, 3회 전국인민대표대회 대표와 인민대회 상임위원회 위원, 중국공산당 제6회 6차 중전회, 제7회, 제8회 중앙위원, 1966년 12월 12일 북경에서 병으로 세상을 떠났다.

"한 사람이 좋은 일을 조금하는 것은 어렵지 않습니다. 정말 어려운 것은 한평생 좋은 일을 하고 나쁜 일을 안 하는 것입니다. 일관되게 모든 대중에게 유익함이 있고, 일관되게 청년에게 유익함이 있고, 일관되게 혁명에 유익함이 있는 고통스러운 투쟁의 몇십 년이 하루와 같이 사는 것이야말로 가장 어렵고 어려운 것입니다!"[110]

연회 중에 마오쩌둥과 주더(朱德) 등은 계속해서 우위장에게 축하주를 권하며, 그가 몇십 년 동안을 하루와 같이 근면하고 성실하게 혁명을 위해 일한 것에 대하여 칭찬을 하면서 그의 건강과 장수를 기원했다. 우위장은 모두를 향하여 연신 감사를 표했고 자기는 이미 늙었다고 말하면서 할 일이 많이 있어도 모두 기력이 다해 마음대로 되지 않는다고 겸손해 했다. 그리고 무거운 짐은 이제 젊은 사람에게 넘겨줘야 한다고 하자 마오쩌둥은 곧바로 말했다. "촛불이 밝히는 밝음도 그 또한 밝음입니다!" 그는 또 계속해서 말했다. "어디에 늙지 않음이 있겠습니까? 생명의 진정한 의의는 단순히 자신 혹은 소수의 사람을 위하는 것만이 아니라, 대다수의 사람들을 위해 행복을 모색하는데 있습니다. 그래서 우 선생님은 당연히 영광과 예우를 받기에 충분한 자격이 있습니다!"

"제가 무슨 촛불이 밝히는 밝음이라고 그러십니까?" 이렇게 오위장은 되묻는 식으로 겸손하게 "늙은 것은 늙은 것입니다. 나는 젊은이의 몸에 있는 한 줄기의 신성한 공기를 매우 부러워합니다……"라고 말했다.

---

110) 邸延生, 『歷史的眞情-毛澤東風雨浮沈十五年』, 新華出版社, 2002, 584쪽.

　　우위장의 이야기를 듣고 있던 마오쩌둥은 자연스럽게 다음과 같은 말로써 그를 위로했다. "'촛불이 밝히는 밝음'을 말하자면, 저는 유향(劉向)이 편찬한 『설원(說苑)』의 고사를 기억합니다. 이는 사광(師曠)이 진평공(晉平公)의 질문에 대답한 이야기인데 제가 말한 것이 맞습니까?"

　　오위장이 연신 고개를 끄덕이며 말했다.

　　"아직 기억력이 매우 좋습니다……."

　　여기서 마오쩌둥이 말한 유향(기원전 77년~기원전 6년)은 본래 이름이 갱생(更生)이고 자가 자정(子政)인 서한(西漢)의 패(沛)[111] 사람이다. 그는 중국 역사상 매우 저명한 경제학자이며 산문가이자 문학가이다. 『설원』과 『신서(新序)』는 유향이 편찬한 두 권의 역사고사집이다. 또 그가 편찬한 『열녀전(烈女傳)』 역시 널리 전해지고 있다. 그리고 마오쩌둥이 언급한 "촛불이 밝히는 밝음"은 아래의 『설원·건본(建本)』편에 나오는 말이다.

　　"진나라 평공이 사광에게 물었다. '내 나이가 칠십이지만 공부를 하고 싶은데 너무 나이가 많지 않은가 두렵소.' 사광이 말했다. '왜 촛불을 밝히지 않습니까?' 평공이 말했다. '어떻게 신하가 되어 자신의 주군을 희롱하는가?' 사광이 말했다. '저 같은 우매한 신하가 어찌 감히 주군을 희롱하겠습니까? 신이 듣기를 젊었을 때 학문을 좋아하는 것은 일출하는 태양과 같고, 장성해서 학문을 좋아하는 것은 정오의 태양과 같고, 늙어서 학문을 좋아하는 것은

---

111) 패, 지금의 강소성 패현.

촛불이 밝히는 밝음과도 같다고 합니다. 촛불이 있는 것과 아무것
도 없이 어두운 거리를 다니는 것 중에 무엇이 좋겠습니까?' 평공
이 말했다. '그렇구려!'"

『설원』에는 『설원·건본』에 나오는 〈귀천(貴天)〉과 『설원·정간
(正諫)』에 나오는 〈당랑포선(螳螂捕蟬)〉 같이 매우 함축적이고 깊
은 의미를 가진 고전고사가 기록되어 있는데, 오늘에 이르기까지
여전히 교육적인 의의가 매우 강하다. 다음은 『설원·건본』 중에
나오는 〈귀천〉 편이다,

"제(齊)나라 환공(桓公)이 관중(管仲)에게 물었다. '왕은 무엇
을 귀하게 여겨야 하는가?' 관중이 대답했다. '하늘을 귀하게 여겨
야 합니다.' 환공이 고개를 들어 하늘을 바라보았다. 관중이 다시
말했다. '소위 하늘이라 함은, 광활하고 아득한 하늘을 말하는 것
이 아닙니다. 왕으로써 백성을 하늘로 여겨야 합니다. 왕이 백성
과 더불어 함께하면 편안하고, 백성이 왕을 도와주면 강성해질 것
입니다. 그렇지 않으면 나라가 약해지고 백성이 등을 돌리게 되어
망할 것입니다. 시경에서 말하기를 사람이 선량함이 없게 되면,
서로 한쪽을 원망한다고 했습니다. 백성이 임금을 원망하게 되면
뜻을 이루지 못하고 망하지 않는 사람이 없습니다.'"

다음은 『설원·정간(正諫)』에 나오는 〈당랑포선(螳螂捕蟬)〉 편
이다.

"오(吳)나라 왕이 형(荊)나라를 정벌하고 싶어 주위의 신하들에게 이렇게 말하였다. '감히 간언하여 반대하는 자는 죽이겠다!' 신하들 중에 한 명의 젊은 사람이 있어 간언하고 싶었지만 감히 말하지 못하고, 활과 화살을 가지고 삼일 동안 이슬이 몸에 젖도록 후원을 서성이고 있었다. 이를 본 오왕이 말했다. '어찌하여 옷이 그렇게 젖었느냐?' 그가 말했다. '후원에 나무가 하나 있어 그 나무의 높은 곳에 매미가 앉아 있는데 슬피 울면서 이슬을 먹고 있습니다. 그런데 사마귀가 뒤에 자신을 노리고 있는 것을 모르고 있습니다. 사마귀는 몸을 기대어 숨고는 매미를 사냥하고자 했습니다. 그러나 사마귀도 참새가 그의 주변에 있다는 것을 모르고 있습니다. 그 참새는 목을 내밀고 당랑을 쪼아 먹으려 하고 있었지요. 그러나 그 참새도 활과 화살이 그 아래 있다는 것을 모르고 있었습니다. 이 세 마리는 모두 눈앞의 이익만을 노려 후에 벌어질 후환을 알지 못하고 있습니다.' 오왕이 말했다. '아! 그렇구나!' 그리고는 군사를 해산시켰다."

마오쩌둥은 평생 동안 만 권 정도의 책을 읽었다고 한다. 그는 만년에 이르러서도 여전히 독서를 좋아하여 손에서 책을 놓지 않았다. 1976년 8월 83세 고령의 마오쩌둥은 병상에 누워 있으면서도 여전히 주변의 직원들에게 북주(北周)시대 문학가 유신(庾信)의 책을 탐독하라고 했다. 그는 유신의 책 중에 아래와 같은 시를 기억하고 있었다.

예전에 심었던 버드나무, 한남으로 기울어져 춤을 추더니만

(昔年種柳, 依依漢南.)

이제 보니 고목이 되어 꺾이어, 강물 가에 처참히도 넘어져 있네

(今看搖落 凄愴江潭.)

나무도 하물며 이와 같은데, 사람은 어찌 견뎌내야 할까?

(樹猶如此, 人何以堪!)

마오쩌둥이 세상을 떠나기 30시간 전인 1976년 9월 7일 깊은 밤에, 끊임없이 응급처치를 하여 혼미한 중에 깨어난 마오쩌둥은 여전히 그의 주위에 서 있던 비밀비서 장위펑(張玉鳳)에게 책을 보겠다고 했다. 장위펑이 그에게 "무슨 책을 읽으실 겁니까?" 하고 물었다. 그가 입을 열어 목구멍으로부터 극히 미약한 소리를 내자, 장위펑이 바싹 다가가서 들었으나 들어도 이해할 수가 없다…….

마오쩌둥이 급하게 종이와 펜을 달라고 표시하자 장위펑이 재빨리 그에게 주었다. 그가 떨면서 손을 내밀고는 종이 위에 간신히 '삼(三)' 자를 썼다. 그런 후에 또 손으로 침상(나무로 된 침상)을 치자 장위펑은 즉시 이해했다. 마오쩌둥은 일본수상 미키다케오(三木武夫)의 책을 보고 싶었던 것이다. 이는 마오쩌둥이 다년간 키운 취미인 독서습관이었거나 혹은 마오쩌둥의 가슴 깊은 저곳에 "촛불이 밝히는 밝음"이 존재했기 때문이었을 것이다.

-시평-

평생 읽은 책이 만 권에 이르니, 근면하고 열심히 노력하였네

(一生讀書逾萬卷, 孜孜不倦下苦功)

책을 손에서 놓지 않은 채 남북으로 달렸고, 책을 몸에서 떨어 드리지 않은 채 동서로 달렸다네

(卷不離手馳南北, 書不離身走東西)

수십 년이 하루와 같이 정무가 몹시 바쁘련만 항상 꾸준하여 변함이 없었네.

(數十年間如一日, 日理萬機持之恒)

인간은 나이가 들어도 배울 수가 있으니, 촛불이 밝히는 밝음 역시 밝음이라네.

(人活到走學到老, 炳燭之明亦是明)

9. 서로 다른 의견을 받아들이는데 익숙해야 한다

– 회의에서 역이기(酈食其)에 대하여 말하다

1962년 1월 11일 더 커진 중공중앙공작회의가 마오쩌둥의 주도 하에 북경인민대회당에서 예비회의를 개최하였다. 이번 대회에 참가한 사람들은 현 위원회(縣委) 서기(書記) 이상의 현위원회, 지역위원회(地委), 성시위원회(省市委)와 중앙공산당의 명망 있는 간부를 포함하여 7,000여 명이 참가했는데, 소위 이를 '칠천인대회(七千人大會)'라고 했다.

이 대회는 정세와 임무에 관한 문제, 민주집중제 문제, 당의 작풍과 군중의 방침에 대한 문제에 대하여 중점적으로 토론하였다. 대회의 목적은 대약진(大躍進)운동이 시행된 이래 쌓은 경험과 교훈을 종합하고 객관적으로 정세를 인식하기 편하도록 하여, 모든 공산당의 사상을 통일하고 이후에 해야 할 일을 추진하기 위함이었다.

1월 27일 오후에 "칠천인대회"를 정식으로 시작하였다. 마오쩌둥이 회의를 주관하고 류샤오치(劉少奇)가 구두로 보고를 했다.

1월 30일 마오쩌둥은 이 대회에서 연설을 발표했다. 그는 "사람은 각 방면에서 나오는 서로 다른 의견을 받아들이는 일에 능숙해야 한다"고 말하면서, 경전을 인용하여 서한시대의 고사를 말했다.

"예전에 항우(項羽)라는 사람이 있었는데, 그를 서초패왕(西楚霸王)이라고 불렀습니다. 그는 다른 사람의 의견을 듣는 것을 좋아하지 않았습니다. 그의 곁에 있던 범증(範增)이라는 사람이 그에게 주의를 준 적이 있었으나 항우는 범증의 말을 듣지 않았지요. 유방이라 불리는 또 다른 한 사람이 있었는데 그가 바로 한고조(漢高祖)입니다. 그는 비교적 서로 다른 의견을 충분히 받아들이는 사람이었습니다. 한 번은 역이기(酈食其)라고 불리는 지식인이 유방을 만나고자 하여 '자신은 공부하는 사람이고 공자의 일파'라고 문지기에게 전해달라고 했습니다. 유방이 회답하여 말하기를 '현재는 군사시기여서 유생(儒生)은 만날 틈이 없다'고 했습니다. 이에 역이기는 곧바로 화를 내면서 문지기에게 말했지요. '당신 한 번 더 들어가 나는 제멋대로 행동하는 사람이지, 유생이 아니라고 말해주시오!' 이에 문지기가 다시 들어가 그대로 보고했습니다. 그렇게 되어 결국 유방을 만나게 되었는데, 유방이 마침 발을 씻고 있다가 황급히 일어나 환영했지만, 역이기는 유방이 유생은 만나지 못하겠다는 말 때문에 여전히 화가 나 있어 유방에게 따지고 들었습니다. '당신은 천하를 얻기를 바라지 않는 것 같습니다. 왜 연장자를 경시하는 것입니까?' 이때의 역이기는 60세가 넘었고, 유방은 그보다 어렸습니다. 그래서 그는 자신을 연장자라고 한 것이었지요. 유방이 이를 듣고는 그에게 사과하면서 역이기의 '진류현(陳留縣)을 획득하는 방법'에 대한 의견을 받아들였습니다. 이 사실은 『사기 · 역생(酈生), 육가(陸賈)열전』에서 볼 수 있습니다. 유방은 봉건시대에 역사학자들로부터 '활달하고 도량이 넓고, 아랫사람의 권고와 의견을 잘 받아들이기를 마치 물 흐르듯 자연스럽게 하는(豁達大度, 從諫如流)' 영웅인물로 평가되고 있습니다. 유방은 항우와 몇 년간 싸움을 벌였는데, 결국 유방이 이기고 항우는 패한 것은 우연은 아니라는 것을 알아야 합니다."[112]'

마오쩌둥의 연설에서 언급된 역이기는 진나라 말기의 웅변가로 탕군 진류(陳留)현 고양향(高陽鄉) 사람이다. 평소 독서를 즐겼지만 집안이 가난해서 마을의 성문을 관리하는 감문리로 있었다. 술을 즐기고 능력을 드러내지 않아 사람들은 미치광이 선생이라고 불렀다. 진나라 2세 황제 원년(기원전 209년)에 진승 · 오광의 난을 기점으로 항량 등이 세력을 일으키자, 때를 기다렸던 역이기는 마침내 유방을 만나고는 드디어 그 뜻을 펼치기 시작한다. 주로 외교활동 면에서 큰 공을 세우며 유방이 서한 왕조를 건국하는데 적지 않은 공을 세웠다. 그러나 진류현 현령을 속여 진류성을 유방에게 바치고 제(齊)나라 왕 전광(田廣)을 설득하여 항복토록 하였지만, 이런 역이기의 공을 시기한 괴철(蒯徹, ?~?)의 간언에 의해 한신이 제나라를 공격하자, 이를 역이기에게 속았다고 생각한 제왕 전광은 그를 팽살(烹殺)했다.

괴철은 한나라 초기의 모략가로 한나라 대원수 한신의 세객이

112) 『毛澤東著作選讀』, 인민출판사, 1986, 820~821쪽.

었다. 그의 이름이 한무제의 휘(諱)와 같다고 하여 사마천이 사기에서 이름을 바꿔 쓴 뒤로는 괴통(蒯通)으로 더 많이 알려진 인물로 범양 사람이다. 기원전 204년, 한신이 위나라, 조나라, 대나라를 차례로 격파하고 제나라를 공격하려 할 때, 한왕 유방은 한신에게 제나라 공격을 잠시 중지시키고 역이기를 보내 제나라 왕 전광을 설득시켜 자신의 편으로 포섭했다. 괴철은 이대로라면 역이기가 한신보다 큰 공을 세우게 될 것이라며 한신을 꼬드겨 제나라를 공격하게 했고, 한신은 이미 한나라와 손잡기로 해 대비가 없던 제나라 군대를 손쉽게 무찌르고 제나라를 장악했다. 한신에게 제나라를 가져다 준 괴철은 천하 3분론을 주장하며 한신에게 독립할 것을 권하지만, 한신은 한왕과의 정리를 내세워 거부하자 괴철은 죽음을 두려워하여 미친 체 하여 한신을 떠났다. 한신이 진희와 연계하여 모반하려다 고황후 여씨(高皇后 呂氏, ?~기원전 180년)와 소하(蕭何, ?~기원전 193년, 유방의 일등공신)에게 걸려들어 죽으면서 "괴철의 계책을 쓰지 않아, 여자의 손에 죽게 되니 후회스럽다!"라고 하자 고제는 괴통을 소환했으나, 괴통은 자기 주군을 위해서 말했을 뿐이라고 말해 목숨을 건졌다. 그러다가 기원전 209년에 진나라의 압정으로 인해 "진승(陳勝)·오광(吳廣)의 난"이 일어나, 진승은 진나라에서 독립하여 새 나라인 장초(張楚)를 세우고 스스로 진왕(陳王)이 되어 진(秦)나라 각지를 공격하도록 했다. 이에 따라 진승의 수하 장군 무신(武臣)이 옛 조(趙)나라 영역을 평정하고 범양을 공격하려 했다. 그러자 괴철이 다시 나타나 범양령(범양현의 현령) 서공(徐公)을 설득해 무신에게 투항하도록 했다. 그리고 스스로 사자가 되어 무신을 찾아가 범양령을 자기 수하로 포섭하고 후히 대우하면 주변 지역들도 무신에게 귀부할 것이라고 설득했다. 무신은 이를 받아들여 범양령에게 제후 인수(印綬)를 주자, 이 소식이 전해지면서 옛 조·연나라 땅의 30성이 싸움 없이 무신의 세력에 들어갔다. 무신은 이렇게 얻은 세력을 바탕으로 진승에게서 독립하여 조(趙)나라를 세우고 자신은 조나라의 왕이라 일컬었으나, 이후 무신은 이량(李良)에게 죽었다.

비록 역이기와 괴철 두 사람 다 웅변가로써 평가되고 있지만, 마오쩌둥은 자신의 이해관계를 따지지 않고 자신의 주군을 위해서만 일했던 역이기만을 진정한 웅변가로 인정했다. 그래서 그는 역이기가 처음 유방을 알현하였던 역사적 고사를 예로 들었던 것이고, 사람들에게 유방이 처음 보는 역이기의 의견을 받아들인 것처럼 "반드시 다른 사람이 제시한 각종 의견을 허심탄회하게 받아들여, '다양한 의견을 취하면 시시비비가 분명하다(兼廳則明)'"고 훈계했던 것이다. 동시에 그는 사람들이 제의한 의견은 "역이기의 고사"처럼 적당한 방식과 방법을 선택하여, 그 의견이 잘 받아들여지고 수용될 수 있도록 해야 한다고도 말했다.

-시평-

경전의 고사와 말을 인용하여 과거를 말하고, 옛것을 빌려 지금을 설명하려 역생을 인용하였네,
(引經據典話以往, 借古喻今說酈生)

사실로 진실을 구하여 형세를 말하니, 마음의 문을 활짝 열어 비판을 미루고
(實事求是講形勢, 敞開心扉展批評)

쌓인 경험을 통해 교훈을 찾아, 인식을 통일하여 공감을 모색하네.

(終結經驗找敎訓, 統一認識謀共鳴)

한자리에 모여 국정을 논하니, 민주의 집중은 하나의 작풍이 되었네.

(濟濟一堂談國政, 民主集中是作風)

10. 수업 도중에 조앙(趙殃)을 이야기하다

– 섭공이 용을 좋아하는 것처럼 공부하지 말라(葉公好龍)

1940년 초가을 어느 새벽에 정안에 있는 마열(馬列 : 마르크스 · 레닌)학원의 당총지부위원회(黨總支部委員會)의 서기 장치롱(張啓龍)과 부원장 판원란(範文瀾)은 교육처장 덩리췬(鄧力群), 교무처장 한스푸(韓世福), 교육간사 안핑성(安平生)과 선전간사 마홍(馬洪)을 불러 그들이게 말했다. "오늘 마오쩌둥 주석을 청해 학원에서 보고를 할 예정이니, 당신들이 마중을 나가야 합니다. 아침을 먹었으면 빨리 양가령에 가서 마오 주석을 모시고 오십시오!"

이때의 정안은 매우 어려운 시기에 처해 있었다. 그래서 마열학원 안에는 어떠한 교통수단도 없었는데, 그렇다고 가축이 끄는 수레를 몰고 가서 마오 주석을 모시고 와 학원에서 보고를 할 수는 없었다. 그래서 불려온 네 사람은 모두 부끄러움을 느꼈다. 이에 장치롱이 말했다.

"마오주석과 당중앙도 우리의 상황을 알고 있으니 걱정하지 마시고 가서 모시고 오면 됩니다. 차와 말이 없어도 당신들이 가서 주석과 함께 걸어오면 됩니다!"

마열학원에서 양가령까지의 거리는 적어도 8, 9리 정도는 되는데, 중간에 연수하(延水河)도 있었다. 이 네 사람이 중간쯤 가서 막 연수교의 입구에 들어섰을 때 마오쩌둥이 이미 온갖 고초를 겪은 사람처럼 급하게 오고 있었다.

넋이 나간 네 사람은 마오쩌둥이 헝겊으로 만든 신에 황토를 묻히고 이렇게 일찍 오는 것을 보고는 그가 매우 급하게 오고 있다는 것을 알 수 있었다. 네 사람이 입을 열어 말하기 전에 마오쩌둥이 먼저 그들에게 물었다.

"자네들 네 사람은 기세가 등등한데 무엇을 하러 가려하는 겁니까?"

덩리쥔이 대답하였다.

"학원에서 저희들을 보내 주석을 모셔오라고……."

"나를?"

마오쩌둥은 곧 걸음을 옮기면서 유머스럽게 말했다.

"음! 내가 오늘 보고회가 있다는 것을 잊어버렸을 줄 알고 걱정했나요?"

그러면서 손을 저으며 계속해서 말했다.

"여러분들은 걱정하실 것 없어요. 학원에서 나에게 임무를 주었는데, 내가 어찌 그것을 잊어버리겠습니까?"

덩리쥔은 급하게 해명했다.

"저희는 그저 주석을 마중하러 나온 것뿐입니다. 늦어서 매우 부끄럽습니다……."

마오쩌둥은 손을 들어 저으면서 말했다.

"이렇게 하는 것은 조금은 옳지 않습니다. 한 사람이 보고를 하러 오는데 네 사람이 마중을 오는 것은 옳지 않은 일입니다!"

이렇게 말을 하면서 마오쩌둥은 연하교를 건넜다. 네 사람은 마오쩌둥의 뒤에서 같이 마열학원 방향으로 걸어갔다. 가는 길에 마오쩌둥은 매우 진지하게 네 사람에게 말했다.

"당신들 네 사람은 왜 가마를 메고 있지 않습니까? 가마를 메고 나를 마중 나와야 하는 것 아닙니까? 다음에는 여러분들의 상사에게 가서 말해 네 명을 더 불러 여덟 사람이 메는 큰 가마를 가지고 오라고 하겠습니다. 체면과 위풍 있게 말이죠, 그리고 더 사람이 있으면 옛날 관리들이 행차할 때처럼 징을 울리고 깃발을 휘두르면서 함성을 지르게 해야 하겠습니다. 그러면 여러분들은 좋지 않겠습니까?"

수행하던 사람들이 모두 웃었으나 그 누구도 선뜻 대답하지 못했다. 마오쩌둥도 웃으면서 고개를 저으며 말했다.

"그것이 바로 옳지 않은 겁니다."

또 말했다.

"과거에 황제가 출궁할 때는 어가를 탔고, 관리가 출타할 때는 큰 가마를 탔습니다. 앞의 사람은 소리쳐 길을 열고 뒤의 사람은 주위를 에워싸면서 호위를 하여 아주 기세가 등등하고 으름장을 놓았는데, 그것은 사실상 백성들을 고통스럽게 했습니다. 우리는 공산당 사람입니다. 혁명을 말하고 황제나 관료 같은 것을 혁명하여 구시대를 낙화유수처럼 무너뜨려야 하는 사람들이라 이겁니다."

수행하던 사람 모두가 마오쩌둥의 말이 옳다고 했다. 가는 길에 마오쩌둥이 또 말했다.

　"여러분에게 고사 하나를 이야기해 주지요. 당신들은 모두 학문을 공부하는 사람들이니 춘추시대(春秋時代)의 조앙(趙殃)을 알 것입니다. 조(趙) 나라의 기초를 세운 조간자(趙簡子)가 그 사람이지요. 조앙이 한번은 마차를 타고 외출을 하여 꼬불꼬불한 작은 길을 따라 산을 올라가는데 매우 올라가기 힘들어 그의 주변에 있던 대부분의 사람들이 앞에서 끌고 뒤에서 밀었습니다. 그러나 오직 한 사람만이 밀지 않을 뿐만 아니라 오히려 아무 일 없다는 듯이 옆에서 노래를 부르고 있자 조앙이 매우 화가 났습니다. 그 사람을 질책하며 물었습니다. '네 죄를 아느냐? 다른 사람들은 모두 마차를 미는데 너는 왜 밀지 않느냐?' 그 사람이 대답했지요. '저의 죄를 압니다. 마땅히 죽고 또 죽어야 합니다.' 조앙이 말했지요. '한번 죽는 것으로 충분한데, 어떻게 죽고 또 죽는다는 것이냐?' 그 사람이 말했다. '자신이 죽으면 아내와 아이들도 죽습니다. 그것을 죽고 또 죽는다고 합니다.' 이어 또 그가 말했어요. '만약 군주가 해야 할 일을 부끄럽게 신하가 하게 되면 어떻게 해야 하겠습니까?' 조앙이 생각을 해 보더니 그에게 물었습니다. '어떻게 해야 할지 자네가 말해 보게나!' 그 사람이 말했어요. '그것은 매우 불편한 것입니다. 신하들은 곧 원망하는 마음이 생겨서 나라 전체가 화를 당할 것입니다.' 그의 말을 들은 조앙은 명령을 내려 대신들에게 마차를 밀지 말라고 하고, 연회를 열어 대신들과 함께 술을 마셨지요. 게다가 마차를 밀지 않은 사람을 귀빈으로 대우했습니다."

　마오쩌둥과 같이 걷고 있던 네 사람은 모두 마오쩌둥이 이 고사를 이야기하면서 반드시 자신의 눈을 낮추고 모든 일을 대중과 함께 어울려야 한다고 훈계하고 있음을 알았다. 마오쩌둥이 이렇게 이야기를 마치자, 덩리췬이 웃으면서 마오쩌둥에게 말했다.

"주석님, 만약 저희들이 양가령에 가면 주석도 저희를 귀빈으로 대우해 주시는 것입니까?"

이 말을 들은 모든 사람들이 웃었고, 마오쩌둥 또한 참지 못하겠다는 듯이 크게 소리를 내어 웃으며 말했다.

"좋지요, 자네들이 양가령에 와서 객이 된다면 진정으로 환영할 것이네!"

마오쩌둥이 말한 조앙과 신하의 대화는 아래 유향이 편찬한 『신서(新序)·잡사(雜事)』편에 나온다.

"조앙이 마차를 타고 양의 창자와 같은 길로 산을 올라가는데 너무 험하여 신하들이 모두 옷을 벗고 마차를 밀었다. 그런데 호(虎) 혼자서만 창을 메고 노래를 부르며 가면서 밀지 않았다. 조앙이 물었다. '과인이 산을 오르려 신하들 모두가 마차를 밀고 있는데, 혼자 창을 메고 노래를 부르며 가면서 마차를 밀지 않는 것은 군주의 신하로써 할 일이 아니고, 신하로써 자신의 군주를 모욕하는 것이다. 그 죄를 아는가?' 그러자 호가 대답하였다. '신하된 자로써 자신의 군주를 모욕하는 것은 죽고 또 죽어야 합니다.' 조앙이 물었다. '어찌 죽었는데 또 죽는다고 하느냐?' 호가 대답하였다. '자신이 죽으면, 처와 자식들도 죽습니다. 이를 죽고 또 죽는다고 합니다. 군주가 이미 신하로써 자신의 군주를 모욕한 죄를 아십니다. 그런데 군주 역시 군주로써 자신의 신하를 모욕했다는 것을 들어본 적이 있으십니까?' 조앙이 말했다. '군주가 되어서 자신의 신하를 모욕한다니 어째서 그러하느냐?' 호가 대답하였다. '군

303

주가 자신의 신하를 모욕한다는 것은, 지혜가 있는 사람은 군주
를 위하여 계책을 내지 않고, 말을 잘하는 자는 군중의 사자가 되
기를 원하지 않고, 용감한 사람은 군주를 위하여 전투를 하지 않
으려 할 것입니다. 지혜 있는 자가 계책을 내지 않아 나라가 위험
해질 것이고, 말을 잘하는 자가 사신이 되려 하지 않아 외교가 이
루어지지 않을 것이며, 용감한 자가 전투를 하려하지 않아 변경이
침범당할 것입니다.' 조앙이 말하였다. '그렇구나.' 그리고는 신하
들에게 마차 미는 것을 그만두게 하고 술을 내려 같이 마셨다. 그
리고 호는 이후 귀빈이 되었다."

　1942년 5월 22일 부터 23일까지 중공중앙(中國共産黨中央委
員會)은 연안의 양가령에 있는 중앙강당에서 문예좌담회를 개최
하였다. 마오쩌둥은 22일과 23일 이틀을 회의에 참석하고 두 번
의 강연을 하였다.[113] 그는 중국문예혁명운동 중에 장기적으로 논
쟁이 되고 있는 일련의 근본적인 문제에 대답하였다. 그리고 마르
크스 · 레닌주의의 문제이론과 당의 문예방침을 분명하게 밝혔다.
그리고 이 문예혁명을 통해 노동자, 농민 그리고 병사에게 봉사하
기 위한 근본적인 방향을 명확히 지적하여 5 · 4운동 이래 문예혁
명운동을 새로운 단계로 발전시켰다.
　마오쩌둥은 그의 강연에서 아래와 같이 명확하게 지적하였다.

　"우리의 문학예술은 모두 인민대중을 위한 것으로, 먼저 노동

---

113) 즉 『연안문예좌담회에서의 연설』

자, 농민과 병사가 우선이 되어야 하며, 그들을 위하여 창작해야

하며, 그들을 위하여 이용되어야 한다."[114]

이 회의기간 동안에 마오쩌둥은 문예가 왜 인간의 문제인지에 대하여 회의에 참가한 사람들과 폭넓은 접촉을 하고 깊이 있게 토론을 진행하였다. 그리고 5월 23일 폐막식에서 이 문제에 대하여 대답하였다. 수많은 문예활동가들과 폭넓은 접촉을 진행하며 마오쩌둥은 진지하게 각 방면의 의견을 들었고 모두와 반복하여 좌담회를 가졌다. 좌담 중에 마오쩌둥은 깊은 내용을 알기 쉽게 풀어서 설명하고 수많은 생동감 있는 사례들을 열거하였으며, 고대나 현대의 자료를 폭넓게 인용하고 증명하여, 문학과 예술이 반드시 노동자, 농민 그리고 병사를 위하여 봉사해야 한다는 현실적인 의의를 설명하는데 사용했다.

마오쩌둥은 문예 활동가들이 반드시 진지하게 현실 속에 깊이 들어가서 인민대중의 실제생활을 이해하고, 진지하게 인민의 고통을 체험해야 한다고 언급했다. 이때 마오쩌둥은 해학적이고 생동감이 있게 서한시대 유향의 『신서(新序)』에 나오는 "섭공이 용을 좋아하다(葉公好龍)"라는 구절을 인용하였다. 이것은 인민을 위해 봉사하고 노동자, 농민, 병사를 위에서 봉사한다고 단지 입으로만 말해서는 안 된다고 주의를 주면서, 진정으로 깊이 들어가 착실하고 견실하게 군중의 삶속으로 들어가야 한다는 뜻이었다. 또 그는 옛날의 '섭공'처럼 해서는 안 된다고 하면서 "말할 때 마다 자기는

---

114) 『마오쩌둥선집』 제3권, 인민출판사, 1991, 863쪽.

용을 좋아한다고 했으면서도 용이 진짜 나타났을 때에는 오히려 깜짝 놀라는 것은 좋지 않습니다"라고 했다.

유향이 편찬한 『신서』에는 매우 함축된 의미를 가진 글이 여러 편 기록되어 있다. 『위나라 문후가 이극에게 묻다(魏文侯問李克)』, 『조양자음주(趙襄子飮酒)』, 『국지요(國之妖)』 등과 같은 글은 마오쩌둥이 모든 사람들에게 추천하는 전례와 고사로 삼았다. 그리고 "사람들이 어떻게 더 좋게 문제를 처리해야 하는가?", "어떻게 더 진일보하게 일을 잘할 수 있는가?", "어떻게 정확하게 시비를 분별해야 하는가?", "어떻게 정확하게 객관적으로 사물을 인식해야 하는가?", "어떻게 정확하게 군중을 대해야 하는가?"에 대하여 주의를 주었다.

5월 중순 어느 날, 문예좌담회 기간 중에 마오쩌둥은 뤄펑(羅烽), 수췬(舒群), 시인 사오쥔(簫軍) 그리고 아이칭(艾靑) 및 문학계 몇 명의 여성 동지들과 함께 한담을 나누면서 대화 중에 유향의 『신서』를 재차 언급했다. 마오쩌둥이 말했다. "유향이 편집한 신서는 매우 공을 들인 것입니다. 『신서』안의 수많은 고사는 모두가 매우 철학적이고 읽으면 읽을수록 그 가치를 느끼게 됩니다. 여러분들에게 찾아서 읽어볼 것을 권유합니다."

한 명의 여성 동지가 물었다.

"어디의 몇 편이 좋습니까?"

마오쩌둥이 말했다.

"내가 볼 땐 『위나라 문후가 이극에게 묻다』와 『국지요』의 글이 잘 쓴 것 같습니다!"

몇 사람이 동시에 자신들의 의지를 표했다. 시간을 내어 반드시 유향의 『신서』를 읽겠다고…….

-시평-

좌담회에서 '섭공'을 이야기하고, 심오한 이야기를 알기 쉽게
하기 위해 '용을 좋아한다'는 고사를 말하네.

(座談會上講葉公, 深入淺出說好龍)

매우 열심히 일하며, 진심으로 노동자와 농민을 위하네.

(脚踏實地干工作, 眞心實意爲工農)

신서의 글이 천 년을 전해져 내려오니, 옛것을 빌려 지금을 설
명하니 새로운 내용일세.

(新序撰文傳千載, 借古說今新內容)

미래를 향해 바라보고 발전을 시도하니, 큰 노래 소리가 맹렬하
게 전진하여 큰 바람을 일으키네.

(放眼未來圖發展, 高歌猛進唱大風)

11. 스님(僧人)과 불교를 이야기하고 경전을 논하다

 – 중국의 불교에는 전쟁이 없다

 중국불교는 매우 빠른 시기에 전해져 이미 선진시대부터 발전하여 제자백가 중의 일가(一家)가 되었으며 한나라 초기에 이르면 이미 전국적으로 존재하게 되었다. 마오쩌둥은 줄곧 불교에 대한 연구를 중시했는데, 항상 중국의 종교에 대한 신앙의 자유는 좋은 일이라고 여겼고, 다만 그런 종교의 신앙을 이용하여 미신에 빠져 맹목적으로 활동하는 사람과는 반드시 구별해야 한다고 생각했다.

 1916년 7월 어느 날 장사에서 공부를 하고 있던 마오쩌둥은 여름방학을 이용하여 초이(楚怡)소학교에서 학생들을 가르치고 있는 친한 벗인 사오즈성(篠子升)과 함께 교외로 나가 '유학(遊學)'을 했다. 며칠 동안 도보로 고생스럽게 먼 길을 가더니, 그들은 아주 울창한 위산(潙山)에 올랐다. '십방밀인사(十方密印寺)'의 산문 앞에 서서 양문에 붙어 있는 "불법의 비는 형악에 이르렀고, 종품은 안산에서 시작되네(法雨來衡岳, 宗風啓仰山)"라는 글을 보고는 마오쩌둥이 사오즈성에게 말했다.

"우리 들어가서 젯밥이나 한번 얻어먹어 볼까?"

밀인사에서 두 사람은 주지 스님의 열렬한 환대를 받았다. 이야기 중에 주지스님은 기개가 범상치 않은 마오쩌둥을 향해 문제를 하나 냈다.

"불교가 어떻게 하면 중국에서 천년 동안 쇠락하지 않을 수 있겠는가요? 또 중국종교는 어떻게 하면 화합하여 공존할 수 있겠는가요?"

마오쩌둥이 대답하였다.

"중국은 다른 나라처럼 한 번 발발하면 몇백 년을 가는 그런 종교 전쟁이 없었습니다. 몇 종류의 종교가 능히 화합하여 공존할 수 있으니, 그것은 중국의 입장에서 볼 때 나쁜 일이 아닙니다."

마오쩌둥의 말을 들은 주지 스님은 합장하며 "아미타불"을 염송하더니 마오쩌둥을 바라보면서 무거운 어투로 말했다.

"오직 마오 시주의 그 말에 희망을 두면서 이후 잊지 않을 것입니다."

주지스님이 또 말했다.

"마오 시주! 이 다음에 위산과 섬서·감숙에 오시면 오대산(五臺山)과 백운산(白雲山)에 가보세요. 오대산은 불교의 성지이고, 백운산 위에는 빈승의 사제가 주지를 하고 있으니, 마오 시주가 거기서 좋은 것을 보시기를 희망합니다."

그날 밤 두 사람은 위산의 절에서 머물렀다.

이틀 후 위산에서 내려온 마오쩌둥과 사오즈성은 또 안화현(安化縣)으로 가서 사회조사를 실시하였다. 도중에 두 사람은 불교와 인생 철학 및 중국 역대 제왕과 종교 관계 등의 문제에 대하여 깊게 토론하고는 당(唐)나라 시대가 가장 전형적이라고 생각했다. 당나라 황제는

공자를 추종하였기 때문에 전국 각지에 있는 공묘(孔廟)를 수리하고
건립했다. 또 황제의 성이 이(李)씨였기 때문에 노자(老子) 이담(李
聃)을 존경하여 도교(道敎)의 시조로 삼아 도관을 건립하기 시작했
다. 이와 동시에 외부에서 들어온 불교도 환영을 받았고, 서아시아와
남아시아에서 들어오거나 심지어 유럽에서 들어온 이교(異敎) 승려
(僧人)들도 장안성(長安城)에 들어와 중국의 유가학설과 도교문화와
화합하며 공존했다. 당나라 정관(貞觀) 연간에 현장(玄奘)스님이 서
방으로 경전을 가지러 고통의 먼 길을 떠났으나, 그는 여전히 중국의
공자와 노자 모두가 철학가이지 교주가 아니라고 생각했다. 이는 중
국인의 현실주의 성격을 반영했던 것이다. 마오쩌둥은 다음과 같이
말했다. "예로부터 중국의 종교에 대한 신앙은 서방에서 장기간 동안
벌어진 종교전쟁과 다르게 종교에 대하여도 지나치게 집착하지 않고
자유로웠다. 유가사상은 불교나 도교보다 훨씬 영향력이 크고, 몇천
년이라는 긴 세월이 지나도 쇠퇴하지 않았다. 또 제왕들이 이용했을
뿐만 아니라, 시험에서 선비를 뽑거나 민간의 인간관계에서도 모두
유가 학설을 법규로 삼았다." 두 사람은 이런 것들 모두에 대해 진지
하게 연구를 해야 한다고 생각했다.

　1947년 10월 어느 날 섬북전전(陝北轉戰 : 섬서 · 감숙 · 녕하에
서 펼친 중국공산당 주요전략 정책) 시기에 마오쩌둥은 몇 명을 대
동하고 섬서성 북부에 위치한 백운산에 올랐다. 산 정상에 올라서
서 마오쩌둥은 절에 들어가 둘러보았는데, 직원들은 마오쩌둥의
이러한 행동을 이해하지 못했다. 마오쩌둥이 이에 말했다. "장사
에서 공부할 때 나와 나의 동문이 방학을 이용하여 연구 활동을 한
적이 있는데, 빠른 걸음으로 다섯 개의 현을 지나고 나니 돈이 한

푼도 없어 겨우 위산에 도착하여 위산에 있는 산사에서 밥을 얻어
먹은 적이 있습니다. 그 위산에 있는 절은 매우 컸고 그곳에 학문
이 매우 깊은 주지스님이 계셨는데 그분과 약속을 하였기 때문에
여기에 온 것입니다…….”

그러자 동행한 직원이 물었다.

“스님이 무슨 학문을 하겠습니까? 경전을 공부하기 위해 탁발하
는 것이 아니고, 탁발하기 위하여 경을 읽는 것 아닙니까!”

“그것은 너무 일방적인 말이네!”

마오쩌둥이 다시 말했다.

“절 안의 학문은 매우 높다! 그것은 불교이며 문화이자 명승고적
이다. 또 중국 역사문화의 산물이기도 한 것이네!”

백운산 절에서 마오쩌둥은 31년 전 위산에 있던 절의 주지스님
에게서 들은 그의 사제인 주지스님을 만나보았다. 주지스님이 자
신의 앞에 앉아 있는 사람이 가난한 사람들을 이끌고 천하와 싸우
는 마오쩌둥이라는 것을 알고는, 급히 몸을 숙이고 합장을 하면서
예를 취했다.

“아미타불! 선재로다, 선재로다! 빈승이 마오 주석이 친히 저희
산사에 오신 것을 몰랐습니다. 소홀히 한 것을 널리 양해해 주시고
마오 주석께서 아량을 베풀어 주시길 바랍니다!”

마오쩌둥은 몸을 숙여 예를 갖추고 웃으면서 말했다.

“저는 단지 둘러보러 온 것입니다. 주지스님께서는 속세 밖의 사
람입니다. ‘천지인 삼계 밖에 있고, 오행에 속하지 않는 그런 분이
십니다! 그러나 스님도 잡수시면서 살아가야 합니다. 무슨 어려움
이 있으시면 주저하지 마시고 말씀해 주십시오. 인민정부가 도와

드리겠습니다.'"

이어서 그가 또 말했다.

"과거에는 스님들이 인구를 생산하지 않고 양식을 생산하지 않았습니다. 그러나 지금은 변해야 합니다. 비록 인구를 생산하지 않는 것이 불가의 규율이기 때문에 어쩔 수 없는 일이지만, 노동에 참가하지 않는 것은 안 됩니다. 불가의 규율에 스님이 일하지 않는다는 말은 없습니다! 우리 정부는 종교의 신앙을 보호해 주지만 일하지 않는 것은 안 됩니다. 스님이 노동에 참가하게 되면 몸이 건강해지는데 이것은 착취가 아닙니다. 스님! 오늘 제가 여기서 경을 얻어가겠습니다."

1948년 4월 8일 마오쩌둥과 저우언라이(周恩來) 등은 행군 중 피곤한 중에도 폭설을 무릅쓰고 산서성(山西省) 북부에 위치한 불교성지인 오대산에 올랐다. 중국 역사이래 가장 오래되고 규모가 가장 큰 웅장한 현통사(顯通寺)[115]에서 마오쩌둥과 저우언라이는 함께 절 안에 있는 동종을 울렸다. 동종의 낮고 우렁찬 소리가 절 밖으로 울려 퍼지자데 마치 하늘을 뒤덮은 눈이 깜짝 놀라 흩어지는 것처럼 오대산 전체에 울려 퍼졌다.

1955년 3월 8일 마오쩌둥은 중남해에 있는 회인당(懷仁堂)에서 서장(西藏 : 티베트) 달라이 라마와 다음과 같은 담화를 나누었다.

"우리는 시야를 크게 넓혀야 하고, 중국과 세계를 더 살기 좋게

---

115) 현통사, 동한 영평(永平) 연간에 창건, 처음에는 명칭이 '大孚靈鷲寺', 당나라 무측천 때에 '大華嚴寺'로 개명, 후에 명태조 주원장 '대현통사'의 이름을 하사받음. 이로 인해 '현통사'로 칭해짐.

해야 합니다. 불교의 교리는 바로 이런 사상이 있습니다. 불교의 창시자인 석가모니는 중생의 구제를 주장하고 당시 인도에서 억압 받고 있는 사람들의 마음을 대표하였습니다. 중생의 고통을 해소하기 위해 그는 왕자의 지위를 버리고 출가하여 불교를 창시하였습니다. 그러므로 불교를 믿는 사람과 우리 공산당은 화합해야 합니다. 중생을 위하는 불교와 민중을 억압하는 고통을 해소하고자 하는 공산당과는 서로 같은 입장입니다."[116]

1959년 10월 22일 마오쩌둥은 서장의 판첸라마와 다음과 같이 담화를 나누었다.

"옛날에 석가모니(釋迦牟尼)라는 왕자가 있었는데, 그는 왕자의 지위를 버리고 출가하여 백성들과 함께 하는 군중의 지도자가 되었습니다. 동진(東晉)시대에 서역(西域) 구자국(龜玆國)의 구마라습(鳩摩羅什)이 서안(西安)으로 와서 12년을 살았고 서안에서 죽었습니다. 그는 중국 대승불교의 전파에 공로가 있습니다. 한자로 번역된 『금강경(金剛經)』[117]이 바로 그가 번역한 것입니다. 저는 불경을 잘 이해하지는 못하지만 불경도 구분이 있다고 생각합니다. 귀족의 불경(上層)도 있고 일반 백성(勞動階層)들의 불경도 있는데, 당(唐)나라 시대에 육조(慧能)의 불경인 『법보단경(法寶

---

116) 陳普 편, 『毛澤東讀書筆記解析』, 廣東人民出版社, 1996, 642쪽.
117) 『금강경』, 전체 경전명 『能斷金剛經般若波羅蜜經』.

壇經)』[118]과 같은 것이 바로 일반 백성들의 불경입니다."[119]

다음 날 마오쩌둥은 전용열차를 타고 남방을 시찰하는데, 떠나기 전에 수행하는 직원들을 시켜 특별히 가져오게 한 책 중에는 『육조단경(六朝壇經)』, 『법화경(法華經)』, 『대열반경(大涅槃經)』 그리고 『반야바라밀다심경(般若波羅蜜多心經)』 등이 포함되어 있었다.

중국불교의 몇 개 종파 중에서 마오쩌둥이 비교적 잘 알고 있었던 것은 선종(禪宗)이라 할 수 있고, 불교의 수많은 경전 중에서 마오쩌둥이 비교적 주시한 것은 『법보단경』을 저술한 육조혜능(六朝慧能)의 사상이었다고 할 수 있다.

1960년대 초에 마오쩌둥은 인민대회당의 작은 영접실에서 아랍 국가에서 온 대표단과 인간세상에서 분쟁이 멈추지 않는 것에 대하여 대화를 나누었는데, 손님들이 매우 감격해 했다. 그러한 분위기를 바꾸려는 셈이었는지는 몰라도 갑자기 마오쩌둥이 화제를 돌려 손님들에게 질문했다.

"이슬람교의 진짜 주인은 누구입니까?"

통역이 끝난 후 손님들의 얼굴에는 분분히 놀라는 빛이 표출되었다. 마오쩌둥이 담배를 피면서 동시에 웃으면서 연이어 물었다.

"누가 부처입니까? 누가 기독교의 하느님입니까?"

마오쩌둥의 감염력 있는 미소와 우아한 태도는 점점 깊게 손님들 하나하나를 끌어 당겼다. 자리한 모든 이들은 다 알고 있다는

---

118) 『법보단경』, 즉 『육조단경』.

119) 陳普 편, 『毛澤東讀書筆記解析』, 廣東人民出版社, 1996, 642~643쪽.

것 같은 모습의 마오쩌둥을 보면서 반드시 무슨 더 심오한 문제를 생각하고 있다는 것을 느꼈다.

손님들이 마오쩌둥의 화제에 대답하자 마오쩌둥은 손님들에게 이렇게 말했다.

"중국 도교(道敎)의 생각에 따르면 천국에서 가장 높은 신인 '옥황대제(玉皇大帝)'가 있다고 합니다, 이렇게 본다면 '천당'도 그렇게 안녕하지는 않을 것입니다. 왜냐하면 천국에도 '세력 범위'를 구분 짓고 있기 때문입니다!"

통역 이후 손님들은 박수를 치며 좋아 했고, 서로 마오쩌둥이 풍부한 상상력을 가지고 있으며 매우 유머감각이 있고 함축적인 사람이라고 칭찬했다. 한 마디의 매우 평범한 말을 들은 것뿐인데, 그의 입에서 그 말이 나오자 곧 새로운 뜻이 부여되고 사람들이 생각하지 못한 사실을 알게 했던 것이다…….

1961년 1월 22일 마오쩌둥은 재차 판첸라마와 회담하였다

"저는 서역에서 불경을 공부하고 불경을 이해하는 몇천 명의 사람을 인정하고 있습니다. 그들은 불교학에 있어 지식인입니다. 따라서 당신은 그들이 사회과학과 자연과학을 공부해야 하는지 안해야 하는지와 또 정치 · 과학 · 문화 및 일반적인 지식을 이해하고 있는지를 살펴보아야 합니다. 불교학은 공부하지 않을 수 없어 불교학교를 열어 2년 동안 공부하여 졸업시키지만, 정치를 전문적으로 공부하려면 이런 방법으로 해서는 안 된다고 저는 생각합니다. 2년 동안 불교학을 연구토록 하지만, 불교학에는 정치를 공

부하는 그런 학문이 없으므로 고쳐야 합니다.[120]

판첸라마가 연신 고개를 끄덕이며 마오쩌둥의 말을 경청하면서 칭찬했다.

마오쩌둥이 판첸라마에게 물었다.

"서역은 대승입니까? 소승입니까?"

판첸라마가 대답하였다.

"우리의 학문은 대승이고, 밀종(密宗)입니다, 그러나 소승은 기초라고 할 수 있기 때문에 소승도 이해해야 합니다."

마오쩌둥은 다시 물었다.

"석가모니의 말씀은 대승입니까?"

판첸라마가 대답하였다.

"석가모니의 말씀은 세 부분으로 나눌 수 있습니다. 첫 번째와 세 번째는 소승이고, 두 번째는 대승을 말씀하셨습니다."

마오쩌둥이 계속해서 물었다.

"『연화경』과 『금강경』이 티베트어로 된 경전이 있습니까? 그리고 석가모니의 경전이 공자의 책보다 많습니까?"

판첸라마가 대답하였다.

"서역에 『금강경』이 있습니다. 범문(梵文)을 티베트어로 번역한 것이지요. 물론 석가모니 부처님의 경전은 매우 많습니다."

마오쩌둥이 말했다.

"『금강경』은 읽을 만한 가치가 매우 많습니다. 저도 불교학을 연

---

120) 陳晉 편, 『毛澤東讀書筆記解析』, 廣東人民出版社, 1996, 646쪽.

구하고 싶은데, 기회가 있으면 저에게 가르침을 주십시오!"
1963년 12월 30일 마오쩌둥은 문서에 이런 소견을 남겼다.

"세계 3대 종교[121]는 지금까지 매우 널리 인간에게 영향을 미치고
있다. 그러나 우리는 지식이 없어서 국내에 마르크스주의자가 이끄
는 연구기구가 하나도 없고, 이런 방면에 대한 간행물 또한 한 권도
볼 수가 없다. 역사유물주의 관점을 따라 쓰인 글 또한 매우 적고, 몇
편의 불교학 관련 글을 발표한 런지위(任繼愈) 같은 드물고 귀한 인
재처럼, 기독교와 회교(이슬람교)를 이야기하는 것을 본 적이 없다.
신학을 비판하지 않고서는 좋은 철학서를 쓸 수가 없으며, 더 나아
가 좋은 문학사 혹은 세계사를 쓸 수가 없다. 나는 공산주의자가 불
교 · 이슬람교 · 기독교 등의 경전을 연구하는 것에 찬성한다. 이는
군중의 문제로 아주 많은 군중이 종교를 믿고 있기 때문에, 우리는
군중을 연구해야 하는데, 우리는 도리어 종교를 이해하지 못하고 있
고, 정치적인 깨달음(마르크스사상) 또한 전문적이지 못하다."

1964년 5월 25일 마오쩌둥은 페루 등 라틴아메리카에서 온 두 무
리의 공산당학습 대표단과 만났을 때, 그는 손님들과 페루 농민의 다
신교 문제에 대하여 토론을 했다. 마오쩌둥은 다음과 같이 말했다.

"군중을 찾아 가자마자 바로 '우리는 무신론자이기 때문에 너
희들이 믿는 신을 우리는 믿지 않는다'고 하면서 종교를 반대하고

---

121) 3대 종교, 불교, 이슬람교, 기독교

선전을 하는데, 그러면 안 된다! 그러면 군중은 우리와 사이가 멀어질 것이다. 군중의 의식은 점점 높아지고 있고, 군중은 종교가 매우 긴 과정을 필요로 한다는 생각을 버려야 하며, 종교를 믿는다는 것과 제국주의 · 봉건주의 · 관료자본주의를 반대하지 않는다는 것과는 다르다. [122)]

마오쩌둥이 불교가 중국에서 존재하고 전파되는 것을 중요시한 것은 그것이 중국의 국가정서의 기초이고 확대된 인민군중의 기초 위에 있기 때문이라고 할 수 있다.

-시평-

역사의 길고 긴 세월은 여전히 유구한데, 중화문화는 빼어남을 다툰다.

(歷史長河恒悠久, 中華文化競風流)

제자백가는 매우 분주하게 경쟁하는데, 유교 학설이 제일 높은 곳을 차지한다,

(諸子百家多奔走, 儒家學說占鰲頭)

삼교와 구류는 널리 천하에 퍼지고, 종교의 신앙은 자유를 찾는다.

(三敎九流遍天下, 宗敎信仰歸自由)

역사를 존중하여 발전을 이루니, 세간의 만물에 대한 연구가 순조롭다.

(尊重歷史看發展, 世間萬物順硏究)

---

122) 陳晉 편,『毛澤東讀書筆記解析』, 廣東人民出版社, 1996, 648~649쪽.

마오쩌둥은 제자백가를 어떻게 보았나?

초판 1쇄	인쇄 2016년 3월 5일
초판 1쇄	발행 2016년 3월 10일
지 음	디옌성(邸延生)
옮 긴 이	김승일 · 이택산
발 행 인	김승일
펴 낸 곳	경지출판사
출판등록	제2015-000026호

판매 및 공급처 / 도서출판 징검다리/경기도 파주시 산남로 85-8
Tel : 031-957-3890~1 Fax : 031-957-3889
e-mail : zinggumdari@hanmail.net

ISBN 979-11-86819-14-2   03320